教 育 新 视 点 丛 书

STEM JIAOYU SHIYE XIA DE
KECHENG KAIFA YU XUEKE
JIAOXUEGAIJIN

STEM教育视野下的课程开发与学科教学改进

周玉芝 /编著

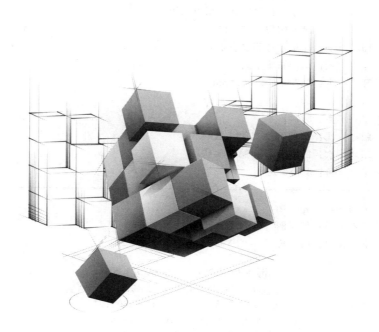

北京师范大学出版集团
BEIJING NORMAL UNIVERSITY PUBLISHING GROUP
北京师范大学出版社

图书在版编目（CIP）数据

STEM教育视野下的课程开发与学科教学改进/周玉芝编著. —北京：北京师范大学出版社，2019.8（2020.7 重印）

（教育新视点丛书）

ISBN 978-7-303-24892-6

Ⅰ.①S… Ⅱ.①周… Ⅲ.①基础教育—课堂教学—教学研究 Ⅳ.①G632.421

中国版本图书馆 CIP 数据核字（2019）第 168804 号

营 销 中 心 电 话	010-57654738　57654736
北师大出版社职业教育分社网	http://zjfs.bnup.com
电 子 信 箱	zhijiao@bnupg.com

出版发行：北京师范大学出版社　www.bnup.com
　　　　　北京市西城区新街口外大街 12-3 号
　　　　　邮政编码：100088
印　　刷：北京溢漾印刷有限公司
经　　销：全国新华书店
开　　本：787 mm×1092 mm　1/16
印　　张：20
字　　数：317 千字
版　　次：2019 年 8 月第 1 版
印　　次：2020 年 7 月第 2 次印刷
定　　价：49.80 元

策划编辑：郭　翔	责任编辑：欧阳美玲
美术编辑：焦　丽	装帧设计：焦　丽
责任校对：康　悦	责任印制：马　洁

前　言

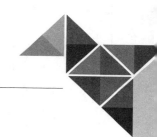

　　加强 STEM 教育是培养推动未来社会发展的高素质人才、提升国家竞争力的关键。本书希望通过基于核心概念和实践的课程设计提高学生对科学的学习兴趣，提升学生对知识的理解和应用能力，培养创新思维，发展 STEM 素养。2015 年项目启动之初，首都师范大学附属丽泽中学和北京市大兴七中的部分教师率先参与教学案例研究，在此基础上成立了 STEM 教学案例研发专题培训项目。我清晰记得 2016 年 3 月，24 名来自北京市各中学的不同学科的教师来到北京教育学院，成为 STEM 教学案例研发专题培训班的首期学员。当听说在接下来的一学期里要自己设计并实施 STEM 理念下的学科教学时，很多教师的脸上露出不安的表情。有教师说，我们之所以报名参加这个培训班，就是来学习的，看是否有回到自己学校就能用上的 STEM 教学案例；也有教师说，我们对 STEM 并不是很了解，怎么可能开发案例呢！

　　但教师们用行动证明了他们真的行！这些教师在第一学期就开发了 12 项教学设计，并有 7 项教学设计进行了教学实践。后续第二届 STEM 案例研发班的教师和各协同创新学校的教师也陆续加入这个团队。从对 STEM 教育的新奇、怀疑到认可 STEM 教育的价值和积极投身于教学实践探索之中，各位教师不畏艰难困苦，勇于担当，取得可喜成果。

　　回想过去共同探索和实践的点点滴滴，充满感动与感恩！

　　感谢积极投身 STEM 教育研究和实践，并撰写案例的各位教师：王阳、马晓欣、卢晓华、孙越、孙世芳、冯丽、李敏、李静静、李艳阳、朱清霞、杨舟、陈萍、沙迪、张坤、张海艳、金利娟、周莉芳、祝赫赫、赵欣、聂树新、徐玲玲、郭然。

　　感谢北京教育学院各级领导，尤其是数学与科学教育学院的领导集体对本项目的大力支持！

感谢北京市文汇中学、北京理工大学附属中学、首都师范大学附属丽泽中学、北京市大兴七中等协同校领导对本项目的信任和支持！

感谢北京教育学院冯华、张芳、周莹等老师为学员所做的指导！

感谢 STEM 案例研发班班主任马丽莹老师为项目所做的奉献！

虽然有一些国外的 STEM 教学案例可参考，但因国情不同，我们需要研究制定适合我国国情和学情的教学设计，尤其是与当前学科教学紧密结合的教学设计，这是没有过多经验可借鉴的。也正因为如此，我们希望把此研究成果与教育同仁分享。

由于研究还不够深入和研究水平有限，书中纰漏之处在所难免，希望得到同人的批评指正！

周玉芝

2018 年 8 月 28 日

本书为北京市教育科学规划重点课题"基于科学实践和核心概念改进初中科学类学科教学的实践研究"（ABA15012）成果。

感谢北京教育学院数学与科学教育学院的支持！

目录

第一章　STEM 教育热的背后

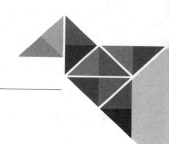

一、STEM 作为教育术语的缘起

STEM 一词来自科学（Science）、技术（Technology）、工程（Engineering）和数学（Mathematics）四个词对应的英语单词的首字母。在 2001 年以前，人们用 SMET 来表示科学（Science）、数学（Mathematics）、工程（Engineering）和技术（Technology）这四个词对应的英语单词的缩写。SMET 一词最早出现于美国国家科学基金会 1993 年的文件中，该文件指出美国国家科学基金会的一大目标是提高国家的科学、数学、工程和技术（SMET）教育的质量。1997 年，美国科学委员会的国家听证会上也使用了 SMET 这个术语。但在 2001 年，美国国家科学基金会的一位理事朱迪思·拉马雷（Judith Ramaley）认为这个术语的字母排列顺序需要更改，以更好地突出跨学科的重要性："我这么做是因为科学和数学是另外两门学科的支撑，也是因为 STEM 读起来比 SMET 更顺口。SMET 让人听起来感觉科学和数学更主要也更重要，而 STEM 更能表现出学科之间的联系。"[①]

虽然 STEM 作为一个术语出现在 2001 年，但 STEM 教育的源起可以追溯到 60 多年以前。

1957 年的 10 月，苏联率先成功发射了人造卫星，这一事件轰动了全美国。公众认为美国宇航技术的落后是学校教育质量下降导致的，在此背景下，美国开始大力发展科学教育。时任美国总统艾森豪威尔发表了著名的演讲，呼吁美国民众行动起来：

苏联的各类科学家及工程师的数量现在已经比美国多很多了，并且这些

---

①　阿尔帕斯兰·沙欣：《基于实践的 STEM 教学模式——STEM 学生登台秀》，8 页，侯奕杰、朱玉冰、殷杰等译，上海，上海科技教育出版社，2016。

2

领域以更快的速度产出毕业生……在未来的 10 年里，我们亟须科学家。我的智囊团告诉我：我们需要科学家的数量远远大于我们原计划所需要的。联邦政府只能解决这些困难中的一部分，但是必将解决它。这是一个需要合作才能完成的任务。联邦政府、州政府及当地政府，甚至所有公民都必须参与其中。

在那之后，美国国家航空航天局（NASA）于 1958 年迅速成立。宇航项目的快速发展，使得美国具有工程学学位的毕业生数量大幅增加。

1983 年，里根政府的国会发表国情咨文《国家在危机中》，倡导教育要聚焦发展批判性思考和解决问题的技能，而不是过于注重事实的机械记忆。

1986 年，美国国家科学委员会发表了《本科的科学、数学和工程教育》，强调要加强美国大学教育并追求卓越，以使美国下一代成为世界科学和技术的领导者。

为帮助所有美国人提高他们的科学、数学及技术素养，美国科学促进会（AAAS）于 1985 年启动"2061 计划"，该计划先后发布了《面向全体美国人的科学》《科学素养的基准》《科学素养的导航图》等系列重要研究报告。

"2061 计划"提出："在下一个人类历史发展阶段，人类的生存环境和生存条件将发生迅速地变化。科学、数学和技术是变化的中心，它们引起变化，塑造变化，并对变化做出反应。所以，科学、数学和技术将成为教育今日儿童面对明日世界的基础。"因此，"2061 计划"要求学校中的科学、数学和技术的学习的共同核心是培养科学素养，并将它与艺术和人文课程的学习核心紧密地结合起来。①

需要指出的是，《面向全体美国人的科学》《科学素养的基准》《科学素养的导航图》里的"科学"是一个广义的科学。例如，《科学素养的基准》一书中提出："2061 计划"中的"科学"是指基础的自然科学和社会科学，基础的和实用的数学、工程和技术，以及那些相互交叉的学科，科学、数学和技术的概念和实践如此紧密地交织在一起，以至于我们无法在教育过程中将它们割裂开，并说明选用"面向全体美国人的科学"这个名称是一种经济的考虑，如果采用

---

① 胡育、应晓球：《美国面向未来的 2061 计划》，载《上海教育科研》，1991(2)。

"面向全体美国人的自然科学和社会科学、数学和技术"，再加上"基础的和实用的"，对于读者来说，似乎太笨拙。[1]

1996 年，美国国家研究院颁布了历史上由联邦政府支持制定的第一个全国性教育标准《国家科学教育标准》（*National Science Education Standards*）。[1]《国家科学教育标准》把《面向全体美国人的科学》中造就高科学素养的未来人才的基本原则转化成了具体的实施方案。

《国家科学教育标准》中将科学教育的内容分为八类：科学的统一概念和过程、作为探究过程的科学、物质科学、生命科学、地球与空间科学、科学与技术、从个人和社会视角出发的科学、科学的历史与本质。[2]

《国家科学教育标准》强调科学探究的学习方式，强调学科综合与科学、技术和社会（Science，Technology，Society，STS）教育，强调对基本概念和科学本质的理解，这些教育理念对美国的科学教育产生了深远的影响。

2006 年，时任美国总统布什在其国情咨文中公布了《美国竞争力计划》，该计划鼓励学生学习科学、技术、工程和数学课程，并提出在知识经济时代，要培养具有 STEM 素养的人才，这是保持全球竞争力的关键。

2007 年，美国国家科学委员会颁布的《国家行动计划：应对美国科学、技术、工程和数学教育系统的紧急需要》报告中建议确保国家 STEM 教育体系的连贯性，开发国家 STEM 内容指南，使从幼儿园到大学的 STEM 教育具有连贯性；报告的另一个重要建议是加强 STEM 教师的培养，确保学生由受过良好培训且高效的 STEM 教师教授。[3]

2009 年，时任美国总统奥巴马宣布了一项名为"竞争卓越"的全国性教育计划，该计划指出由政府拨款资助 STEM 教育。随后，奥巴马政府又在全美范围内开始实施"为创新而教计划"，这一计划旨在提高学生的 STEM 素养，提高学生的 STEM 水平，增加弱势群体（包括妇女和女童）接受 STEM 教育及

① 美国科学促进协会：《科学素养的基准》，247 页，中国科学技术协会译，北京，科学普及出版社，2001。

② National Research Council，*National Science Education Standards*，Washington，D. C.，The National Academies Press，1996.

③ 赵中建：《美国 STEM 教育政策进展》，2～25 页，上海，上海科技教育出版社，2015。

就业的机会。奥巴马指出：国家的成功取决于美国在世界创新中的作用，它取决于今天我们怎么教育学生，尤其是在 STEM 方面。

2010 年，美国联邦政府颁布了《美国竞争再授权法》，将增加财政拨款支持 STEM 教育写进法案。同年，美国总统科技顾问委员会发布《培养与激励：为美国的未来实施 K-12 年级 STEM 教育》的报告，该报告指出必须鼓励所有学生学习 STEM，鼓励他们从事与 STEM 相关的职业，并建议建立更多专注 STEM 教育的新学校，培训和形成 STEM 名师团队，开发高质量的 STEM 课程。

2011 年，奥巴马政府推出了《美国创新战略》，该战略指出，美国未来的发展能力将取决于创新能力，"创新教育活动"将引导各部门联合，并使各部门加强 STEM 教育。

2012 年，奥巴马又提出"新科技教育千年计划"，此项计划的目标是培养 10 万名优秀的 STEM 教师，实现在未来 10 年培养 100 万名 STEM 学科的毕业生的目标。

2013 年，美国国家科学技术委员会发布了《联邦 STEM 教育五年战略规划》，该规划设定了改进 STEM 教学、提高青少年及公众对 STEM 的参与度、丰富本科生的 STEM 经验等重点投资领域，以及初步实施路线图。

2015 年 10 月，时任美国总统奥巴马签署了《STEM 教育法》，从立法角度对 STEM 教育的实施给予保障。在该法中指出术语"STEM 教育"是指科学、技术、工程、数学学科的教育，其中还包括计算机科学的教育。该法还要求国家科学基金会支持非正式 STEM 教育的研究和开发。

由此可见，STEM 教育一词缘起于美国，是美国政府引起的旨在提高国民科技素养、保持其科技领先优势、增强国家竞争力、增加具有 STEM 胜任力的劳动力数量的一股 STEM 教育热潮。

美国近年在加强 K-12 年级 STEM 教育方面做了以下方面的努力。

第一，采用严格的数学和科学标准，改进教学方法。

数学标准明确了学生在 K-12 年级应掌握的知识与技能，这些知识与技能与大学的要求和工作期望一致，不仅强调程序性技能，而且强调概念理解，旨在确保学生学习后吸收必要的关键信息，获得更高层次的成功；训练学生进行数学思考和数学推理，具备在新情境下运用数学知识的能力。

科学标准中加入技术和工程教育，要求在数学、科学和工程之间建立更深的联系，鼓励科学的分支学科之间建立联系，如分别从生物学和物理学角度理解能量概念。

第二，加大 STEM 教师培养和支持力度。

具体措施有运用财政激励政策招聘教师，运用财政激励政策使教师留任，加强教师的职前培训，允许数学和科学专业人士从事教师职业，为教师的教学提供长期的培训支持等。

第三，提高青少年及公众对 STEM 的参与度。

通过真实的 STEM 体验让学习者参与 STEM 学习。开设 STEM 特色学校，为学生提供为大学做准备的 STEM 课程，同时让学生为未来的 STEM 职业做准备。在 STEM 特色高中，学生通常花大量时间以小组合作的方式从事项目式学习，并常常得到在职工程师、发明家和科学家的帮助。

与美国一样，世界其他国家也认识到国民的科技素养对于国家的科技、经济与社会发展的重要性。因此，美国的 STEM 教育热潮也影响到其他国家的教育，使得"STEM 教育"成为近年的教育热词。

二、什么是 STEM 教育

(一)令人困惑的"STEM 教育"

尽管"STEM 教育"是近年来讨论得非常多的教育词汇，但对于什么是 STEM 教育，包括教育界人士在内的很多人都表示不甚清楚。有一些教师看了 STEM 教育的文献，仍对 STEM 教育的界定感到困惑。

有文献将 STEM 教育界定为科学（Science，包括计算机科学）、技术（Technology）、工程（Engineering）和数学（Mathematics）四个学科/领域的教育。[1]

有学者认为 STEM 教育是整合科学（Science）、技术（Technology）、工程

---

[1] Fitzallen N，"STEM Education：What does Mathematics have to Offer?，"Mathematics Education Research Group of Australasia，2015.

6

（Engineering）和数学（Mathematics）四门学科的跨学科教育（integreted-discipline）。STEM教育的本质是在众多孤立的学科中建立一个新的桥梁为学生提供认识整体世界的机会，通过将这四门学科整合到一种教学范例中，把学生学习的零碎知识变成一个互相联系的统一整体，这样就消除了这四门学科中传统的学习障碍，是一种跨学科的学习方法。[①]

也有学者这样定义STEM教育[②]：是一种将严肃的学术概念与现实生活中的课程相结合的跨学科教育方法，学生应用科学、技术学、工程学和数学于特定环境中，使学校、社会、工作和全球企业联系起来，发展STEM素养，最终提升新经济形势下的竞争力。

有学者认为STEM教育是融合科学（Science）、技术（Technology）、工程（Engineering）和数学（Mathematics）所形成的一个新的整体，也称为"后设学科"（Meta-discipline），STEM学科将原本分散的四门学科集合成一个整体。STEM课堂的特点就是在"杂乱无章"的学习情境中培养学生的设计能力与问题解决能力。[③]

美国学者安妮·乔利（Anne Jolly）认为跨学科的STEM教育的核心是科学与数学的整合与应用，要通过工程设计方法，整合科学与数学知识以产生能够处理真实世界问题的技术。她提出以下判别一个项目为STEM项目的标准[④]：

①具有整合科学、数学和技术的工程设计过程。

②科学和数学内容是基于标准的，且是逐年级深入和发展的。

③学生聚焦于解决真实世界的问题或工程挑战。

④学生通常以小组的方式设计、制造模型或产品，并对模型或产品进行测试、评估，以及进一步改进模型或产品。

⑤学生运用多种交流手段表述问题与结构。

① 叶兆宁、杨元魁：《集成式STEM教育：破解综合能力培养难题》，载《人民教育》，2015(17)。
② 阿尔帕斯兰·沙欣：《基于实践的STEM教学模式——STEM学生登台秀》，9页，侯奕杰、朱玉冰、殷杰等译，上海，上海科技教育出版社，2016。
③ 赵中建：《STEM：美国教育战略的重中之重》，载《上海教育》，2012(11)。
④ Anne Jolly，*STEM by Design：Strategies and Activities for Grades 4-8*，New York，Routledge，2016。

⑥学习活动以动手实践为特征，促进以学生为中心、基于探究的学习。

⑦失败被认为是设计过程中的正常现象，也是学生通往成功必不可少的经历。

⑧向学生介绍 STEM 职业以及 STEM 在生活中的应用。

安妮·乔利认为目前有很多学校的 STEM 教学没有满足以上标准，属于"STEM－"。例如，有些学校的数字化与计算机技术课程，如果这些编程教学不与数学、科学以及工程整合的话，那么他们仅教授了部分支持 STEM 教学的组件而已。再如，一些学校的机器人课程，也不能满足 STEM 课程的主要标准，因为一些机器人课程的教学是高度指导性的，学生按照指定的程序去组装机器人；也有一些是学生依据个人兴趣自主制造机器人设备，但是这其中并没有聚焦课程标准的数学与科学内容，所以也属于"STEM－"。

还有一些教学被认为是属于"STEM＋"。例如，把艺术及人文与科学、数学、工程和技术整合的 STEAM，还有整合了阅读的 STREAM，整合了社会学的 STEMSS 等。安妮·乔利认为 STEM 教学过程离不开阅读、艺术和人文，但它们的价值是支持 STEM 教学。

与安妮·乔利的"要通过工程设计方法，整合科学与数学知识以产生能够处理真实世界问题的技术"表述不同，美国的格雷特·亚克门（Georgette Yakman）教授[①]将 STEAM 教育的理念概括为：以数学为基础，通过工程和艺术解读科学和技术。

通过梳理文献我们发现，美国政府文件对 STEM 的界定比较简单，即包括计算机科学在内的科学、技术、工程和数学四个学科的教育。但教育工作者给 STEM 教育赋予了更多的内涵，比较强调其跨学科性，认为 STEM 教育是融合科学、技术、工程和数学所形成的一种教育方法，学生要在真实世界的问题解决中学习知识、发展能力和培养创新精神。

对于一线教师而言，他们特别关注如何实现跨学科教学。是用融合的 STEM 课程来替代原来的分科教学吗？如果还保留原来的分科教学，再设置融合的 STEM 课程的课时从哪里来？STEM 课程是综合实践活动课程的一部分吗？

---

① 赵慧臣、陆晓婷：《开展 STEAM 教育，提高学生创新能力——访美国 STEAM 教育知名学者格雷特·亚克门教授》，载《开放教育研究》，2016(5)。

有学者说"STEAM教育的教学不以传授知识为主要任务，而以培养学生的问题解决能力和创新能力为目标"，而且也还说"STEAM教育用跨学科的方法教授科学、技术、工程、艺术和数学方面的知识，引导学生适应不断更新的专业知识和快速变化的社会生活"。[①]

教师们的疑惑：学科基础知识到底是不是用跨学科的方法教？

我们对一些接受过STEM教学培训的一线教师调查发现，他们对STEM教育的第一认识是跨学科，也恰是这点，导致有教师认为STEM课程即学科综合课程，而自己教授的是学科课程，所以STEM教学与自己关系不大。

一线教师对STEM教育的第二个认识是STEM教学要让学生设计和制造产品，因此他们认为STEM教学与科技制作、3D打印技术、创客空间等是密切相关的，认为如果学校没有配套条件就无法开展STEM教育。

（二）本书对STEM教育的认识

1. 对STEM教育的界定

如上所述，将STEM教育定义为一种跨学科的教育方法易导致在操作层面对STEM教育形成窄化认识。本书认为，STEM教育首先是一种教育主张或教育战略，学科整合以及解决真实的问题是STEM教育所强调的，但不是STEM教育的定义，分学科教育以及基础科学教学等，也是STEM教育的组成部分。因此，本书将STEM教育定义为：

STEM教育是系统地培养人的科学素养、技术素养、工程素养和数学素养的教育，目的是帮助学生理解科学、技术、工程和数学学科的价值，掌握相关的学科知识与方法，培养在相关领域进行深入学习的兴趣和动力，发展系统思维、批判思维和创新思维，塑造面向未来的问题解决能力、创新能力和合作能力。

基于以上对STEM教育的界定，STEM教育不是新事物。因为在高等教育中，一直既有理科专业，也有工科专业，如电气工程、机械工程、化学工程、土木工程、建筑学等。复合型人才也是我国由来已久的人才培养要求。

---

① 赵慧臣、陆晓婷：《开展STEAM教育，提高学生创新能力——访美国STEAM教育知名学者格雷特·亚克门教授》，载《开放教育研究》，2016(5)。

与高等教育不同，基础教育以往几乎不涉及工程教育（2017年教育部印发的《义务教育小学科学课程标准》里增加了技术与工程领域的课程内容，但初、高中学段的课程标准里还没有明确的工程教育要求），那么从这个角度来看，对于基础教育来说，STEM教育是新事物。

无论是高等教育阶段的STEM教育，还是基础教育阶段的STEM教育，都存在如何结合当代以及未来对人才的需求改革课程以及教育方式、提高STEM教育质量的迫切问题。

目前的教学方式可使学生获得大量的书本知识，但这些知识并没有转化为解决实际问题的能力，所以人们希望通过工程和技术教育的引入与加强，把理论与实践结合起来，让学生在真实的问题情境中学习，看到知识间的相关性，促进学生对学科重要概念的深度理解，培养学生自主学习、创新、团队合作和问题解决的能力。

有人也许会质疑，这样界定STEM教育是否会出现对STEM教育认识的泛化？例如，一位数学教师仅教授数学，就可以认为自己也是在开展STEM教育吗？这就需要从系统角度来分析，如果学生所学的数学只有概念与推理，从不与其他学科联系，而其他学科教学也不与数学建立联系，那么这就不是STEM教育，因为学生没有获得科学素养、技术素养、工程素养和数学素养的系统培养。

之所以要把STEM教育界定为系统培养人的科学素养、技术素养、工程素养和数学素养的教育，就是希望广大教师认识到STEM教育是培养必备科技素养的未来科学家、工程师和创新人才的教育，国家课程到地方和校本课程都肩负着STEM教育的重任，所有理工科的学科教师都要思考如何改进自己的教学来发展学生的STEM素养。

2. STEM教育是面向所有学生的

目前我国一些中学的STEM课程多以校本选修、课外科技兴趣课程的方式或被作为综合实践活动课程的一部分来开展的。由于师资和硬件条件限制，这些STEM课程不是所有学生都能参与的。例如，北京某中学开展的一门具有STEM教育性质的选修课程，一学期只能让20名学生参加该课程的学习，其他学生即使想报名也因名额限制无法参加。一些课外科技兴趣课程也是面向那些有科技兴趣和特长的学生，与学校里的多数学生无关。

要改变当前STEM课程受众面小、学时无法得到保障的现实问题，教师需认识到STEM教育是面向所有学生的。目前的数学、物理、化学等教育都是STEM教育的组成部分，学科教师需思考如何优化课程和教学方法，以便更好地培养学生的STEM素养，培养面向未来的社会公民。

3. 学科整合和开展跨学科教学是STEM教育所需要倡导的教学理念与方法，也是培养学生STEM素养的必要途径

（1）科学、技术、工程、数学四者之间存在天然的联系

科学：是反映客观事物和规律的知识和知识体系，为探索客观事物及其规律服务。科学包括物理、化学、生物等分支学科，在科学学习中，学生通过科学探究等过程掌握事实、原则、概念及应用，提高对真实世界的现象与问题的分析、解释和处理能力。

技术：是人类利用科学知识改造自然的一切手段的总和。技术扩展了人的触觉、听觉和感觉能力，增强了人们改变世界的能力。大多数现代技术是科学和工程的产物，解决技术问题经常需要新的科学知识，而新技术的应用会促进科学和工程的进步。

工程：包括大量关于设计和创造人工产品的知识，也包括解决问题的程序。工程活动是人类最基本的社会实践方式。工程师将科学原理、数学和技术应用到实践中来解决问题。他们设计仪器、结构和系统，以实现某些特殊目的，同时还必须考虑时间、财力、法律、道德以及信息不足等方面的限制。工程架起科学发现、技术发明与产业发展之间的桥梁。

数学：以抽象化、严密化方式，研究客观世界中的数量关系、空间形式及其变化。由于数量关系、空间形式及其变化是许多学科研究对象的基本内容，数学成为许多学科的基础。

要使学生理解科学、技术、工程和数学学科的价值，帮助学生建立科学、技术、工程、数学的联系就成为必然，因为它们的重要价值也体现在科学、技术、工程、数学的联系与促进上。

①科学为技术和工程的发展奠定了必要的知识基础和理论基础，新的科学进展常会孕育新的技术。

②技术扩大了人们认识和改造世界的能力，如利用技术观察、测量、采集和处理数据等。科学和工程的发展离不开技术的支撑；新的技术会促进科学和工程的发展与突破。

③数学为科学、技术和工程提供了一种精确的语言，用来描述物体和事件，表征变量之间的关系。数学帮助科学家开展精确化科学研究，帮助科学家发现、分析和应该规律；没有数学，工程师的工作也将寸步难行。科学或技术的发展也会促进数学的创新，特别是计算机技术的发展，促进了数学在运算方法等方面的发展。

④科学应用和技术产品的问世有赖于工程师的设计与制造。

（2）学科整合有利于有意义学习的发生

如果学科教学缺乏与其他学科的联系，缺乏与真实问题的联系，会导致学生学到的是孤立的、零散的书本上的知识，并不能解决实际问题。而将科学、数学、技术与工程的教学整合起来，学生就可以在真实问题情境中进行学习和实践，这些知识因与生产、生活实际相联系而具有了学生能够理解的含义，促进概念的意义建构；STEM学科整合使学生知道为什么要学习某些知识，知道学习知识的意义与价值，激发学生的学习兴趣并使学生进行主动学习。

（3）学科整合有利于培养问题解决能力

由于真实世界的问题涉及多个学科，而且往往是非良构的问题或创造性问题，所以要提高学生的问题解决能力，就要给学生创设基于真实问题运用多学科知识解决问题的学习机会。在面对真实的、复杂的问题时，学生不得不主动寻找相关信息、调动已有知识和经验，与团队进行合作去积极探索和实践；为了解决问题，他们会主动学习所需要的各种知识，学习如何界定问题、分解问题，如何系统分析与设计；在面对挫折和失败时，他们会学到如何在失败中成长。只有当学生获得了解决问题的经验，那么当再次面对陌生、复杂的问题时，他们才敢于尝试并有可能创造性地解决问题。因此，学科整合式教学是培养学生分析问题和解决问题能力的重要途径。

4. STEM教学需分科教学与跨学科教学相结合

前文已经分析了学科整合和开展跨学科教学的必要性，那么如何进行学科整合呢？

对于STEM整合，有文献提出了科—数整合、科—技整合、科—工整合，以及以项目为"珠"串起数学、技术、科学与工程设计理念的珠—线整合模式。① 那么，是用以上模式整合的课程取代分科课程吗？例如，用科—数整合的课程取代目前的分科的科学和数学教学吗？

我们认为，学生需要整合数学、科学、技术和工程于一体的系列化课程，但是用之取代分科的数学和科学教学并不现实。

原因之一：这样高度集成的课程对教师的要求极高，现有教师多难以胜任这样的教学。我们曾进行过一次生物和数学学科的跨学科整合教学，尽管数学教师和生物教师已共同备课数次，但由数学教师带领学生研讨用统计方法探究花生果实大小的变异时，学生提出的很多备课时教师没有预想到的生物学科的问题，数学教师无法给学生提供恰当的反馈。

有事实表明②，拥有丰富学科知识并能把这些知识呈现给学生的教师，他们通常采取有利于学生学习的各种课堂活动，如有技巧地引导学生对学科知识进行自由讨论。相反，学科知识缺乏的教师则完全依赖于课本，以课本作为学科知识的重要来源，并在课堂活动过程中以控制者或支配者的姿态出现，更易于选择讲述和背诵的教学方式，而不是进行课堂讨论，这些教师往往会尽可能地减少学生讨论的机会，以避免暴露自己在学科知识上的不足。

一项关于得克萨斯州（Texas）的900个学区的教学情况的研究显示，数学教学和阅读教学中，教师专业知识对学生成绩的影响比任何其他单个因素的影响都大，教师的数学知识和数学能力与学生的数学成绩是正相关的。

美国教育家舒尔曼（Shulman）的研究也发现③，物理教师会运用一整套的包含有例证、类比、隐喻的非同寻常的体系来教授物理学相关概念；而如果让生物教师来教授物理，他们只会用一种例子，然后就再也无计可施了。

---

① 唐小为、王唯真：《整合STEM发展我国基础科学教育的有效路径分析》，载《教育研究》，2014(9)。
② 李中：《教师学科知识重要性的再解读》，载《浙江树人大学学报》，2005(5)。
③ 舒尔曼：《实践智慧 论教学、学习与学会教学》，281页，王艳玲、王凯、毛齐明等译，上海，华东师范大学出版社，2014。

我们在一些教非所学教师的课堂中观察到的现象与文献中的发现相同，一些教师教学时仅是把书本上的文字进行了一番解释，课堂上很少有师生互动；对学生提出的超出教材的内容不能给予正确解答。因此，如果不考虑目前教师学科知识的现状而全面实施跨学科教学的话，反而不利于STEM教育。

原因之二：不同学科有不同的学科知识结构、学科实践、学科思维，学生需要掌握这些特有的学科知识结构、学科实践和学科思维。因此，教学中需把握学科结构和跨学科融合之间的平衡。

综上所述，本书认为STEM教育需分科教学与跨学科教学相结合。但是，分科教学并不意味着只教授自己学科的知识和方法，而是在学科教学的主线下与其他学科进行关联和跨学科教学。例如，在化学学科教学中，让学生学习化学学科的核心概念、化学学科的知识结构，进行化学学科实践，同时联系数学、物理、生物、技术、工程等，让学生认识化学与其他学科之间的联系，培养学生综合分析问题、解决问题的能力，培养学生辩证思维和创新思维。

另外，还要通过更加综合的基于主题和项目的跨学科教学，为学生提供更充分、更深入的发展其STEM素养的机会。

需要说明的是，尽管图1-1呈现的是科学、技术、工程和数学这四个学科的跨学科教学，但实际教学中，跨学科内容会根据学生发展的整体规划融入一定的艺术、历史、社会、阅读与写作等，以达到学科联动，提高整体教学效果的目的。

跨学科教学

图1-1　跨学科教学

需要注意的是，学科联系和跨学科教学要避免简单的拼盘教学。例如，某项带领学生参观地质公园的学习活动中，为了与英语教学联系，教师给学生一份英文的公园介绍资料让学生阅读。这就是在地理教学中简单地拼接了英文阅读，该教学活动对相关的地理知识学习没有帮助，对学生的英语阅读能力的提高也有限，因为学生不知道为什么他们在可以看到中文介绍材料的情况下还要去读这个英文的公园介绍，该活动也没有激发学生的英语阅读兴趣。

相反，如果在英语阅读教学中，学生遇到一篇有关地质、地貌的文章，他们发现其中的一些科学术语是他们不理解的，从而导致他们看不懂文章；而这些科学术语又恰好与地理学科要求学生学习的重要概念相联系，这时就可以请地理教师为学生教授地理的相关内容，然后再让学生阅读和分析该英文文章，让学生用英文做 PPT 来讲解其中的科学术语，或者让学生写一篇介绍当地特色地质地貌的英文说明文，这样就达到了学科联动、互相促进的目的。

（三）除项目式教学、基于问题的教学外，基于实践的教学、模拟与体验式学习、探究式教学等方式都是 STEM 教学可采用的方式

STEM 教育强调培养学生解决真实问题的能力，因此项目式教学、基于问题的教学等成为 STEM 教学的重要方式。此外，基于实践的教学、模拟与体验式学习、探究式教学等方式也是 STEM 教学可采用的方式。STEM 课程的教学方式是多样的，需要多种方式的组合。以美国一所中学所开展的名为"STEM 学生登台秀"（STEM Students on the Stage，STEM SOS）的教学模式为例，介绍 STEM 教学的程序。[①]

1. 教师讲解

教师首先讲解概念，为学生后续的学习打下基础。教师通过观看视频、做实验、师生讨论等形式开展这部分的教学。

2. 动手实践

通过动手实践活动，学生理解概念和理论，并通过实践活动促进所有学生积极参与到学习中。

---

① 阿尔帕斯兰·沙欣：《基于实践的 STEM 教学模式——STEM 学生登台秀》，8 页，侯奕杰、朱玉冰、殷杰等译，上海，上海科技教育出版社，2016。

3. 学生授课

教师在介绍每章内容前，先布置学生授课任务，要求学生以小组为单位讲课，并通过实验来解释课本知识或者概念。学生扮演小教师的角色，授课学生和听课学生都能学到知识，而且学生会更加自信，对科学的态度会更加积极。

4. 学生项目

学生项目分两种，一种是每章一个项目，项目内容为学生个人或小组准备一个与所学知识相关的实验或动手活动，并对其进行展示；另一种为持续一学年的项目，学年初，学生在学校网站上提供的项目清单中选择一个项目进行研究。有的教师要求学生做一个视频展示其项目，视频可包括实验中用到的材料、实验花絮、相关图表以及实验得出的结论等，并要求学生将他们所做的视频上传到网上，并为自己的项目编写一本说明手册。有的教师要求学生设计一个网站，以便他们随时展示项目的进度。

通过以上列举的 STEM 教学模式可以看到，讲授、演示、实践、探究、项目式学习等多种教学方式都包含其中。

（四）采用表现性评价等多种评价方式评估和促进学生的学习

STEM 教学评价不能仅依靠纸笔测试，还要采取表现性评价和过程性评价等，如通过对学生问题分析过程、探究设计过程、研究过程、作品展示过程等的评价来促进学生学习。

在教学实施过程中要融入表现性评价设计，教学实施后，教师可通过纸笔测试、访谈以及撰写反思等方式来评价学习并促进学生的反思。例如，学生上完"探究黄土高原水土流失"一课，教师要求学生写一篇反思性作文。下面是首都师范大学附属丽泽中学八年级（1）班一位同学写的反思性作文《学完探究黄土高原水土流失我所想到的》：

其实上完这节课，我感受还是挺深的，尤其是在做实验时，我们组铺的沙子，不到半分钟就被我们模拟的大雨冲刷得一干二净，这时我才知道水土流失并不是说笑，而是一件十分严重的事。

造成水土流失最根本的原因，就是人类对绿植的破坏，植被没有了，土质也就沙化了。所以，治理黄土高原水土流失的方法就是种植植物，又进一步可以拓展出更有效的网格状种植与在陡坡修梯田。

"绿水青山就是金山银山"这句话真不是说着玩的，世界上有许多正在沙化的土地。土地沙化就不能用作耕地，耕地少了，人们的口粮就少了。当所有土地都沙化了，人类就快要灭绝了。其实这么一想，后果还是挺可怕的。所以，我们应该多种一些植物，仅仅靠一两个人的话，那一定不可能完成，而大家都来的话，那可以说是手到擒来了。

事实上，造成黄土高原严重的水土流失还有另一大原因，那就是地表有许多纵横交错的沟，每当下雨时，两侧的沙就会顺着侧壁流下去，可它不会停在最底下，而是沿着沟向前流，一直流到黄河中，并顺着黄河最终流入大海。这种损失是无法挽回的，所以，我们可以在黄河中下游建一个大坝，将顺流而下的泥沙打捞，装车，再运回到黄土高原上，因为泥沙中含有充足的水分，还富含植物生长必备的多种营养物质，可以有效地培育植物。

我认为，黄土高原终有一天会在大家的努力下充满绿色与生机。

通过以上文字，可以看到他对课堂教学内容的理解，看到他对"绿水青山就是金山银山"的理解与感悟。他为解决黄土高原水土流失问题提出了方案（尽管方案的可行性需要论证），反映出他应用所学知识去分析问题的能力，也体现了他强烈的社会责任感。

这样的评价方式，既考查了学生对核心知识的理解，也考查了学生的审辩思维，锻炼了学生反思、表达与写作的能力；从中还可以看到学生在写作方面存在的不足。

三、中国的 STEM 教育热

目前在中国教育界也有一股 STEM 教育热。这股热度可以从几方面感受得到，一是 STEM 教育教学研究论文的数量近两三年快速增长，如 2017 年在知网上以"STEM 教育"为主题能够检索到 200 余篇研究论文；二是各种层面的 STEM 教育教学研讨会和教育展会此起彼伏；三是有很多教育公司把 STEM 课程推进了中小学，一些知名的中学校长和很多中小学教师在积极研究和实践着 STEM 教学。

一些小学在 STEM 教育强调跨学科的背景下，开始推进全科教学的理念，培养全科教师。对此有学者提出了不同看法："中国教育缺学科融合，但并不意味着否定分科，教育的发展必然会伴随着学科分化和学科融合，一味用融合来替代分化肯定是不可取的。西方国家的全科教学被证明是一种不好的做法，而中国最大的优势就是分科教学。"①

在政府层面也有一些政策文件与 STEM 教育相关。2015 年教育部发布的《关于"十三五"期间全面深入推进教育信息化工作的指导意见（征求意见稿）》中提道：有效利用信息技术推进"众创空间"建设，探索 STEAM 教育、创客教育等新教育模式，使学生具有较强的信息意识与创新意识。

中国教育科学研究院成立了 STEM 教育研究中心，并研究起草了《2017中国 STEM 教育白皮书》，启动了"中国 STEM 教育 2029 创新行动计划"。该行动计划提出要促进 STEM 教育政策顶层设计，要实施 STEM 人才培养畅通计划，建设资源整合和师资培养平台，建设 STEM 课程标准与评价体系，打造一体化的 STEM 创新生态系统，打造服务经济的教育与人才战略高地，推广 STEM 教育成功模式等。

目前，对 STEM 教育有极高热情的还有一些从事科技课程开发的公司和机构，他们非常希望借助 STEM 教育的东风，把他们的教育产品销售出去，应用于中小学课堂；中小学负责综合实践活动课程以及课外科技兴趣课程的教师也是对 STEM 教育非常有热情的群体，因为在 STEM 教育背景下，他们所负责的课程性质不同了，课程受到的关注和支持也大幅提升了；还有一些比较锐意改革的中小学领导对 STEM 教育也非常关注，希望能够借助先进的教育理念，更好地优化学校的课程与教学，以更好地培养创新人才。

然而，有学者指出，目前很多学校对 STEM 教育的理解还只停留在表面。例如，很多学校引入了 3D 打印机，但只是让学生学会操作 3D 打印机，更有甚者仅仅将这些仪器当作摆设。②

我们与一线教师交流发现，有教师认为 STEM 教育在面临考试压力的中

① 孙习涵：《STEM 教育，你真的了解吗》，载《教育家》，2017(37)。
② 孙习涵：《STEM 教育，你真的了解吗》，载《教育家》，2017(37)。

学根本就不适用；也有教师认为 STEM 教育是为满足学生个性化和特色化发展服务的。

由此可见，我国目前的 STEM 教育热并非完全由政府和教育主管部门推动，相当大的部分是由有教育热情的机构和人员在从实践层面为 STEM 教育注入动力，这其中也有市场在发挥作用。

第二章　我国基础教育阶段的 STEM 教育

一、基础教育阶段开展 STEM 教育的必要性

尽管我国并不存在大学中主修理工科人数急剧下降的问题，但一些趋势还是令人担忧的。目前很多青少年不认为科学家或工程师是值得羡慕和值得追求的职业，他们觉得理工科难学，以后工作也艰苦，但收入并不高，所以很多学生特别是女学生不愿选择理工科为自己的专业方向。调查显示近些年很多优秀学生热衷学习经济、金融等，还有一些工科专业毕业生放弃本专业工作选择收入更高的 IT 业或者金融业，甚至去制造业公司做销售。因此，我国也存在工科人才流失的问题。

统计显示，2010 年本科阶段招生人数较 1998 年增加近 6 倍，工学门类本科招生人数同比增长却仅为 4.4 倍，工程类人才占比正在下降；与此同时，根据 2013 年麦肯锡测算，我国市场对工程师的需求迅猛增长，2020 年工程技术人才缺口将达 2200 万，其中大部分为高端人才。①

当前及未来，科技创新影响着每一个人的生活和社会发展，科技创新成为推动经济发展的关键力量。由于国家创新驱动发展战略需要更多的 STEM 领域人才，因此加强 STEM 教育是培养推动未来社会发展的高素质人才、提升国家竞争力的关键。

科技兴则民族兴，科技强则国家强。当今世界，谁走好了科技创新这步先手棋，谁就能占领先机、赢得优势。习近平在 2018 年 7 月的中央财经委员会第二次会议上强调："关键核心技术是国之重器，对推动我国经济高质量发展、保障国家安全都具有十分重要的意义，必须切实提高我国关键核心技术创新能力，

---

① 唐小为、王唯真：《整合 STEM 发展我国基础科学教育的有效路径分析》，载《教育研究》，2014(9)。

把科技发展主动权牢牢掌握在自己手里，为我国发展提供有力科技保障。"

我国正处于经济发展方式转变、产业结构转型升级的阶段。为主动应对新一轮科技革命与产业变革，支撑服务创新驱动发展、"中国制造 2025"等一系列国家战略，2017 年以来，教育部在高等教育领域积极推进新工科建设，要设置和建设服务国家战略、满足产业需求、面向未来发展的工程学科与专业，培养造就一批具有创新创业能力、跨界整合能力、高素质的各类交叉复合型卓越工程科技人才。

基础教育承担着为学生继续学习和发展奠定必要的知识基础、能力基础和素养基础的责任，在基础教育阶段重视培养学生的科学、技术、工程和数学素养，才有可能吸引他们继续到 STEM 领域学习，以及未来能够有更多学生从事 STEM 领域的职业。

2016 年国务院发布的《全民科学素质行动计划纲要实施方案（2016—2020年）》提出：完善中小学科学课程体系，增强中学数学、物理、化学、生物等学科教学的横向配合；鼓励普通高中探索开展科学创新与技术实践的跨学科探究活动；规范学生综合素质评价机制，促进学生创新精神和实践能力的发展；深入实施"中学生英才计划"，促进中学教育和大学教育互动衔接，鼓励各地积极探索科技创新和应用人才的培养方式，加强普通高中拔尖创新人才培养基地建设。

以上文件虽然没有出现 STEM 教育术语，但表达的要求与 STEM 教育是一致的。在基础教育阶段开展 STEM 教育具有以下好处。

1. 培养学生的系统思维、批判思维、创新思维，提高学生分析问题和解决问题的能力

通过 STEM 课程，学生要学习科学探究和工程设计的方法，在这个过程中学生学习基于证据的推理，进行批判性思考，进行考虑各种条件的系统设计，提高自己分析与解决复杂问题的能力。

2. 发展团队合作与交流表达的能力

STEM 课程中很多的项目需要学生以小组的形式完成，这会让他们学会如何分工与协作。STEM 课程还会为学生提供展示其成果和作品的机会，提高学生的表达与交流能力。

3. 增加社会责任感

通过 STEM 课程，学生会了解真实社会中的健康、环境、安全、经济等方面的问题，他们会认识到科学、技术、工程和数学对解决这些问题的贡献，他们有责任运用自己的所学去解决更多的问题，增加社会责任感。

4. 增进对社会职业的了解

很多高中生对社会上的真实职业和专业缺乏了解，导致他们不知如何选择大学所学专业，因为他们不知道这些不同于中学的物理、数学、化学的专业名称对应的未来职业到底是什么，以及这些职业有什么价值。基础教育阶段的 STEM 教育给学生提供了了解不同行业的专业人员工作的机会，他们在进行 STEM 学习的过程中可能接触各类专业人员，如科学家、建筑设计师、给排水工程师、包装设计师等，STEM 教育增进了学生对社会职业的了解。当然，通过了解也会有更多的学生愿意选择 STEM 专业。

5. 激发学习理工科的兴趣，奠定继续学习和发展所需的必要知识基础、能力基础和素养基础

STEM 课程会为学生提供更多动手实践的机会，有利于改变目前学生缺乏动手实践，死记硬背和"刷题"应试的学习现状，能够让学生在真实的问题解决中深入理解重要的科学和数学概念，认识到现实问题的解决需要科学、数学以及技术的结合，认识到学这些知识的意义与价值，从而激发学习理工科的兴趣，奠定比较扎实的知识基础、能力基础和素养基础。这样当他们面对深度和广度都远高于中学的大学学习内容，以及快节奏、要求自主及自我管理的大学学习方式时，能够从容，找到自信心和成就感。

二、基础教育阶段开展 STEM 教育所需条件

（一）国家课程标准的支持

如前所述，目前我国基础教育阶段缺乏工程教育，虽然 2017 年教育部印发的《义务教育小学科学课程标准》里增加了技术与工程领域的课程内容，但初、高中学段的课程标准里还没有明确的工程教育要求。要在基础教育阶段深入开展 STEM 教育，需要确立相关国家课程标准。因为国家课程标准是对基础教育课程的基本规范和质量要求，是教材编写、教学、评估和考试命题

的依据，是国家管理和评价课程的基础。有国家课程标准的支持，相关 STEM 课程、教材和教学建设才有了目标和依据。

另外，国家课程标准可以指明科学、技术、工程和数学的整合路径，例如，美国国家科学教育课程标准将工程作为科学课程标准的内容，明确 K-12 年级学生的发展目标，明确工程与科学学科内容教学的整合指导要求。因此，基础教育阶段的 STEM 教育需要国家课程标准在课程性质、课程目标、课程内容、整合路径等方面给予明确。

(二)配套教材与教学资源的支持

目前国内 STEM 课程、教材以及教学资源多为教师个人或公司开发，在科学性、系统系、适用性等方面还存在这样或那样的问题。一些学校和公司开发的 STEM 教材实际就是多个活动项目的操作手册，有的是趣味实验或制作集锦，设计者在活动设计时没有考虑与国家课程标准的联系，在学生的知识学习和能力发展方面缺乏系统的设计。

我国各地师资水平差异较大，加之教师日常教学任务比较繁重，把开发课程与教材的任务完全交给一线教师是不现实的。需要组建包括科学家、工程师、教育工作者在内的团队开发高质量的 STEM 教育课程、教材和教学资源，这样才能有力支持基础教育阶段的 STEM 教育。

美国教材与教学资源开发可以为我们提供一些借鉴。例如，《科学的维度》(*Science Dimensions*)这套科学教材是基于美国《K-12 科学教育新框架》及《新一代科学教育标准》编写的，该教材在科学知识内容教学中融入科学实践、工程与技术的教学内容。例如，所有年级教材中的第 1 单元主题均与工程与技术有关，表 2-1 为从幼儿园到 5 年级教材的第 1 单元教学题目。[①]

表 2-1　*Science Dimensions* 教材中从幼儿园到 5 年级第 1 单元教学题目

	幼儿园	1 年级	2 年级	3 年级	4 年级	5 年级
第 1 单元	工程与技术	工程与技术	工程设计程序	工程程序	工程与技术	工程与技术

---

① Michael A D，et al，*Science Dimensions*，Florida，Houghton Mifflin Harcourt Oublishing Company，2016.

	幼儿园	1年级	2年级	3年级	4年级	5年级
第1节	工程师做什么？	工程师如何使用技术？	什么是设计的程序？	我们如何界定一个问题？	工程师如何界定问题？	科学和数学如何应用于工程？
第2节	我们如何使用设计的程序？	我们如何解决问题？	我们如何比较设计方案？	我们如何设计一个解决问题的方案？	工程师如何设计解决问题的方案？	什么是设计的程序？
第3节				我们如何测试和改进方案？	工程师如何测试和改进原型？	技术如何影响社会？

从题目中我们可以看到教材在引导学生了解和认识工程师的工作程序和工作方法。这套教材中还会穿插介绍科学和工程领域的职业和人物，有玩具工程师、过山车设计者、包装工程师、音响工程师、兽医、软件工程师、材料学家、生态学家等的介绍，还会生动地介绍一些有突出贡献的科学家和工程师。例如，教材在土地荒漠化内容教学后的"科学与工程领域的人"栏目中以图文并茂的方式介绍了非洲女科学家马塔伊；马塔伊进行水土流失问题研究，在肯尼亚发起绿丝带运动；她也因这项具有非常重要意义的工作而获得2004年诺贝尔和平奖。这些生动、具体的科学和工程领域的职业和人物介绍，拉近了科学、技术、工程和数学与学生的距离，也让学生感受到他们学习的STEM领域知识、方法和技能的意义和价值。

（三）具有STEM教学胜任力的教师

无论STEM课程是否作为一个全新的整合学科课程，加强基础教育阶段STEM教育，均对教师提出了更高要求。教师不仅要具有本学科的精深专业知识和教学法知识，还要有更广泛的跨学科知识，要掌握STEM教育理念与方法，具有工程设计的知识、经验与能力，还要具有指导学生分析和处理复杂问题的教学能力。在很多情况下，还要求教师能够开发实验或活动教具、开发实践活动课程，具有指导学生开展项目学习等方面的经验与能力。

然而，在实践中很多中小学教师不能胜任STEM教学工作，因为他们缺乏工程实践的经验，对工程和科学实践方法缺乏深入认识。例如，有教师不

24

知道何为模型，以为模型就只有实物模型，也不知道构建模型的实际意义；再如，有教师认为 STEM 课程必须要学科融合，所以物理教师想方设法加点化学的内容，生物教师又绞尽脑汁地想怎样加一点物理的知识，而对于这样添加其他学科内容的价值却不是很清楚。还有教师比较机械地认为只有让学生动手做出产品来才算是 STEM 教学，而没有认真思考这些活动设计与学科教学的关系是什么。例如，有教师进行摩擦力概念教学时，为了让学生探究小车在不同表面的滑动情况，教师给了学生一些小电动车的零件，让学生按照图纸来组装出一辆小车，再用组装成的小车来测试小车在不同表面的运行情况。学生在组装小车过程中遇到很多问题，比如看图纸、寻找零件、连接电路、组装调试等，这些活动花费了学生较多的时间和精力。实际上，这个动手组装车辆的活动与本节的科学概念教学没有联系，反而分散了学生的学习注意力并占用了宝贵的课堂教学时间，导致学生对概念的探究进行得不充分。

因此，加强对基础教育阶段理科教师的 STEM 教学胜任力培养与培训将是关系基础教育阶段 STEM 教育质量的又一关键，需要制定浸入式、研究式的 STEM 教师培训项目，指导教师提升 STEM 教学胜任力。

(四) STEM 教学实验室

STEM 教育强调学生的动手实践，强调科学、技术、工程和数学素养的培养，强调创新能力的培养，这些都离不开相关的实验室建设。需要指出的是，加强 STEM 教学实验室建设并不是一定要引入 3D 打印技术装备、激光雕刻机器、机械人设备、创客空间等，而是要为学科课程和跨学科课程实施提供必要的场地、器材、工具。众所周知，一些知名的科技企业诞生在车库里。车库不仅是一个可以自己动手做东西的场所，在车库还有众多触手可及的工具，让人一走进这里，就会有拿起工具动手的念头。现在的孩子们太缺少这样的环境了，他们每天从书房到教室，面对的都是书本，能够充分地探究和实践的机会很少。孩子们缺乏体验和感悟科学、技术、工程和数学应用的课程和资源，没有发展其创新和创造能力的"车库"，他们即使有了什么灵感或想法，也因没有尝试的条件而放弃。因此，我们的学校要加强实验室建设，为孩子提供可以一展身手的环境。

三、STEM 教育视野下课程开发与教学改进路径

我们于 2015 年开始先后与北京市 80 余名中学教师一起进行了 STEM 理念下的教学案例开发和教学实践工作。下面介绍我们的一些做法。

(一)确定基于 STEM 教育理念改进学科教学的工作方向

针对当前基础教育阶段，尤其是初中教学阶段存在教学方式单一、学习内容主要为书本知识、实验教学薄弱、学生缺乏动手实践机会，以及学生面临中考升学压力和部分学科面临选考的现实，我们确定了以 STEM 教育理念来改进初中科学类学科教学的工作方向，希望通过设计合理的教学活动，吸引学生深度参与到学习中，积累学习与做事的经验，习得重要概念、方法和技能，发展对科学、技术、工程和数学的兴趣，知道科学家、工程师、发明家工作的意义与价值，激发学习兴趣与动力，提高学业成绩；有计划、有目的地培养学生的科学和工程实践能力，提高分析问题和解决问题的能力。

(二)制定以课程建设带动教学与教师发展的学校工作设想

我们希望与一线教师共同进行 STEM 视野下的课程建设，带动教师教育理念、教学方式的改变，同时也促进协作学校实验室资源建设，打造 STEM 特色学校。(图 2-1)

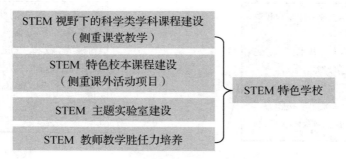

图 2-1 STEM 特色学校

一方面，通过 STEM 视野下的科学类学科课程建设改进初中科学课堂教学，解决教学方式单一、学生缺乏动手实践机会及缺乏学习兴趣等问题；另一方面，开发基于 STEM 理念的跨学科校本课程，给学生更多学科融合的学习机会，发展学生的问题解决能力、实践能力和创造思维。

在这个过程中，加强相关实验室建设和提升教师STEM理念下教学的胜任力。

希望通过学科教学改进课程，能够激发学生对某些学科的热爱，形成学科优势，同时结合跨学科校本课程，促进学生对各个学科的学习兴趣，促进能力发展，增强社会责任感和创新意识，从而促进学生的全面发展。（图 2-2）

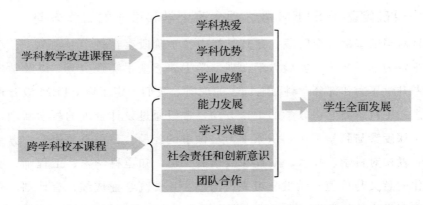

图 2-2　通过学科教学改进课程和跨学科校本课程促进学生全面发展

（三）确定 STEM 视野下的课程及教学设计的原则

如图 2-3 所示，确定 STEM 课程的重点目标、核心内容以及主要的教学方式和评价方式。

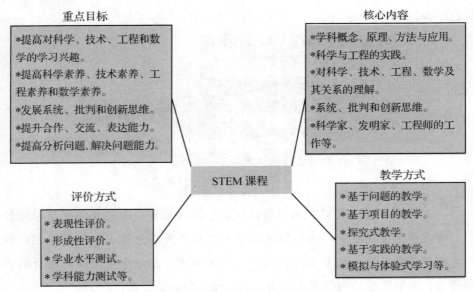

图 2-3　STEM 课程的重点目标、核心内容及主要的教学方式和评价方式

在此基础上，确定了以最新的学习理论为指导，以国家课程标准为依据，基于核心概念和科学及工程实践的学习进阶为主线设计课程的原则。

1. 与国家课程标准相关联

基础教育阶段的国家课程标准规定了各门课程的性质、目标和内容框架，是学科课程确定教学目标和教学进度的依据。因此无论是学科教学改进课程还是跨学科校本课程，在教学目标设定上要参考各个学科的国家课程标准，避免教学活动设计的随意性，以达到促进科学类学科教学改进的目的。

2. 设计多方融合的教学目标

教学目标导引教学的方向，决定学生的获得。课程的教学目标关系着学生的发展，关系着教学的成败。我们要求在 STEM 视野下的学科教学设计中既要设置科学、合理的学科知识目标，又要有明确的能力发展目标，还要有兴趣、思维、合作等方面的发展目标。此外，教师眼里不能只有自己的学科，要从学生全面发展的角度为学生提供成长的舞台。多方融合的教学目标包括以下内容。

①促进对学科知识的认识与感悟。

②发展对学科价值的认识、对学科的兴趣。

③提高分析问题、解决问题的能力。

④发展科学态度、科学思维、创新思维和社会责任，以及勇于探索、锲而不舍的精神品格。

⑤理解科学、技术、工程、数学的价值以及它们之间的联系。

⑥提高合作与交流能力。

⑦融入历史、文化、艺术等，拓宽视野，促进个性发展。

3. 基于核心概念和科学及工程实践的学习进阶设计教学

为了促进学生的认识发展，帮助学生建立合理的知识结构，以及提高学生分析问题、解决问题的能力，确定基于核心概念和科学及工程实践的学习进阶设计课程的原则。

对于核心概念的含义以及核心概念的教育价值，读者可参阅相关文献①②。下面仅简略对核心概念进行解释。

---

① 张颖之、刘恩山：《核心概念在理科教学中的地位和作用——从记忆事实向理解概念的转变》，载《教育学报》，2010(1)。

② 周玉芝：《以核心概念为统领设计化学教学》，载《化学教育》，2012(6)。

简言之，核心概念指的是具有广泛解释力的科学概念、原理和原则。核心概念可以联结其他事实、概念及过程，形成有意义的知识整体。以核心概念作为课程设计的内在主线，可以更加有效地促进学生的认识发展，帮助学生建立合理的知识结构，促进知识的迁移和应用。

有了核心概念的指引，可以避免教学内容的零散和教学的肤浅。例如，有初中化学教师在进行分子概念教学时，把90%的教学时间用于让学生认识分子是真实存在的、分子很小、分子是运动的，以及分子间有间隙。这样的教学是把教学重点放在了分子作为一种微观粒子的本身性质的认识上，却没有放在对分子与物质之间的关系认识上，而化学就是在原子、分子水平上研究物质的组成、结构、性质、转化及其应用的一门基础学科，学生学习分子是为了知道物质是由什么构成的，为什么不同的物质存在性质的差异，如何从微观角度分析、解释和预测物质的性质等，这些都是分子教学应当让学生建立的认识。但教师因为缺乏对化学核心概念的认识，导致教学时没有在这些重要方面用力，而是仅聚焦于某一方面的事实性教学。

教学设计的另一条主线是科学及工程实践。科学探究是国家课程标准要求的教学内容，科学探究与创新意识也是需要学生发展的核心素养之一。工程和技术素养的培养离不开实践，科学探究能力以及创新思维等也需在实践中磨炼，科学概念的学习也需要在实践中进行，因此科学及工程实践是与核心概念相伴的另一课程主线。表 2-2 为需要学生进行的主要的科学及工程实践[①]。

表 2-2　需要学生进行的主要科学及工程实践

科学实践	工程实践
(1)提出问题	(1)确定问题
(2)建立和使用模型	(2)建立和使用模型
(3)设计和实施研究	(3)设计和实施研究
(4)分析和解释数据	(4)分析和解释数据
(5)使用数学与计算的思想方法	(5)使用数学与计算的思想方法
(6)解释问题	(6)设计解决方案
(7)基于证据的辩论	(7)基于证据的辩论
(8)获取、评价和交流信息	(8)获取、评价和交流信息

---

① National Research Council, *A Framework for K-12 Science Education：Practices，Crosscutting Concepts，and Core Ideas*，Washington，D.C.，The National Academies Press，2011.

我们观摩了一些小学、初中和高中的探究式教学，发现很多教师设计的教学目标都是初步掌握科学探究的基本程序。为什么从小学到高中的探究式教学的培养目标都是掌握科学探究的基本程序？是学生一直掌握不了探究程序吗？事实是一些教师不知道还需要制定其他探究能力发展目标。一些教师为学生设计的探究任务主要是设计简单方案、观察、记录、测量、动手操作，缺少对建立和使用模型、分析和解释数据等重要科学实践能力的有计划培养，导致学生的科学探究能力培养一直在简单水平进行重复。

进行 STEM 视野下的课程建设，需要针对学生的经验基础与认知特点，按照能力发展规律，整体规划核心概念和科学及工程实践能力发展的学习进阶（图 2-4）；在此研究基础上，设计单元以及课时教学设计，做到以学科核心概念为教学的内在主线，融入科学及工程的实践，在面向实际问题解决的实践活动中学习科学、数学和技术，掌握科学实践和工程实践方法，建立工程、技术、科学和社会的联系，建立与科学家、工程师工作的联系，培养学生的 STEM 素养。

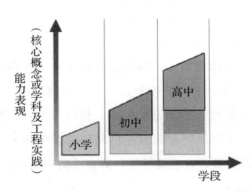

图 2-4　设计基于核心概念和科学及工程实践的学习进阶

4. 以开放促发展

所谓的以开放促发展是指教师不能眼中只有自己的学科、只有考试，而是以宽广的学术视野和教育视野规划教学目标及教学内容，要与其他学科教师开展深入的合作，获取更广泛的教学资源；要以开放的心态分析学生的发展，采取多种方式促进和评价学生的学习。

30

（1）教学内容的开放

教学内容不能仅局限于教材和考试范围，要在学生理解学科核心概念的基础上，有意识地设计跨学科教学内容，拓展学科内容与科技、社会、历史等方面的联系，开拓学生的视野，使学生知道科学与技术的发展，知道前人为社会发展所做的贡献，知道科技与人文及社会的联系。

（2）教学方法的开放

要采取讲授、探究、项目式等多种教学方式促进学生的学习，要将知识、技能与方法的学习情境化、问题化和活动化，设计更多基于生活、联系真实问题情境的实践活动，同时要适时地放手让学生尝试以获得更多的经验和感悟，减少灌输式教学，避免学生思维固化。

（3）教学时间与教学场地的开放

传统的课堂教学时间为 40～45 分钟，学生自主探究活动常被教师严格限制在较短时间内，学生不能充分尝试与体验。STEM 视野下的学科教学设计要冲破 45 分钟的课堂时间限制，也冲破教室的限制，把课堂延展到田野、博物馆、实验室，把学习从校内延展到校外。

（4）教学人员和教学资源的开放

除与校内教师的合作交流外，可特邀科学家和工程师作为教学人员，从而使学生更好地了解科学家、工程师的工作，了解不同专业与职业的工作，为其后续的学习与工作奠定基础。相应地，科研与工程机构的仪器设备、实验材料、图书资料以及网络资源等都是可利用的教学资源。学生还可与其他学校的学生组成学习团队，这也是教学资源开放的一部分。

（5）教学评价的开放

STEM 视野下的学科教学评价不能仅通过纸笔测试，还要采取表现性评价和过程性评价等，通过学生对问题的分析、探究的设计、作品的展示等情况来评价学生的学习。

教学实施后，教师会通过纸笔测试、访谈以及撰写反思等方式来评价学生并促进学生的反思。例如，课后让学生填写反馈卡，了解学生学到了什么，学习中遇到了什么障碍，还有什么困惑，由此激发学生对什么事情的关注或进而想学习什么，等等。

例如，在"用统计方法探究花生果实大小的变异"中学生反馈学到了"怎样利用数学方法研究科学问题，对统计方法重新回忆，对各种统计方法的优点和特点有了更多的理解"，在你进而想学习什么这一项调查中，很多学生表达还想了解更深层次的统计学知识，不只是课堂上这些。还有同学对生物问题更感兴趣了。例如，有同学写道："变异的概率及其遗传是否具有一定的稳定性？超级细菌在被选择的时候有怎样的可能性？概率是多少？细胞色素 C 在不同动物中的具体区别是什么？"从学生的反馈中我们可知预设的教学可激发学生对学科学习的兴趣，促进学生对概念的深入理解。

（四）从学科课堂教学和校本课程两个角度进行教学实践

1. STEM 教育视野下的学科课堂教学改进

我们以往在基础教育阶段的科学教学中，往往注重科学知识与原理的教学，在动手实践、激发学习动机、学以致用等方面有不足。虽然教师也会介绍某些知识在实际生产、生活中的应用，但是很多课堂教学仅是通过图片或视频呈现，学生没有切身体会，因而达不到激发学习兴趣的作用。下面通过一个课例来说明如何改进学科课堂教学。

初中物理课程标准中有这样的要求：观察摩擦起电现象，探究并了解同种电荷相互排斥，异种电荷相互吸引。举例说明生活中的静电现象。

高中物理课程标准的相关要求是：通过实验了解静电现象。能用原子结构模型和电荷守恒的知识分析静电现象。了解生产生活中关于静电的利用与防护。例如，分析讨论静电在激光打印、静电喷雾和静电除尘等技术中的应用。

在人教版初中物理九年级教材中，有观察摩擦后物体带电的演示实验，介绍了原子结构，指出不同物质的原子核束缚电子的本领不同。当两个物体摩擦时，哪个物体的原子核束缚电子的本领弱，它的一些电子就会转移到另一个物体上。失去电子的物体因缺少电子而带正电，得到电子的物体因有了多余的电子而带等量的负电。摩擦起电并不是创造了电荷，只是电荷从一个物体转移到了另一个物体，使正负电荷分开。

人教版高中物理教材中的静电场一章，首先回顾了摩擦起电，指出无论摩擦起电还是感应起电，本质上都是微观带电粒子（如电子）在物体之间或物

32

体内部的转移，而不是创造出了电荷。在电荷守恒定律和库仑定律内容之后，教材在科学漫步栏目中对静电复印技术进行了简单介绍。

通过教材内容可以看到对于摩擦起电，学生只观看了丝绸摩擦玻璃棒和毛皮摩擦橡胶棒的经典静电实验，尽管教材中对原子结构和静电产生本质的文字叙述很清晰，但仅通过阅读，多数学生达不到课程标准要求的"能用原子结构模型和电荷守恒的知识分析静电现象""了解生产生活中关于静电的利用与防护""分析讨论静电在激光打印、静电喷雾和静电除尘等技术中的应用"的教学目标。

为了改进教学，教师研发了揭示静电产生和静电复印原理的创新实验。让学生通过亲身参与实验探究活动来认识静电的产生、认识静电复印机技术，在此基础上引发学生对激光打印技术的讨论。教学中还要让学生认识科学、技术的联系，感知科学原理可以转化为技术来改变我们的生活，让学生更好地认识科学的学习价值，激发学习兴趣和学习动力。

下面是基于 STEM 教学视野的静电复印原理的教学活动片段。

1. 认识复印机发明的意义。

请学生感受把一段文字抄写下来和用复印机复印出来的速度对比，讨论现代复印机在我们的日常生活和文化传播等方面的作用，认识复印机发明的意义与价值。

2. 资料呈现：① 雕版印刷始于唐朝。一般把要印的字写在薄纸上，反贴在木板上，再用刀雕刻，使每个字的笔画突出在板上。印刷的时候，在凸起的字体上涂上墨汁，然后把纸覆在它的上面，轻轻拂拭纸背，字迹就留在纸上了。

② 活字印刷由我国北宋毕昇最先发明。先制成单字的阳文反文字模，然后按照稿件把单字挑选出来，排列在字盘内，涂墨印刷，印完后再将字模拆出，留待下次排印时再次使用。

提出问题：印刷术是我国古代四大发明之一，古代印刷与现代复印在最基本的原理方面有关联吗？

学生：雕版印刷和活字印刷都是要形成凸凹文字，然后使有笔画的地方有墨，而没有笔画的地方没有墨，从而把字形印到纸上。我认为现代复印的最基本原理也应类似，也是要借助颜料把字形或图案转印在白纸上。

3. 提出问题：现代复印技术是如何将反映原文字或图案的墨迹转移到纸张上的？

对此问题学生认识并不清晰，他们带着疑问进行实验探究。

学生用丝绸在有机玻璃板上通过摩擦写出用眼睛看不到的文字，然后刷上复印机里面的墨粉，发现文字显形了！（图2-5）

图 2-5　墨粉在有机玻璃板上显现静电潜影

学生提出摩擦会使物体带静电，所以推测墨粉是通过静电吸附在有机玻璃板上的。教师追问：墨粉带电吗？学生纷纷摇头，也困惑起为什么墨粉能吸附在有机玻璃板上。

教师让学生通过互联网调查复印机里的墨粉是否带电。学生通过互联网搜索到复印机里的墨粉并非是纯的碳粉，是添加了多种成分的，墨粉是带电的，有的墨粉带正电荷，有的墨粉带负电荷。

教师告诉学生，他们实验用的墨粉是从学校使用过的复印机墨盒里获取的残余墨粉，该墨粉带负电荷，请学生分析墨粉将有机玻璃板上丝绸所摩擦出的文字显形的原因。

这时学生都能够分析出丝绸与有机玻璃板因摩擦起电，有机玻璃板相比丝绸更易失去电子，所以在摩擦后有机玻璃板带正电荷，可以吸引带负电荷的墨粉。

教师提出问题：如果用丝绸摩擦一个比较不易失去电子的材料，结果会怎样？

学生：那将是丝绸失去电子，另一不易失去电子的材料带负电荷。

为了验证以上的分析，请学生换一块PP塑料板重复上述实验，这时学生看到丝绸与PP塑料板摩擦过的地方出现了排斥墨粉的现象。（图2-6）

通过实验学生认识了丝绸与不同材料摩擦显不同电性与材料的微观组成和结构有关。当两个物体摩擦时，哪个物体的原子核束缚电子的本领弱，它的一些电子就会转移到另一个物体上。失去电子的物体因缺少电子而带正电，得到电子的物体因有了多余的电子而带等量的负电。

图 2-6　墨粉在 PP 塑料板上显现静电潜影

4. 了解静电复印技术的实现过程。

请学生思考，在前面静电成像原理的基础上，如何制造出可以使用的复印机。

学生小组讨论提出设计思路，有小组提出了与复印机技术大体近似的技术方向。

教师图示静电复印机的技术设计：首先给滚筒表面的光电导体充电，从文件反射的强光照到光电导体上，光电导体上除文字线条部分外的电荷消失，于是在鼓上形成带电荷的字迹的静电潜像；带电荷的字迹再与带异性电荷的墨粉接触，墨粉就会把静电潜像显现出来。接下来把形成的墨粉像与复印纸接触，墨粉像就转印到复印纸上了，后续再经过高温，墨粉中的树脂融化从而使墨粉牢固地附着在复印纸上。

5. 静电复印机发明的启示。

学生阅读美国发明家切斯特·卡尔森(Chester Carlson)发明静电复印机的故事，了解切斯特·卡尔森是如何利用光敏材料制造出静电潜像的，认识静电复印机的问世也结合了其他领域的知识与技术，了解一项发明创造需要运用综合的知识与技术，还要有锲而不舍的精神和创新的意识。

6. 拓展与反思。

引导学生思考从静电复印技术到激光打印技术，变化的是什么？你能够想到可以把激光技术运用于复印和打印吗？请学生思考从雕版印刷技术、活字印刷术、静电复印技术到激光打印技术，在这个过程中科学和技术的作用与发展。使学生认识在把握原理的基础上要以更开阔的思维，吸纳不同领域的科技成果来推动技术的革新与发展。

通过以上教学片段可以看到该教学是在活动探究与深度参与中促进学生

对科学原理的理解和应用的，使学生知道学习这些科学知识的重要性。不仅如此，学生还进行跨学科学习，如学生基于实验认识到物质表面因摩擦而带静电的原因是不同材料的组成与结构不同，这其实就联系了化学的重要核心概念——物质的组成和结构决定其性质。

学生在实验探究的基础上认识静电复印技术，认识到利用光敏材料制造出静电潜像是切斯特·卡尔森实现静电复印的一项关键技术，他能够关注新材料技术的发展并创造性地应用于复印技术中，这是学生需要学习的一种创新品质；同时也因为他的刻苦钻研和锲而不舍，才会有静电复印机的诞生。

学生还认识到激光技术和数字技术的应用使复印技术在数字化、彩色化、多功能、高品质、高速度等方面日益进步，利用复印机极大地提高了人们的工作效率。

通过本教学，学生不仅能够达到国家课程标准的要求，还能够以宽广的视野和胸怀去看待学习，认识发明创造的价值，培养学以致用的品格和创新意识。

可以用图 2-7 概括以上教学流程。

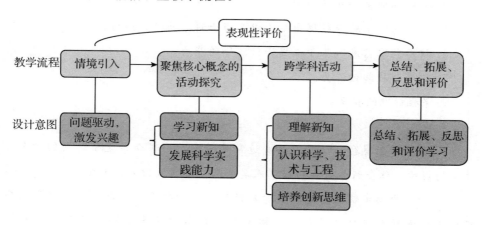

图 2-7　教学流程

2. STEM 教育视野下的校本课程

学科课堂教学有着相对严格的教学进度要求，所以在教学时间和教学方式的变化上都有所限制。作为校本课程，教学内容和教学时间可以更加灵活，所以在 STEM 视野下的校本课程可以涉及更多的项目式教学，让学生有更丰富的实践体验，培养学生应用科学原理、数学和技术分析问题、解决问题的能力，发展 STEM 素养。

下面列举 STEM 视野下校本课程"洗涤的学问"的教学设计框架。

课程名称：洗涤的学问　　　　　　主题：物质及其相互作用

适用年级：八年级　　　　　　　　教学用时：5 小时

主涉学科：化学、生物

教学计划：

第 1 课时：常用洗涤剂大比拼。

第 2 课时：试试其他洗涤方法。

第 3 课时：加酶洗衣液。

第 4 课时：自制洗手液。

拓展：科技阅读。

教学目标：

1. 了解肥皂、洗衣粉、洗涤灵等洗涤剂能够去除油污的原因。

2. 体验其他去除油污的方法。

3. 培养基于实验分析得出结论以及提出科学问题的能力。

4. 培养获取信息和基于证据进行解释的能力。

5. 培养科技阅读能力。

与课程标准的联系：

初中化学：

1. 引导学生观察和探究一些身边常见的物质，帮助学生了解它们对人类生活的影响，体会科学进步对提高人类生活质量所做出的巨大贡献。

2. 使学生初步认识物质的用途与性质之间的关系，帮助学生从化学的角度认识和理解人与自然的关系，初步形成科学的物质观和合理利用物质的意识。

3. 能说出一些常见的乳化现象。

4. 知道催化剂对化学反应的重要作用。

5. 初步形成基本的化学实验技能。

6. 能比较明确地表述所发现的问题。

7. 能在教师的指导下或通过讨论，对所获得的事实与证据进行归纳，得出合理的结论。

8. 初步学习通过比较、分类、归纳、概括等方法逐步建立知识之间的联系。

初中生物：

意识到科学探究需要通过观察和实验等多种途径来获得事实和证据。

高中化学：

1. 实验：酶的催化作用。

2. 认识酯的典型代表物的组成和结构特点。实验：自制肥皂与肥皂的洗涤作用。

高中生物：

探讨酶在食品制造和洗涤等方面的应用。

重要概念：

肥皂、洗衣粉、洗涤灵、洗手液、洗发香波等洗涤剂都含有一类被称为表面活性剂的物质。表面活性剂分子的双亲特性使水更容易洗去油污。

从框架中可以看到，教学内容是与国家课程标准密切关联的，是为实现国家课程的教学要求所设计的教学内容。

教学聚焦核心概念——结构决定性质，具体到本教学，学生要认识到肥皂、洗衣粉、洗涤灵、洗手液、洗发香波等洗涤剂都含有一类被称为表面活性剂的物质。表面活性剂分子的双亲结构特性使水更容易洗去油污。

教学活动内容与学生的生活实际密切关联，学生在真实的问题中学习。所有的概念学习与能力发展均在学生亲身体验的活动中获得。

关注学科科技阅读能力的培养。在项目的最后为学生精心准备科技阅读资料，这些资料开拓学生的学术与思维视野，培养学生的科技阅读与表达能力，也将教学由课堂上延展到课堂下。

下面对其中凸显跨学科校本课程特点的第 4 课时教学进行介绍。

第 4 课时为自制洗手液。学生通过前 3 课时的学习，已经知道洗涤剂之所以具有去污功能，是因为里面含有关键物质——表面活性剂，其特殊的结构使其具有去除油污的能力。第 4 课时的第一个活动为自制洗手液。

活动伊始，教师会给学生两种洗手液的配方，让学生查阅资料，了解表面活性剂仲烷基磺酸钠(SAS-60)和椰油酰胺丙基甜菜碱(CAB-35)的性能，然后尝试按两种不同的配方配制洗手液。(表2-3)

表2-3 配制洗手液的两种配方

	配方1	配方2
表面活性剂	SAS-60，10 mL CAB-35，10 mL	SAS-60，20 mL
增稠剂	30 mL	30 mL
保湿、润肤剂	1，2-丙二醇，1滴管 肉豆蔻酸异丙酯，5滴	1，2-丙二醇，1滴管 肉豆蔻酸异丙酯，5滴
香精	香型自选，1～3滴	香型自选，1～3滴
色素	颜色自选，1～2滴	颜色自选，1～2滴

在以上两个配方中，除表面活性剂的品种有规定外，香精和色素都有多种，学生可以自由选择。学生完成洗手液的制作后，要对两种洗手液的性能进行测试，测试指标见表2-4。

表2-4 洗手液性能测试指标

指标	洗手液1	洗手液2
外观		
色泽		
香型		
pH		
泡沫高度		
去污效果		

通过测试，学生发现虽然不同的表面活性剂的组成和结构不完全相同，但它们都具有双亲结构特征，两种洗手液都能去污，进一步印证了前面所学的去污原理。

通过测试，学生也知道了不同配方的洗手液在一些性能方面具有差异，这是因为不同表面活性剂存在组成和结构的差异。另外，不同的表面活性剂的价格也有很大的差异。

学生还知道除了表面活性剂外，为了改善产品的使用性能，还会加入增稠剂、香精、色素等，对于洗手液应考虑对手部皮肤的保护，还应加入一定的保湿润肤的成分。

学生在对两种洗手液的性能进行测试时运用了不同的技术手段，学生知道在科学研究中要借助技术来获取数据，这样研究才能准确和精细化，而不是凭经验和感觉。

在第一个自制洗手液任务完成后，学生要自主设计和制作一种新型洗涤用品，要求如下。

①明确洗涤用品要解决什么问题，有什么特别的用途。

②确定配方，说明确定配方所考虑的因素。

③制出样品，进行性能测试。

④改进配方，确定最终配方。

⑤产品展示与交流。

在此教学环节中给学生以自主创造和创新的机会，让学生体会真实的产品研发过程。学生在研发过程中会知道开发产品要针对某种需要、某种问题，他们需要查阅文献，了解已有的相关信息、了解试剂的性能；在制定洗涤剂配方时要综合考虑使用对象、使用目的、绿色环保以及成本等问题。在制作洗涤剂的实际操作过程中还会发现试剂的溶解性、颜色、气味等都是需要考虑的实际问题，他们也会体会到一个产品不是一次试验就能够成功的，需要针对过程中出现的问题不断改进，最后才能获得性能比较满意的产品。他们会体会到一个合格产品背后是无数次的努力和坚持，每一次的不成功是奠定成功的基石。

我们在北京市开放性实践活动课中实施了该课程，比较遗憾的是由于该活动的教学时间被严格要求为 2 小时，所以教学仅进行到自制洗手液这一步，没有进入研制新型洗涤用品这一环节。尽管如此，学生上过这个课还是对产品研发和工程设计有了初步感知。下面是两位学生上过此课后的评语（评语来自北京市初中开放性科学实践活动平台）：

学生 A：今天上的课程"洗涤的学问"太有趣了，我自己制作了两瓶洗手液。我通过实验明白了洗涤的原理，知道了为什么清水不能清洗干净油污。洗涤剂中的表面活性剂对洗去衣物上的油污起了关键的作用。表面活性剂是一类能显著降低水的表面张力的化合物。各种表面活性剂分子的共同特点是既具有亲油端，又具有亲水端。根据这个原理我制作了洗手液，可以将手洗得很干净。

学生 B：市面上常见的洗涤产品，里面竟然有那么多的奥秘。洗涤产品中加入了表面活性剂，能让物品上的脏东西更便捷的被洗去。为了让人们在使用洗涤产品时能够更加的舒适，洗涤产品中加入了色素使产品的颜色更丰富鲜艳，加入香精使产品的味道更清香。现在很多的产品都有许多人性化的设计，将来我们在设计的时候，也要考虑到这些问题。

通过学生的评语可以看到他们学到了学科核心概念，认识了洗涤剂去污的原理，意识到科学原理的重要性，具有了一定的工程设计意识，获得了在实际产品设计时要综合考虑各种因素，并进行人性化设计的理念。

以上教学流程大体可概括为：情境引入，提出驱动性问题；开展基于问题的、聚焦核心概念的活动探究，学习新知，发展科学实践能力；在此基础上进入跨学科项目学习，促进深入理解概念，构建知识的联系，发展工程实践能力，包括确定问题、权衡限制、设计可行方案、测试和改进、展示与交流等；进而总结、拓展、反思和评价学习。各教学活动中会嵌入表现性评价来评估学生的学习情况。（图 2-8）

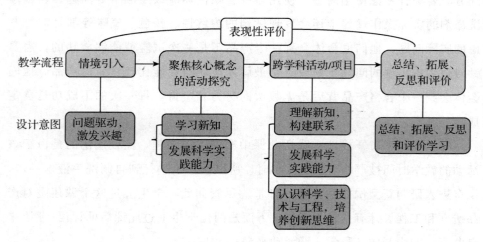

图 2-8　教学流程

四、教师之声

我们对部分实施 STEM 理念下教学改进的教师进行了调研，调研 STEM 教育理念下的教学对教师的教育理念、教学方式和专业发展的影响，以及学生从中获得的益处。下面是教师们的回答。

在教育理念方面，教师已经思考今日之教如何让学生未来能够适应复杂多变和发展迅速的社会，更注重科学与技术的关联，科学的思维方法，以及各学科知识的融合；更加注重课程内容与实际生活的联系，倾向于让学生参与动手实践，让学生利用多学科知识解决问题。

"STEM 教育理念让我思考，我要教给学生怎样的科学知识和我要怎样教给学生科学知识，才能让学生利用在课堂中所习得的东西，应对更为复杂多变和发展迅速的社会。以前注重学生对知识的理解和学习方法的掌握，现在更注重科学知识的实践即科学与技术的关联，科学的思维方法，以及各学科知识的融合。"

"展开 STEM 教学后，我更加关注学生解决实际问题的能力，解试题的训练在课堂上有所减弱。在课堂上，教授知识的时间缩短了，更多的是提出问题，引导学生思考、设计、实践，让学生在实践中获得解决问题的思路、方法和相关知识。"

教师认为 STEM 教育理念对培养学生认识真实的自然界以及如何与自然和谐相处意义重大。

"我已经开始有意识地将 STEM 理念渗透到日常的教学中，我认为这种现代教育理念会逐渐扩大，并融合多学科共同参与教学，这对培养学生认识真实的自然界以及如何与自然和谐相处意义重大。"

在教学方式方面，教师们更多地让学生在做中学，而且把时间和过程交给学生，以学生为中心；教学形式更加多样和开放，促进学生自主和快乐的学习，引导学生获得问题解决的能力，培养学生的创新思维。

"STEM 教育改变了我对传统教育教学方式的理解，教师单纯地传授知识给学生是远远不够的，要在教学中引导学生获得综合分析问题和解决问题的能力，提高学生的地理实践能力，这也是符合地理核心素养的要求和目标的。"

"STEM教育理念对教学方式的最大影响体现在教学中的实验设计上，从原来的提供必用实验材料进行实验设计，变成了提供广泛的可供多方案选择的实验材料进行实验设计，这样做不仅可以使学生更深刻地理解物理概念和规律，并更容易暴露出学习过程中出现的问题，还可以发散学生的思维，让学生体会真正的实验设计过程，以及在各种思维方式碰撞中体验科学实践的快乐。"

"我们应该把学习还给学生，让学生有充分的思考时间，体会知识的形成过程，而不是一味地灌输结论。教学不仅是结果的教学，更是过程的教学，必须结合具体内容让学生在活动中去'经历过程'，知道知识是如何产生的，知道其发生的过程，知道如何运用所学的知识去解决实际问题。这样学生掌握的知识就不会变成无本之木、无源之水，学生能真正地体验和理解知识的真实来源和意义，从而在生活中应用它。"

"接触了STEM教育，让我开始反思自己的教学，学生学习知识是为了解决实际问题而不仅仅是为了解决试题。所以，培养学生解决问题的能力、增加他们的科学素养是我作为科学课教师最应该做的。为此，我努力改变自己以往以讲为主的教学方式。我在课堂上以问题为引领，鼓励学生充分思考、讨论、表达。能通过实验验证的，无论观点是否正确，在安全的前提下尽量让学生在实践中验证，从而让学生在解决问题中有所收获。只是在关键问题上或者学生需要帮助时给予一定点拨。我变得更加关注学生的设计、表达、动手等能力，知识的掌握变得较为次要。但事实证明，学生并未因此成绩下降，反而有更多收获是教师想不到的。"

在对自身专业发展影响方面，除了对教育理念、教学方式的影响外，教师还谈到STEM教育促进其不断更新知识、进行更广泛地学习，关注科技前沿与动态，扩大学术视野。

"对于学科融合课而言，教师不但要精通本学科的专业知识同时还要了解其他学科的相关知识，这样才能将一节学科融合课上好。STEM教学对教师的能力要求越来越高，教师要不断地学习和提升！"

"以前觉得自己已经教了这么多年，教学经验很丰富了，教学基本是驾轻就熟的事了。但准备STEM理念下的教学时，感觉自己真的有很多内容需要学习，包括专业方面和非专业方面的。为了准备课，我会查阅很多学术期刊，寻找相关研究资料，还会主动请教同行和专家，自己和学生一样，都开始主动学习和研究了。"

"STEM教学非常有意思，让我不仅仅局限在课本中，而是跳出课本，跳出考试，跳出学科，尝试多学科的结合，我愿意做更加深入的探索。"

"接触了STEM教育，我更爱学习了，主动积极地参加了国家级、市级的各种培训，开发了STEM校本课程，开设了研究课，整理相关内容并主动投稿。我也从一个不爱参加培训、不爱上研究课的人变成学校STEM教研的骨干分子。我希望能接受更多这方面的培训，让自己在STEM教育走得更远。"

在学生获得方面，学生对学习的内容更感兴趣，学习更加积极和主动，锻炼了动手能力、小组合作能力、交流能力；学生更加喜欢这样的课堂，他们经常觉得课堂时间太短，不愿停下探究活动，学生在活动中不知不觉就学到了难以忘记的知识，他们更加善于分析问题；因为给予学生更多的发挥空间，对学生创新精神的培养有深远意义。

"学生不仅明白了书本上的知识，提高了自主学习能力，还知道了小组活动中沟通的重要性，同时提高了知识的应用能力，培养了学习兴趣。"

"我的学生们通过STEM形式的教学，知道了对一件地理事物的发生、发展要从多个方面加以综合分析，并从中找出解决问题的基本方法。"

"学生体会到科学和技术之间的联系，会用工程设计的思想思考问题，更容易理解理论与实际应用之间的转化。"

"学生知道了所学知识的价值，还能够想到如何用自己的聪明才智来为社会做贡献。"

"学生发散思维能力和迁移能力得到发展，有的学生利用课堂上的知识结合生活经验设计出了新的产品，获得了一些科技竞赛的奖。"

"我的学生在STEM学习中参与度很高，因为不再是以讲知识为主，练习题为辅，学生学习化学的兴趣高涨，在设计实验和动手实践过程中解决问题能力、动手能力、合作能力、阅读能力、表达能力都有不同程度的提高，化学变成学生最喜欢的学科之一。"

44

综上所述，这些投身于 STEM 理念下教学实践的教师更关注学生的综合素养的培养，更加致力于如何促进学生积极、主动和快乐地学习，教师的教育视野和教学视野更加宽广，他们眼里不仅有考试，更有学生的未来和国家的未来。教师们普遍认为 STEM 理念下的教学有效地促进了学生的主动学习，也促进了教师的主动的学习和研究。

第三章　STEM教育视野下校本课程案例

一、瓶子的游戏

（一）教学背景

本课意在通过实验和游戏的形式，让七年级学生对物理学中的一个重要概念——摩擦力有直观、形象的体验和感性认识，为初、高中关于摩擦力的深入学习打下良好的基础，同时结合初、高中课程标准要求，渗透相关能力目标和情感态度价值观。

1. 与课程标准的联系

（1）从教学内容上看

初中和高中物理课程标准中都提到了对摩擦力的学习内容，初中课程标准中要求通过常见事例或实验，了解摩擦力，认识力的作用效果。高中课程标准中要求通过实验认识滑动摩擦、静摩擦的规律。无论哪一个阶段对摩擦力的学习，课程标准都要求以实验为媒介，通过实验总结和认识物理规律。所以本课的设计就是用瓶子游戏以实验和游戏的方式让七年级的学生对摩擦力有感性的和生动的认识，为初、高中的理性学习打下一定的基础。

（2）从教学方法上看

初中课程标准中要求经历观察物理现象的过程，能简单描述所观察到的物理现象的主要特征；学习拟定简单的实验方案；能书面或口头表述自己的观点，能与他人交流。所以本课采用了实验教学法、讲授法、讨论法、直观演示法和读书指导法等多种方法，目的是想从多角度渗透物理概念和规律，帮助学生认识和理解。

（3）从教学的能力目标以及情感态度价值观上看

初中课程标准中要求有自我反思和听取反馈意见的意识，有初步的信息交流能力及不断改进的意识；有将科学技术应用于日常生活、社会实践的意识，乐于探究日常用品或新产品中的物理学原理，乐于参与观察、实验、制作、调查等科学实践活动。高中课程标准中要求具有一定的信息收集和处理能力，分析、解决问题能力和交流、合作能力；有参与科技活动的热情，有将物理知识应用于生活和生产实践的意识，勇于探究与日常生活有关的物理学问题；有主动与他人合作的精神，有将自己的见解与他人交流的愿望，敢于坚持正确观点，勇于修正错误，具有团队精神。从不同阶段的标准中我们可以看到，初、高中都要求在物理学科中培养学生的信息搜集和处理的能力，观察实验和设计实验的能力，表达及交流的能力，以及将物理知识与生产、生活联系和应用的意识。所以，本课既有通过实验对物理概念和规律的探究，又有通过设计制作玩具对物理知识在生活中的应用，还有实验和设计制作过后的交流讨论，目的是以这样一种连贯的方式来培养学生的相关科学能力及意识。

2. 教学内容分析

为了提高学生的动手实践能力，改进初中科学类学科教学，北京市在七年级学生中开设了一门开放性科学实践活动课。本课核心内容就来自《北京市初中开放性科学实践活动项目手册（初中一年级使用）》中的"听话的笑脸"。

在 STEM 教育理念的指导下，本课以渗透物理学概念为目的和核心，以瓶子为介质，在教学过程中除了常规的演示、分组实验外，还通过任务形式，让学生动手设计制作小玩具，综合了工程设计理念；在自主学习部分，还加入了数学工具，将物理知识和数学知识相结合来阐述科学知识在生产、生活中的应用。为实现教学目标，本课将教学计划分成课上 2 课时和课后自主学习，以实验法和讨论法为主要教学方式，结合实践活动、多媒体、文字材料等教学手段进行教学。

3. 学情分析

根据皮亚杰的认知理论，七年级的学生处于具体运算阶段向形式运算阶段转化的时期，该时期的学生心理操作着眼于抽象概念，但思维活动需要具体内容的支持，即从形象逻辑思维向抽象逻辑思维过渡。抽象逻辑思维，在很大程度上，还属于经验型，从八年级开始，才会由"经验型"向"理论型"转化。就辩证思维发展来讲，七年级学生已经开始掌握该种思维的各种形式，但水平不高，很容易产生片面性和表面性的缺点。

所以本课意在通过形象和直观的实验及操作，帮助学生认识抽象的物理概念和规律。

(二)教学计划

教学计划见表 3-1。

表 3-1　教学计划

瓶子的游戏		
教学内容	认识、体验摩擦力	趣用摩擦力	拓展阅读：自锁现象
课时	1	1	课后自主学习

(三)教学设计与实施

第 1 课时　认识、体验摩擦力

1. 教学目标

通过瓶子的游戏感受摩擦力的存在及其重要性。

通过瓶子的游戏及知识阅读了解摩擦力的分类。

通过瓶子的游戏了解摩擦力产生的条件及影响因素。

2. 材料和工具

演示实验 1：圆柱形矿泉水瓶 2 个、洗涤灵、水。

演示实验 2：橡胶开瓶器 1 个、沙拉罐头 1 瓶。

学生实验 1：圆柱形矿泉水瓶 2 个、小钢球若干。

学生实验 2：圆柱形矿泉水瓶 1 个、瓶盖 1 个、砂纸 1 块、毛巾 1 块、水、护手霜、橡胶手套 1 只、活口大扳手 1 个。

3. 重要概念

摩擦力是一种生活中随处可见的力，它总是阻碍着物体的相对运动和相对运动趋势。它的产生需要满足以下条件：接触面粗糙，两物体接触并挤压，物体间有相对运动和相对运动趋势。它的大小受到接触面粗糙程度以及正向压力的影响，因此，改变接触面粗糙程度或正向压力可以改变摩擦的大小。

47

4. 教学过程

教学过程见表 3-2。

表 3-2　教学过程

环节	教师活动	学生活动	设计意图
游戏导入，激发兴趣	游戏导入： 准备 2 个装满水的矿泉水瓶，找同学和教师比赛，看谁先拿起桌面上的瓶子。（学生的瓶子上有洗涤灵。） 提出问题，引发思考。	积极参与活动，结果失败。 学生思考，凭生活经验作答。	激发学生学习兴趣。亲身体会到摩擦力在生活中的重要作用。为后面学习做铺垫。通过提问，引发思考，引出本节课的主题。
实验探索，体验概念	1. 展示生产、生活中摩擦力的例子。 2. 分组实验： 让学生拿起不同质量的瓶子，体验摩擦力的产生。 提出问题，引发思考，总结概念和规律。 3. 继续体验： 让学生通过捏瓶子，体验摩擦力的产生。 提出问题，引发思考，总结概念和规律。 4. 小结：给出摩擦力的概念以及产生摩擦力的条件。 5. 阅读：让学生阅读一小段关于摩擦力分类的文章。 6. 演示实验：用装满水的瓶子来演示何为滑动摩擦力、静摩擦力和滚动摩擦力。 7. 实验举例：让学生根据对概念的理解，用实验的方式举例说明摩擦力的分类。	学生举出生产、生活中的摩擦力的例子。 学生实验，认知体会，思考问题并讨论、交流、分享。 交流分享什么是摩擦力，如何产生摩擦力。 阅读短文，了解摩擦力分类。 观察演示实验，通过实验理解摩擦力的分类。 分组实验：用拿瓶子的实验来展示滑动摩擦力和静摩擦力。	结合实际感受摩擦力无处不在，以及对我们的生产、生活的影响。 用实验体验的方式理解物理概念及规律，更加直观，更易接受，教学效果更理想。 实验结束后，通过师生对话，引发学生思考，并让学生在实验中，逐步提炼科学知识，渗透物理学习方法和思维。 通过小结学会表述物理知识的科学语言。 用阅读的方式，培养学生科技阅读的能力，并明确中学阶段的研究重点。

环节	教师活动	学生活动	设计意图
继续挑战，深入学习	分组比赛： 给出实验材料，提出比赛要求，让学生开动脑筋，根据已有知识及生活经验进行思考并完成比赛。 赛后引导学生在实验中提炼物理问题及物理规律。 师生共同总结影响摩擦力大小的因素。 展示生活中的实例，橡胶开瓶器，巩固知识。	分组比赛： 开动脑筋，大胆尝试，完成比赛。 交流分享守方和攻方的办法，即阐述增大或减小摩擦力的办法。 师生共同总结影响摩擦力大小的因素。 分析开瓶器的原理。	在了解前期重要概念后，在实验中加入工程设计的要素，进行知识应用。 通过小结总结，学会表述物理知识的科学语言，培养科学精神。通过生活中的实例分析，做到学以致用。
小结	总结本节课内容。	分享交流这一节课的收获。	培养总结与反思的习惯。

5. 教学实施

(1) 游戏导入，激发兴趣

游戏导入：

教师课前准备 2 个装满水的矿泉水瓶，在其中一个的表面涂上洗涤灵，放置在桌子上。

找同学和教师比赛，看谁先拿起桌面上的瓶子。（当然在学生不知情的情况下，教师选择拿没有洗涤灵的那个。）

学生心想不就是拿一个矿泉水瓶嘛，都跃跃欲试。结果，上来的同学根本没能把矿泉水瓶拿起来，引来学生们的大笑，同时，学生们也产生了强烈的好奇心，想要知道其中的奥秘。

教师承认自己玩了个小把戏，说出瓶子上涂洗涤灵的秘密。学生虽然"被骗"了，但仍然很开心。

师：为什么老师的瓶子可以轻松的被拿起来？而涂了洗涤灵的则很难被拿起来呢？是什么力量帮老师拿起了矿泉水瓶？

生：手和瓶子之间有摩擦，但涂了洗涤灵后瓶子变得太滑了，手和瓶子之间没有摩擦了，所以拿不起来。

49

（学生的回答，从科学严谨的角度说，并不完全正确，但七年级的学生没有学过相关知识，教师不必急于纠正其中的错误，只是引出相关概念即可。）

师：老师手中的瓶子，受到地球吸引的作用，总是想向下落。如果想拿起这个瓶子，就需要有一个相反方向即向上方向的力与之抗衡，而这个力阻碍了瓶子向下落，我们把它叫作摩擦力。这节课我们就要通过一些瓶子的实验来体验和了解有关摩擦力的一些知识。通过刚才的实验，相信大家也能感受到摩擦力在我们生活中的重要性了。

设计意图：用游戏的形式进行引入，以激发学生的学习兴趣，同时让学生亲身体会到摩擦力在生活中的重要作用，为后面学习摩擦力的产生条件做铺垫。

（2）实验探索，体验概念

①摩擦力的存在。

图片展示生产、生活中有关摩擦力的例子。（图3-1）

图3-1　生产、生活中有关摩擦力的例子

师：请同学们想想你所了解的有关摩擦力的例子，和大家分享。

生：车辆在路面行驶、浴室的地面比较粗糙以防止人们滑到、鞋底橡胶有花纹等。

②摩擦力的概念及产生。

师：摩擦力在我们的生活中无处不在，它是怎么产生的呢？让我们来做一个小实验体会一下。每组有一个空瓶子，一个装满钢珠的瓶子，请同学们分别拿起两个瓶子，并思考老师提出的问题。

a. 我们拿起瓶子靠什么力量抗衡了地球的吸引力？

b. 哪一次拿起瓶子更费力气？为什么？

c. 两次实验手的感觉有什么不同？

生：依靠摩擦力抗衡了重力，阻止瓶子下落；拿装满钢珠的瓶子更费力气，手要更用力地捏瓶子。

师：手与瓶子相作用，产生了摩擦力，才能拿起瓶子，如果手不用力捏瓶子，能将瓶子拿起来吗？有摩擦力产生吗？

生：不能产生摩擦力，也拿不起瓶子。

师：通过刚才做的这两个实验，同学们猜测摩擦力产生需要什么条件呢？

生：接触的面不能光滑，两者要相互挤压。

师：同学们总结得非常好，那再来试试，一个同学用手托住装满钢珠的瓶子，另外一个同学，用力捏着瓶子，看是否还能感觉到手和瓶子之间的摩擦？然后两位同学互换角色。

生：好像感觉不到，刚才拿瓶子，瓶子向下滑，手有阻止它下滑的感觉。

师：是的，这个时候，由于瓶子被托住了，没有向下滑的趋势，所以这时即使手捏着瓶子，手与瓶子之间也没有摩擦力。（图 3-2）

图 3-2　学生体验摩擦力的产生

师：同学们再尝试一下，捏瓶子的力气稍小些，让瓶子缓慢地落到桌子上，在这个过程中，你能感受到手与瓶子之间的摩擦力吗？

生：能感受到，手和瓶子之间的力，还是在阻碍瓶子向下落的。

师：是的，摩擦力就是大家感受到的这种力，它阻碍物体相对运动或相对运动趋势，我们把这种力叫作摩擦力。（教师一边说，一边用瓶子做示范，一次在手中滑出，一次不滑。）

师：摩擦力产生需要三个条件，一是接触面不光滑，二是两个物体互相接触且相互间有挤压，三是物体间有相对运动或相对运动趋势。

③摩擦力的分类。

师：接下来，我们阅读一段有关摩擦力的材料，阅读后请你分享获得了哪些有关摩擦力的知识。

【阅读材料】

摩擦力与相互摩擦的物体有关，因此物理学中对摩擦力所做出的描述不像对其他的力那么精确。固体和固体之间，固体和液体之间，固体和气体之间，液体之间，气体之间都存在摩擦，但中学阶段我们重点研究固体间的摩擦。

固体表面之间的摩擦分滑动摩擦、滚动摩擦、静摩擦、滚压摩擦和转动摩擦。在中学阶段，我们只需要区分滑动摩擦、滚动摩擦和静摩擦。当一个物体在另一个物体表面上滑动时，会受到另一个物体阻碍它滑动的力，这个力叫"滑动摩擦力"。一个物体在另一个物体表面作无滑动的滚动或有滚动的趋势时，由于两物体在接触部分受压发生形变而产生的阻碍物体滚动的力，叫"滚动摩擦力"。若两个相互接触且相互挤压，而又相对静止的物体，在外力作用下如只具有相对滑动趋势，未发生相对滑动，则它们接触面之间出现的阻碍发生相对滑动的力，叫"静摩擦力"。中学阶段，我们重点研究滑动摩擦力和静摩擦力。

滑动摩擦力和静摩擦力之间可以由于外部条件的变化而相互转化。与静摩擦力抗衡的其他外力，如果达到最大静摩擦力后，物体可由原来的相对运动趋势变为相对运动，因此摩擦也会由原来的静摩擦变为滑动摩擦。由于最大静摩擦力是物体静摩擦和滑动摩擦转化的临界点，因此，通常我们认为最大静摩擦力与滑动摩擦力近似相等，所以我们也经常用研究滑动摩擦力的方法来研究最大静摩擦力，或者反之。

学生在阅读材料上画出获得的摩擦力知识，如摩擦的分类、固体摩擦的分类、中学阶段重点研究的摩擦力类型、固体的滑动摩擦力与静摩擦力的关系。

师：滑动摩擦力、静摩擦力和滚动摩擦力的概念不太好理解，下面老师通过实验向大家展示这三种摩擦力的区别。（图3-3）

教师实验演示三种摩擦力的含义。将装满水的瓶子放倒来演示何为滑动摩擦力、静摩擦力和滚动摩擦力。（边演示边重点解释何为相对运动、何为相对运动趋势、何为滚动。）

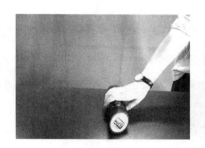

图3-3　教师实验演示滑动摩擦力、静摩擦力和滚动摩擦力

师：根据刚才老师的演示和大家的理解，请同学们将瓶子立起来拿在手里，试着感受三种摩擦力。

学生根据刚才的经验，尝试演示并分享。（图3-4）

图3-4　学生体验滑动摩擦力、静摩擦力和滚动摩擦力

设计意图：对于七年级学生而言，他们没有物理知识基础，感性认识强于理性认识，所以本环节用实验体验的方式让学生理解物理概念及规律，使概念及规律更加直观，让学生更易接受。在教学上，前后用两次相同的实验来做体验，也渗透了物理实验控制变量的方法。实验结束后通过师生的一问一答，激发学生思考，并让学生尝试用科学的语言表述物理知识，提高科学素养。

摩擦力的分类虽不为教学重点，但需要让学生明确，所以用科技阅读的方式来介绍和补充一些内容。这样既培养了学生科技阅读的能力，又明确了中学阶段的研究重点，还扩展了学生获取知识的途径。

（3）继续挑战，深入学习

影响摩擦力大小的因素。

师：摩擦力在生活中随处可见，有的时候对我们有利，有的时候对我们有害，我们要想很好地利用和控制它，首先就要了解它，想根据我们的要求改变摩擦力的大小，我们需要首先知道什么因素可以影响它的大小。

师：接下来我们通过瓶子继续来了解它。我这里有一个矿泉水瓶，无论给瓶子盖盖子，还是拧下盖子，都利用的是手和瓶盖之间的摩擦。如果瓶盖被拧得很紧，我想要打开它，我需要增加还是减小手和盖的摩擦？如果我不想让瓶盖被打开，我需要增加还是减小手和盖的摩擦？

师：给大家提供的材料有瓶子＋瓶盖1个，砂纸1块，毛巾1块，水，护手霜，橡胶手套1只，活口大扳手1个。（图3-5）比赛要求：一个同学尽力将瓶盖拧紧，不让对方打开，为守方；另一个同学尽力拧开瓶盖，为攻方。可以利用手中材料，也可以自加材料。

图 3-5　实验所用材料

学生兴致勃勃地实验，好不热闹！守方同学用力拧紧瓶盖后，有的用砂纸磨去瓶盖条纹；有的涂抹护手霜或者水；有的用扳手用力拧紧瓶盖。（图3-6）

54

图 3-6 学生用力拧紧瓶盖

攻方同学有的用毛巾擦去护手霜或水；有的戴橡胶手套拧；有的用砂纸包裹着瓶盖拧；有的用扳手拧；有的女生力气比较小，找来男生帮忙。（图 3-7）

图 3-7 学生想办法打开瓶盖

师：大家都使出了浑身解数，有的成功了，有的失败了。不要紧，大家做得都非常好！我们来总结一下经验教训，守方和攻方相互交流一下。

学生热火朝天地交流，然后有几组到前面分享。

生：用砂纸磨掉瓶盖条纹，涂护手霜或水，是让瓶盖变得不粗糙，可以减小摩擦；反之擦掉护手霜或水，用砂纸包裹，戴橡胶手套，是让瓶盖变得很粗糙，增大摩擦；都是用改变接触面粗糙程度来改变摩擦力大小。用扳手拧，或找力气更大的同学拧，是在增大挤压，通过改变两接触物的挤压程度来改变摩擦力大小。

师：因此，影响摩擦力大小的因素有两个，两个接触面的粗糙程度，两个物体的正向挤压程度。所以，改变摩擦力大小可以通过改变这两个要素来实现。

师：请同学们尝试用工具把罐头打开，并分析罐头开瓶器的工作原理。（图 3-8）

55

学生尝试使用罐头开瓶器把罐头打开。

生：罐头开瓶器钳口的内侧有橡胶垫，增大了摩擦力，罐头开瓶器还运用了杠杆原理。

设计意图：本环节的实验，是在学生们知道和理解了一些重要概念后进行的，让学生根据已有知识进行思考和尝试，再总结经验，提炼物理规律。

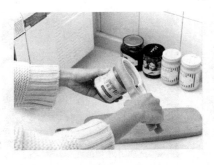

图 3-8　罐头开瓶器

以比赛的形式进行这部分知识的教学，大大激发了学生的参与热情；比赛结束后，让大家进行交流，发表自己的观点，锻炼他们的语言表达能力，激发他们将自己的见解与他人交流的愿望，培养他们敢于坚持正确观点，勇于修正错误的科学精神。

(4)小结

师：通过这节课的体验，你有什么收获和大家分享呢？

生：这节课我们通过玩瓶子，了解了什么是摩擦力，体会了摩擦力是怎么产生的，知道了摩擦力的分类，了解了影响摩擦力大小的因素，也感受到了利用摩擦力的知识制成的工具和产品可以帮助我们解决实际问题。

第 2 课时　趣用摩擦力

1. 教学目标

深入体会摩擦力的概念、产生及影响因素。

通过游戏体验对摩擦力大小影响因素的应用。

通过游戏中的设计环节，体验物理知识在工程设计中的应用。

2. 材料和工具

学生实验 1：矿泉水瓶 1 个、筷子 2 双、大米若干。

学生实验 2：矿泉水瓶 1 个、瓶盖 1 个、绳子 1 条、锥子 1 把、钳子 1 把、剪刀 1 把、铁丝 1 段、曲别针做成的小钩子。

3. 重要概念

摩擦力大小受到接触面粗糙程度以及正向压力的影响，因此，改变接触面粗糙程度或正向压力可以改变摩擦力的大小。

4. 教学过程

教学过程见表 3-3。

表 3-3　教学过程

环节	教师活动	学生活动	设计意图
导入环节	图片展示在生产、生活中竖直方向上利用摩擦力抗衡重力的例子。	感受生活实例。	确定了本节课对摩擦力讨论的方向，同时联系生活实例，体验物理的实用性。
浅尝设计，学以致用	1. 复习影响摩擦力大小的因素，即改变摩擦力的方法。 2. 挑战赛：巧用筷子提瓶子。 介绍实验材料和任务要求。 实验过程中进行指导。 3. 师生共同总结经验，提炼知识。 4. 挑战升级：巧用绳子提瓶子。 介绍实验材料和任务要求。 实验过程中进行指导。 5. 师生共同总结经验，提炼知识。	回答教师的问题。 小组讨论交流设计方案并实施。 分组进行作品展示，交流分享。 师生共同总结经验。 小组讨论交流设计方案并实施。 分组进行作品展示，交流分享。 师生共同总结经验。	复习上节知识，为本节设计做铺垫。 通过实验的方式检验学生对影响摩擦力大小因素的理解，并加入工程设计的要素。 通过作品展示，增强学习的成就感。 通过交流分享，锻炼学生表达能力。
挑战升级，深入学习	1. 展示一个用吸管和硬纸板制作好的可以上爬的玩具，不说原理，只做绳子用法的简单提示。 2. 玩具制作：上爬的瓶子。 介绍实验材料和任务要求。 实验过程中进行指导。 3. 师生共同总结经验，提炼知识。	观看演示。 小组交流设计方案，动手尝试制作，不是所有的学生都能想到办法，可以留到课下继续尝试。 完成制作和有想法的学生分享方案。 大家共同改进方案。	演示玩具起到简单提示的作用，同时激发学生参与的热情。 设计难度很大，但鼓励学生尝试着把学到的知识进行实际应用。 鼓励学生敢想敢说，不怕错误和失败。 通过交流分享，锻炼学生的表达能力。
小结	总结本节课的内容和学生在情感、品质方面的收获。	交流本节课的收获。	培养总结与反思的习惯。

5. 教学实施

(1)导入环节

师：影响摩擦力大小的因素有什么？

生：两物体间的正向压力，两物体接触面的粗糙程度。

师：如何增大两物体间的摩擦力？

生：增大两物体间的正向压力，或使两物体接触面更粗糙。

教师图片展示生产、生活中竖直方向上利用摩擦力抗衡重力的例子。

师：拿起瓶子、磁钉钉纸、墙上的挂钩、爬杆、登高脚蹬等，这些生活中的例子都是在竖直方向上利用巨大的摩擦力抗衡重力。上一节课我们知道了摩擦力是如何产生的，以及如何改变摩擦力的大小，这节课我们就通过瓶子游戏的挑战，利用我们所学的知识进行设计，完成竖直方向摩擦力抗衡重力的挑战。

(2)尝试设计，学以致用

师：之前我们一直在研究和讨论用手拿瓶子的问题，今天还是拿瓶子，但让我们尝试着不直接用手，而是利用其他的一些东西，来提起瓶子，相信大家一定会喜欢这种尝试的。

图3-9　实验材料

实验材料：瓶子1个（无盖）、筷子2双、大米若干。（图3-9）

任务要求：利用摩擦力，用筷子提起瓶子，在提起瓶子的过程中，手不能直接接触瓶子，瓶子不加盖子，瓶子口朝上不能倒立，不限筷子使用个数但越少越好，不限手使用个数，但越少越好，材料使用自由选择，尽量坚持时间长，想到的办法越多越好。

学生两人一组，按任务要求讨论、设计并尝试。

大概有以下4种方案可将瓶子提起。

①两支筷子在瓶口，竖直平行向外用力。[图3-10(a)]

②两支筷子在瓶口，交叉用力。[图3-10(b)]

③两支筷子在瓶身处，夹住瓶子。

④将米装进瓶子，利用惯性将米敦实，插入一根筷子。

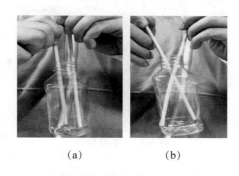

（a）　　　　　　（b）

图 3-10　学生用各种方法提起瓶子

师：同学们做得都很棒，每个人都有自己的想法，接下来找采用不同设计的几组同学，分享你们的作品，以及设计思路。

作品展示，交流分享。

师：从大家的汇报中，我们不难看出，大家采用的都是增大两物体间压力的办法来增大摩擦力，抗衡重力的。大家想出了不同的方式来增大压力，想法非常多样，值得表扬。尤其是筷子交叉的一组，利用了筷子和瓶子竖直轴向不平行的方式增大压力，非常巧妙。这种方法在生活中其他地方也有应用，比如背带上的日字扣，就是让带子通过绕在扣上，使得带子不

图 3-11　背带上的日字扣

与扣的平面共面，在拉伸过程中增大了带子与扣之间的正向压力，达到增大它们之间摩擦力的目的。（图 3-11）

师：刚才大家尝试了用筷子提瓶子，非常成功，很多同学都意犹未尽，现在我们把挑战升级，尝试着用绳子，软的东西来提起瓶子，看看你能想到什么办法增大绳子和瓶子之间的压力。

实验材料：矿泉水瓶 1 个、瓶盖 1 个、绳子 1 条、锥子 1 把、钳子 1 把、剪刀 1 把、铁丝 1 段、曲别针做成的小钩子。（图 3-12）

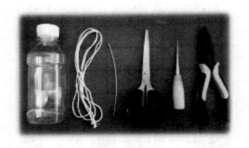

图 3-12　实验材料

任务要求：利用绳子与瓶子之间的摩擦力提起瓶子，手不能直接接触瓶子，绳子不允许打结儿，不允许系在某处，也不允许用盖子卡住；材料使用自由选择，尽量坚持时间长。

学生两人一组，按任务要求讨论、设计并尝试。

尝试的结果主要有以下几种方案。

①绳子从瓶盖穿入，从瓶子侧面一个孔穿出。[图 3-13(a)]

②绳子从瓶盖穿入，从瓶子侧面的两个孔穿出。[图 3-13(b)]

③绳子从瓶盖穿入，从瓶底穿出，在瓶侧壁放置铁丝，绳子要绕过铁丝。[图 3-13(c)]

④绳子从瓶盖穿入，从瓶底穿出，将铁丝做成类似日字扣的铁环，将绳穿过铁环。[图 3-13(d)]

作品展示，交流分享。

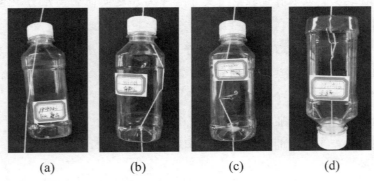

　(a)　　　　　(b)　　　　　(c)　　　　　(d)

图 3-13　学生作品展示

师：这是大家采用得比较多的方式。（图 3-14）当两手上下拉绳子时，由于绳子被拉后想要伸直，但被瓶子穿孔的地方阻碍了，绳子与瓶子之间就产生了挤压，两手拉绳子的力越大，绳瓶之间的挤压程度就越大，摩擦力就越大，就可以利用这个摩擦力把瓶子提起来了。

师：大家还可以尝试下，将绳子放松，瓶子就会向下掉，这样通过改变手拉绳子的力就可以控制瓶子下落还是停止了，它就变成了一个"听我们话"的瓶子啦，是不是很有趣呢？

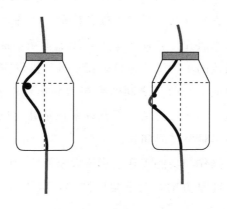

图 3-14 学生用得比较多的方式

设计意图：给学生提供丰富的材料，在分析材料的基础上进行选择和设计，给学生更大的想象和设计的空间。一是检验学生对影响摩擦力大小因素的理解，二是加入工程设计的要素，渗透 STEM 教育理念。学生在小组交流和设计的过程中，学会思考，学会合作，学会表达自己的观点，在不断尝试和改进方案后，在作品中获得成就感。

作品展示阶段，学生们交流小组的设计方案，交流制作过程中的心得体会，发表自己的观点。这一过程锻炼他们的语言表达能力，激发他们将自己的见解与他人交流的愿望，培养他们敢于坚持正确观点，勇于修正错误的科学精神。

（3）挑战升级，深入学习

师：我们现在只能控制瓶子下滑或停止，能不能想办法让它向上爬呢？大家看老师手里，有这样一个小玩意儿，它是用吸管、纸板和绳子做的，我可以让它向上爬。（图 3-15）

61

教师展示一个用吸管和硬纸板制作好的可以向上爬的玩具。

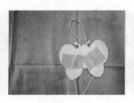

图 3-15　可以向上爬的玩具

师：我们看到，如果想让瓶子向上爬，我们也同样需要将绳子折叠后穿过瓶子，那怎么穿过去可以利用摩擦力进行控制，就看大家的了。

实验材料：矿泉水瓶 1 个，瓶盖 1 个，绳子 1 条，锥子 1 把，钳子 1 把，剪刀 1 把，曲别针做成的小钩子；也可以要求教师提供需要的材料。

任务要求：利用绳子与瓶子之间的摩擦力制作可以向上爬的瓶子，手不能直接接触瓶子，绳子不允许打结，不允许系在某处，也不允许用盖子卡住；材料使用自由选择，尽量坚持时间长。

说明：为了便于操作和功能实现，建议大家把瓶子横过来用。

学生 4 人一组，商量方案，动手尝试制作，但能做出来的不多，也有的组只是有初步的想法。

师：大家都能开动脑筋，积极思考，非常好！虽然能够完成挑战的同学比较少，但没有关系，重要的是大家参与了，思考了，完成一项小发明或突破，也不是那么容易的事情，时间也比较紧，没有完成的同学不要着急，课下可以继续尝试完成。

师：我们可以请完成制作和有想法的同学分享方案，大家共同思考。

学生作品展示，交流分享，群策群力，完善方案。

（4）小结

师：通过这节课，大家可以体会到，把我们的知识应用到实际生活中，哪怕是一个小玩具，都不是那么容易的事情，这不光需要我们对知识的深刻理解，还要我们进行合理的设计，在实施设计的过程中还有很多实际的问题要去解决。大家体会到了困难，也享受到了挑战带来的快乐。

在真正的产品应用和设计上，我们还要用到更复杂的科学知识。比如前面提到的登高脚蹬，可能有同学会疑惑，如果用脚蹬的人比较胖，这个人会不会很危险，脚蹬的摩擦力是不是就无法抗衡体重大的人的重力了呢？其实，大家不必担心，使用的人越胖，这个脚蹬的摩擦力就会越大，摩擦力会随着人的体重而增加，不管这个人多重，都不用担心会掉下来。是不是很神奇？那是因为这个脚蹬的设计用到了摩擦力知识中的自锁现象。如果你想了解自锁现象，学习更多的有关摩擦力的知识，请看拓展阅读中的内容，但这部分的内容，需要你有很多的数学知识并将其作为基础。

课后自主学习　拓展阅读：自锁现象

力学中有一类现象称为自锁现象，利用自锁现象的力学原理开发出了各种各样的机械工具，这些机械工具广泛应用于工农业生产中，在日常生活中利用这一原理的现象也随处可见。

什么是自锁现象呢？一个物体受静摩擦力作用而静止，当用外力试图使这个物体运动时，外力越大，物体被挤压的越紧，越不容易运动，即最大静摩擦力的保护能力越强，这种现象叫自锁现象。出现自锁现象的原因是，自锁条件满足时，最大静摩擦力会随外力的增大而同比例增大。

比如说水平面上的自锁现象。如图 3-16，一个物体放置在粗糙的水平面上，当用适当大小的水平外力(如 F_1)推它时，总可以使它动起来。但当用竖直向下的力去推(如 F_2)，显然它不会动。即使 F_2 的方向旋转一个小角度(如 F_3)，就算用再大的力，它也不一定会运动。只有当力的方向与竖直方向的夹角超过某一角度值时(如 F_4)，才可能用适当的力将

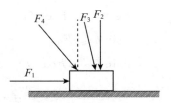

图 3-16　放置在粗糙水平面上的物体

它推动，而小于这一角度，无论用多大的力都不可能推动它。这一现象称为静力学中的自锁现象。

这是因为与竖直方向有一定角度的力，施加在物体上会产生两个方向的力，一个是水平向前想要推动物体的力，另一个是竖直向下压物体的力，也就是我们所说的物体间的挤压作用。当所加的力增大时，这两个方向的力都同时成比例增加，而竖直向下的力增大会导致阻碍物体被推动的最大静摩擦力成比例的增加。因此如果这个力的角度合适，就会出现水平方向推动物体的作用力小于物体和平面间的最大静摩擦力，物体不会被推动，并且无论这

63

个力怎么增大，由于最大静摩擦力也随之增大，物体始终不会被推动，就好像牢牢被锁住了一样。

那么，要想发生自锁现象，这个力施加的角度就需要满足一定的条件，在物理学当中，我们称之为"摩擦角"，如果你感兴趣的话，我们可以一起应用数学知识来进行推导。这或许对你来说有些难度，你不妨去请数学老师来帮忙。

当物体与支持面之间粗糙，一旦存在相对运动趋势，物体就会受到静摩擦力的作用，设最大静摩擦因数为 μ（中学不要求学生掌握最大静摩擦因数跟动摩擦因数的区别），则最大静摩擦力为 $f_M = \mu F_N$。

如图 3-17 所示，水平面对物体的作用力 F'（支持力与静摩擦力的矢量和）与竖直方向的夹角 α 称为摩擦角。无论支持力 F_N 如何变，α 保持不变，其大小仅由摩擦因数决定。

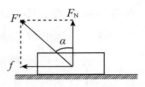

图 3-17　摩擦角

如图 3-18 所示，设用斜向下的推力 F 作用于物体，方向与竖直方向成 θ，

$F_N = mg + F\cos\theta$，

$F\sin\theta \leqslant \mu F_N$，

$F\sin\theta \leqslant \mu(F\cos\theta + mg)$，

$\sin\theta - \mu\cos\theta \leqslant \mu\dfrac{mg}{F}$，$F$ 趋于无穷大时仍然成立，

$\sin\theta - \mu\cos\theta \leqslant 0$，

$\tan\theta \leqslant \mu = \tan\alpha$，

$\theta \leqslant \alpha$。

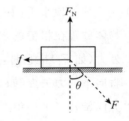

图 3-18　斜向下的推力 F 作用于物体上

也就是说，推物体的力与竖直方向的夹角的正切值 $\tan\theta$ 小于等于摩擦因数 μ 时，无论力有多大，都推不动物体，好像物体被锁住了。

当然，除了水平面上的自锁以外，还有竖直面、斜面的自锁现象。给大家介绍一种比较典型的自锁应用——登高脚蹬。你可能见到过电力工人脚踩一种脚蹬爬到很高的电线杆上去修理线路，不知道这个工具有没有引起你的关注，人那么重，向下踩着脚蹬，怎么能停在电线杆上呢？这个工具是如何设计的呢？

一般脚蹬是用机械强度较大的金属材料制作的，用于承受人体重量。脚蹬的一端弯成略大于半圆形的弯扣，确保扣住电线杆，保证有足够的接触面。内侧面附有摩擦因数较大的材料，脚蹬的另一端安装脚踏板。使用时，弯扣卡住电线杆，当一侧受到向下的力时，形成两侧向里的挤压，接触面产生向上的摩擦力，且向下踩的力越大，挤压的力也越大，满足自锁条件，因而不会沿杆滑下。（图 3-19）

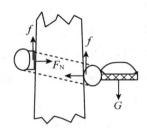

图 3-19　脚蹬原理分析

（四）教学反思

1. 教学目标的设定和达成

（1）教学目标设定合理

本课的知识目标是渗透摩擦力的概念，了解或知道摩擦力的相关重点知识，形成感性认识；在能力及情感目标方面，是通过简单地结合工程设计要素设计实验的方式，来感受体验多学科融合带来的能力提升和素养培养。

本课的教学对象是七年级学生，他们在小学接受过科学教育，但并未明确涉及摩擦力的概念，而摩擦力概念是贯穿初、高中的重要内容，所以教学目标中对概念的认识要求不能过高，渗透即可，内容上可以求全但要简单，感性即可；七年级学生数学知识有限，所以将数学融合到本课中，探索更复杂的物理规律是不可取的，但还想满足有能力和有兴趣学生的学习要求，拓展大部分学生对该知识点的认识宽度，把数学和物理融合的那部分知识没有做任何目标要求，内容也放到课后选学部分。由此可见，教学目标是在初、高中物理学科课程标准的指导下，基于学生的认知发展特点和知识基础进行制定的，它既兼顾了学生前期习得的知识，也为后期的知识学习和能力发展做了铺垫。

（2）教学目标达成情况很好

整个课程的教学，以瓶子为介质，以实验、设计、制作为手段，穿插问题引导、成果展示、归纳总结等环节，将教学层层推进，步步引导，循序渐进地让学生实现对知识的感性认识和理性提升，使教学目标达成效果很好。

比如，让学生感受"影响摩擦力大小的因素"中，在常规教学中，教师要先举大量的摩擦力的实例，让学生在实例中进行分类归纳并猜测影响因素有什么。而在本课中，设计了拧瓶盖的比赛，让学生在动手实践中，分类总结，即在感性认识和体验的基础上总结，比传统教学降低了难度，更利于目标的达成。看着孩子们热火朝天地比拼，想办法，我很欣慰他们以这样的方式体验知识带来的快乐。

再比如，习得了简单的有关摩擦力的知识后，引导学生开动脑筋，挑战"绳子提瓶子"活动，这个环节给出大量的材料，提出任务要求，让学生们小组合作设计方案，进行制作。从选材到设计，再到制作，其实这就是一个知识在科技中进行应用，并融合工程设计理念的一个过程，只不过鉴于学生的认知基础，把这个过程非常简单化罢了。很多学生发出这样的感慨："要把设计方案变成最后的作品，没有想象中的那么简单，明明理论上是可以实现的，但实际操作却行不通……"，这不正是我们在把科学知识变成科学技术的过程中遇到的问题吗？通过小小的挑战，他们体验到了，多么令人惊喜！还有很多学生遇到这种情况"我们的设计最后成功了，但在制作过程中，由于制作顺序，返工了很多回，看来在制作前，需要想好最合理的制作顺序"，我也要恭喜这样的同学，因为他们在这么一个小小的挑战中体会到了工程设计实施中经常遇到的问题。孩子们虽然还不懂科学与科技有什么区别，也不知道工程为何物，但在这样的环节中他们却已经体验到了科技、工程与科学知识的关系，这种体验为今后他们的人生选择，或者真正从事相关工作，一定有积极良好的影响。这样的设计实现了 STEM 教育的理念，让学生浅显地感受到了学科的融合对生产、生活带来的影响。

2. 教学方法的改进

为了有效地实现教学目标，本课综合采用了实验法、讨论法、直观演示法、讲授法、阅读法等多种教学方法，并将实验法、讨论法、讲授法形成教学方法集循环使用，即几乎在每一个环节，都要从实验入手，感受体验，讨论交流分享，最后再总结讲授，这种教学方法集的循环使用使每个重要环节都收到了很好的教学效果。比如，第2课时"趣用摩擦力"，为了让学生巩固"影响摩擦力大小的因素"这个知识点，教师设计了"筷子提瓶子的游戏"，先介绍实验材料及任务要求，然后学生以小组为单位讨论设计方案并实施，再交流小组的成功经验和失败教训，最后教师总结、讲授和提炼相关知识。循环使用这个教学方法集的好处是，学生在很多重要环节都能先体验，进行感性认识，再思考，总结，将知识提升到理性认识。虽然对于七年级学生的认知能力而言，要使学生达到理性认识还有一定的难度，但这种循环的刺激，就是一个让学生从感性认识提升到理性认识的一个过程。除了刚才举的例子以外，"摩擦力的产生条件""探究影响摩擦力大小的因素""摩擦力应用之绳子提瓶子"和"摩擦力应用之制作上下可控制的瓶子"，都使用了这个教学方法集。

但在方法集中，并不是单纯的几个教学方法的组合，还加入了任务驱动法和问题驱动法的部分要素。仍然以"筷子提瓶子"的活动为例，在进行实验前，教师提出具体的任务要求，"利用摩擦力，用筷子提起瓶子，在提起瓶子的过程中，手不能直接接触瓶子，瓶子不加盖子，瓶子口朝上不能倒立，不限筷子使用个数但越少越好，不限手使用个数，但越少越好，材料使用自由选择，尽量坚持时间长，想到的办法越多越好"，目的是要把学生的实验把控在所要讨论的问题范围内；在实施实验后，教师与学生对话，抛出系列问题，通过问题串来引导学生将感性认识进行提升。

本课采用这样的不同以往的教学方法，实现了把科学、技术、工程融合在一起的STEM教学理念，很好地兼顾了既要渗透重要概念的应试教育要求，又实现了学生综合科学素养的培养。

3. 教与学的相互提升

看着学生们激烈的讨论设计方案，讨论自己的设计方法，满怀成就感地拿着自己的作品，我很欣慰，我们一直希望我们教的是有用的知识，学生学的是有用的知识。那何为有用呢？多年以后他们长大了，工作了，不再用到摩擦力这么专业的理论知识时，他们也许忘记了摩擦力的概念，忘记了摩擦力的有关规律，但他们还会记得学习时与同学的激烈讨论，还会记得自己亲手设计制作的小玩具，还会把一种科学的思维方式和科学素养烙印在身上，

68

那这节课就是有用的。

在课堂上，几十个小脑袋奇奇怪怪的想法和问题，也让我知道了这个年龄段的孩子，在这个知识点上，在这种教学方式下他们在思考什么；也让我不得不继续探索如何再改进我的教学设计，哪怕是一个问题的提问方式，才能更有利于这节课的教学，让孩子们收获更多。我想这就是所谓的教学相长吧。

——案例撰写人　沙迪（北京市第八中学）

（五）案例点评

"瓶子的游戏"在学科内容层面聚焦摩擦力主题，且学习内容紧密联系课程标准。教师基于课程标准要求和学生的认知基础，设计了认识、体验摩擦力，趣用摩擦力，拓展阅读三部分学习内容，这些学习内容层层递进，深化学生对摩擦力的理解。

很多学生基于生活经验对摩擦力有一定的感性认识，但对到底什么是摩擦力，哪些因素影响摩擦力的大小，学生是不清楚的。由于复杂情境中的摩擦力的存在以及作用力方向不易判断，摩擦力的理解是学生学习的难点。针对学生的问题，教师通过一个个精心设计的、学生可以深度参与的活动来引导学生感知摩擦力的存在和摩擦力产生的条件。在明确摩擦力产生条件的基础上继续通过活动探究如何增大或减小摩擦力。在防止瓶子被打开和想办法把瓶子打开的游戏体验活动中，学生深化了对摩擦力产生条件的认识，又体会到学习这样的科学知识对解决实际问题的帮助。

从拿起瓶子到打开瓶子再到提起瓶子，从墙上挂钩、开瓶器到背带日字扣再到登高脚蹬，学生对摩擦力的产生与应用的认识逐渐深入，对于科学、技术、工程和生活之间的联系也在此过程中逐渐深入。学生体会了科学原理的价值，体会了将科学原理应用于实际问题时需要的设计思维、创新思维。

教学能够聚焦重点，以学科认知逻辑为教学主线，将工程与技术素养培养融入科学教学之中。对非重点内容以及需要学生后续深入学习的内容通过教师讲解、自主阅读等方式开展，既保证了学生在核心内容上的学习时间，也给未来进一步学习留下空间和基础。

总之，学习有趣味、认识有深度是本教学的突出优点。

——案例点评人　周玉芝

二、"力量"的传递

(一)教学背景

本课意在通过系列实践活动让学生体会流体压强在生活中的应用，为初中关于压强的理性学习打下良好的基础，同时结合初中物理课程标准的要求，渗透相关能力目标和情感态度价值观。

1. 与课程标准的联系

初中物理课程标准要求如下。

①通过实验，理解压强。知道日常生活中增大和减小压强的方法。

压强是力的概念的深入和扩展，是与生产生活联系紧密的物理概念。初中物理课程标准中对压强概念的学习要求较高，属"理解"水平，包含三方面要求，一是要通过实验来学习压强，二是能定量分析简单的、与压强有关的问题，三是要与生活、生产实践相结合。

②通过实验，探究并了解液体压强与哪些因素有关。

液体压强是一个与多因素有关，且比较抽象的物理量。物理课程标准要求教学中要改变过于强调接受学习、过于注重书本知识的现状，让学生主动参与，在积极探究中了解压强与哪些因素有关，并能解释生活、生产中的有关现象。

2. 学情分析

本课是针对八年级的学生开设的。传统的教学方式往往以教师讲授居多，只是让学生观察几个教师演示实验，而"压强"的概念比较抽象，演示实验并不能让学生真正地感受到压强的存在，所以也就不能更好地去理解压强这个概念。八年级的学生已经具备一定的物理实践技能且能比较明确地表述所发现的问题；能在教师的指导下或通过讨论，对所获得的事实与证据进行归纳，得出合理的结论。所以本课设计了一系列的基础实验，设计了制作浮沉子和"挖掘机"的活动，本课既有通过实验对物理概念和规律的探究，又有通过设计制作玩具对物理知识在生活中进行的应用，还有实验和设计制作过后的交流讨论，目的是以这样一种连贯的方式来使学生更好地理解压强，以及培养学生的相关科学能力。

(二)教学计划

教学计划见表 3-4。

表 3-4　教学计划

"力量"的传递		
教学内容	液体、气体对压强的传递	制作浮沉子
课时	1	1

(三) 教学设计与实施

第 1 课时　液体、气体对压强的传递

1. 教学目标

通过液体可以使橡皮膜发生形变的小实验感受液体压强的存在以及液体压强产生的过程。

通过帕斯卡球了解液体压强具有方向性。

通过使用微小压强计和挖掘机模型体会并理解气体是可以传递压强的。

2. 材料和工具

演示实验 1：底部和侧壁分别开口的玻璃容器 2 个、橡皮膜 2 个、皮筋 2 根、足量的水。

演示实验 2：帕斯卡球 1 个、足量的水。

学生实验：矿泉水瓶 1 个、大头针 1 枚、足量的水。

3. 重要概念

液体对容器内部的侧壁和底部都有压强，在同一深度，液体向各个方向的压强相等；压强随液体深度的增加而增大。

封闭容器中的静止液体 (或气体) 的某一部分发生的压强变化，将大小不变地向各个方向传递。

4. 教学过程

教学过程见表 3-5。

表 3-5　教学过程

环节	教师活动	学生活动	设计意图
实验导入，激发兴趣	实验引入： 向侧壁和底部分别开口的容器中缓慢注水，让学生观察橡皮膜凸起的情况。 提出问题，引发思考。	学生思考，凭生活经验作答。	激发学生的学习兴趣。 通过提问，引发思考，引出主题。

环节	教师活动	学生活动	设计意图
帕斯卡球实验	1. 演示实验：向学生展示帕斯卡球并演示吸水以及喷水的过程。 2. 分组实验： 拿起空矿泉水瓶，用大头针在矿泉水瓶上半部侧壁开一小孔，灌满水，不挤压矿泉水瓶，让学生观察小孔处是否有水柱喷出；适当用力挤压矿泉水瓶，让学生观察小孔处是否有水柱喷出。 提出问题： 用力挤压矿泉水瓶侧壁时，小孔处的压强是否增大？增大的压强是从哪里来的呢？增大的压强又是通过什么传递到小孔处的呢？	学会观察球体中是否有水柱喷出以及喷射的方向，思考原因。 学生实验，认知体会，思考问题并讨论、交流。 学生思考问题并回答：液体可以传递压强。	让学生感受到液体压强的存在。 用实验体验的方式让学生理解物理概念及规律，使概念及规律更加直观，让学生更易接受。
水银血压计的分析	请一位同学上台来配合教师完成测量血压的过程。 提问：血压计中的水银柱是借助什么"力量"往上爬的呢？	学生思考并回答：是橡皮球中的气体推动水银柱上升。	让学生体会并了解气体也是可以传递压强的。并且气体和液体之间可以相互传递压强。
学生实验：使用微小压强计测量液体压强	请同学们仔细观察微小压强计，明确使用方法并正确安装。 提问：是什么推动了U形管中的液体？	回答：当压力作用在橡皮膜上时，会产生压强，压强通过橡皮管中的气体传递给U形管中的液体，从而产生高度差。	在教师演示的血压计的实验基础之上，让学生通过自己动手感受液体传递压强的过程，并知道液体和气体间是如何传递压强的。
制作"小小挖掘机"	让学生检验挖掘机是否能正常工作，观察挖掘机的升降臂和伸缩臂会出现什么情况。 提问：挖掘机是如何工作的？	回答：推动大注射器，气体将产生的压强传递到伸缩臂的小注射器中，小注射器就会在力的作用下带动伸缩臂上下运动，看起来就像小小挖掘机在工作一样。	让学生感受气体压强的存在以及气体压强在生活中的重要的用途，感受科学的神奇与魅力。
小结	通过以上的各个实验同学们体会到了什么？	液体和气体都可以传递压强。	总结实验，强化概念。

72

5．教学实施

（1）实验导入，激发兴趣

教师准备侧壁（图 3-20）和底部分别开口的容器，在开口处蒙上橡皮膜，向容器中缓慢注水，让学生观察橡皮膜是否发生形变。

图 3-20　教师演示实验

生：橡皮膜确实凸起，而且随着倒入水量的增多，形变程度变大。

师：橡皮膜为什么会发生形变呢？

生：液体受重力作用且具有流动性，所以会对阻碍它流动的容器底和侧壁产生压强。

设计意图：通过演示实验激发学生的学习兴趣，同时让学生知道液体压强产生的原因，为后面学习气体压强做铺垫。

（2）帕斯卡球实验

教师演示实验：在帕斯卡球中注满水，用力推气筒，学生观察。（图 3-21）

师：为什么每个小孔中都会有水喷出？

生：液体向各个方向都有压强。

师：我们知道，物体受到力的作用产生压力，而只要某物体对另一物体表面有压力，就存在压强，同理，水由于受到重力作用对容器底部有压力，因此水对容器底部存在压强。液体具有流动性，对容器侧壁有压力，因此液体对容器侧壁也存在

图 3-21　帕斯卡球

压强。

师：为什么水在各个方向喷射的距离几乎一样？

生：说明液体内部向各个方向都有压强，而且在同一深度的各处，向各个方向的压强大小相等。

学生实验：自制帕斯卡球

师：请大家用图钉在矿泉水瓶上半部侧壁开一小孔，灌满水，不挤压矿泉水瓶，观察小孔处是否有水柱喷出？适当用力挤压矿泉水瓶，观察小孔处是否有水柱喷出？

生：不挤压矿泉水瓶，小孔处没有水柱喷出，用力挤压后，小孔处有水柱喷出。

师：用力挤压矿泉水瓶侧壁时，小孔处的压强是否增大？增大的压强是从哪来的呢？增大的压强又是通过什么传递到小孔处的呢？

生：手挤压以后小孔处的压强变大。增加的压强是手施加的作用在瓶壁上的压力产生的。压强是通过水传递的。

师：压强具有传递性，著名的帕斯卡定律是这样表述的——加在密闭液体任一部分的压强，必然按其原来的大小，由液体向各个方向传递。

设计意图：制作帕斯卡球的环节意在使学生通过动手操作感受液体压强的真实存在、压强产生的条件以及液体压强的传递。用实验体验的方式让学生理解物理规律，使物理规律更加直观，让学生更易接受。实验结束后，通过教师的逐层递进的问题，激发学生思考，从表象到本质，学生通过思考回答问题，教师不断地引导总结，使学生学会运用物理语言。

（3）水银血压计的分析

师：请一位同学上台配合老师测量血压，并体验测量血压时上臂有什么感觉？（图3-22）

生：感觉有气体在挤压上臂。

师：血压计中的水银柱是借助什么"力量"往上爬的呢？

生：是橡皮球中的气体推动水银柱上升的。

师：（总结）挤压橡皮球，给袖带充气，使得

图3-22　水银血压计

气体的压强增大。袖带和水银刻度计之间由一根橡皮管相连，气体则通过橡皮管将压强传递给水银柱，使得水银柱毫不费力的上升。

设计意图：让学生体会并了解气体也是可以传递压强的。此实验比上一个实验有所递进，是气体和液体之间压强的相互传递，使学生对于不同种类的物质之间也是可以传递压强的这一概念有所认知，并为下一个学生实验环节做铺垫。

（4）学生实验：使用微小压强计测量液体压强

师：微小压强计主要由探头、U形玻璃管、胶皮管和薄橡皮膜组成。（图3-23）胶皮管中存有一定量的空气，且与U形管和探头之间密封性良好（不会漏气）。请同学们用手指轻按探头的薄橡皮膜，观察U形管两端的液面是否产生高度差。

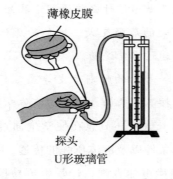

图3-23　微小压强计

学生用手按压薄橡皮膜并观察。

师：将微小压强计的探头放入水槽中一定深度处，观察U形管两端的液面是否产生高度差。

学生进行操作并观察。

师：请对你观察的现象进行分析。

生1：当用手指给探头施加一个压力时，压力作用在探头的薄橡皮膜上，产生压强，此时压强传递给封闭在胶皮管中的气体，气体又将压强继续传递给U形管中的液体，则液体被压强推动，从而左侧液面降低，右侧液面升高，U形管两侧液面出现高度差。压力作用在橡皮膜上时，会产生压强，通过胶皮管中的气体传递给 U 形管中的液体，从而产生高度差。

生 2：当探头浸没在水中，水由于具有流动性，给探头的薄橡皮膜施加压力从而产生压强，封闭在胶皮管里的气体把这个压强传递给液体，从而推动 U 形管中的液体，产生高度差。

设计意图：在教师演示的水银血压计的实验基础之上，让学生通过自己动手感受液体传递压强的过程，并知道液体和气体间是如何相互交替传递压强的。同时培养学生的观察能力和语言表达能力，使学生能使用准确的物理语言表述出自己所看到的现象。

（5）制作"小小挖掘机"

学生按照以下方法制作"小小挖掘机"：

①将小注射器中的空气排尽。

②将大号注射器的活塞拉到顶端。

③推动大注射器的拉杆，观察另外两个小号注射器中的活塞是否运动，检验挖掘机是否能正常工作，观察挖掘机的升降臂和伸缩臂会出现什么情况。（图 3-24）

图 3-24　学生制作"小小挖掘机"

师：挖掘机是如何工作的？

生：推动大注射器，气体将产生的压强传递到伸缩臂的小注射器中，小注射器就会在力的作用下带动伸缩臂上下运动。看起来就像挖掘机在工作一样。

师：若想让挖掘机的伸缩臂工作时运动幅度大一些，操作时应该注意什么？

生：将小注射器中的空气尽量排干净，这样小注射器的拉杆运动的距离长，也就会有更大的"力气"将伸缩臂拉起来。

师：气体压强与大气压强不同，指的是封闭气体对容器壁的压强，气体压强是由大量气体分子对容器壁持续的、无规则撞击产生的。气体压强与温度和体积有关。温度越高，气体压强越大，反之则气体压强越小。一定质量的物体，体积越小，分子越密集，气体压强越大。处于一定范围内的气体具有相同的压强，一部分气体受到的一定压力会传递到整个相对空间中，引起整体气压的改变，即在一侧受到一定压力，会在另一侧有相应的气压变化。

设计意图：从上一个学生实验过渡到只有气体压强存在的实验，学生感受到了气体压强的存在以及气体压强在生活中的重要用途。在操作的同时学生会感受到气体给予挖掘机的无穷的力量，感受科学的神奇与魅力。教师最后的小结区分了气体压强和大气压强，使学生更加清晰地知道气体压强产生的原因。

（6）小结

师：本节课我们通过观察教师的演示实验以及大家的动手实验，清楚地了解到气体可以传递压强，液体可以传递压强，气体和液体也可以共同交替地传递压强。这种"力量"的传递在日常生活中随处可见，为我们的生活学习带来了诸多便利。

第 2 课时　制作浮沉子

1. 教学目标

亲自动手制作浮沉子验证压强的可传递性。

培养基于实验分析得出结论以及提出科学问题的能力。

培养获取信息和基于证据进行解释的能力。

2. 材料和工具

矿泉水瓶 1 个、剪刀 1 把、小药瓶 1 个、胶头滴管 1 支、足量的水。

3. 教学过程

教学过程见表 3-6。

表 3-6　教学过程

环节	教师活动	学生活动	设计意图
实验导入，激发兴趣	教师提前做好一个浮沉子，向学生演示浮沉子在水中的不同状态。 提出问题，引发思考。	学生认真观察并思考，凭生活经验作答。	激发学生的学习兴趣，引出主题。

环节	教师活动	学生活动	设计意图
小组合作，完成作品	1. 为学生介绍制作浮沉子的器材。 2. 学生制作过程中巡视和指导。	思考、设计、动手制作、调试。	通过动手制作，培养分析问题和解决问题的综合能力。
展示作品，反思总结	让学生总结在制作过程中的注意事项。 师生共同总结浮沉子下沉和上浮的原因。	展示分享自己的小作品，并说明制作过程中需要注意的地方。 师生共同总结浮沉子工作的原理。	反思、总结。

4. 教学实施

(1)实验导入，激发兴趣

教师演示浮沉子的工作过程，让同学们仔细观察浮沉子的运动状态是如何变化的。（图 3-25）

图 3-25 教师演示浮沉子实验

师：用力按压矿泉水瓶时，请同学们观察浮沉子的运动情况。

生：浮沉子向下运动。

师：当撤销外力时，浮沉子是如何运动的？

生：浮沉子上浮。

师：浮沉子可不可以静止在水中任意深度？下面请同学们小组合作制作一个浮沉子。

设计意图：激发学生的学习兴趣，引出主题。

（2）小组合作，完成作品

学生根据所给材料进行设计、实验和调整，直至实验成功。（图3-26）

图3-26　学生自制浮沉子

设计意图：让学生根据所学知识进行设计和调试，通过亲手调节浮沉子中的水量直至实验成功，培养学生运用压强、浮力等知识分析问题和处理问题的能力。

（3）展示作品，反思总结

师：请你总结浮沉子的工作原理。

生：浮沉子的浮沉是在外加压强作用下，靠改变它的重力来实现的（体积不变）。

师：你能解释一下用力按压时，浮沉子为什么会向下运动吗？

生：浮沉子底部有一个小孔，当用力按压矿泉水瓶时，矿泉水瓶内水面上的空气被压缩，使得压强增大，空气将压强传递给水，水被压入浮沉子中，这时由于浮沉子里进入一些水，它的重力增加，大于它受到的浮力，浮沉子下沉。

师：当撤销外力时，浮沉子是怎么运动的？为什么会这么运动？

生：手离开矿泉水瓶，矿泉水瓶内水面上的空气体积增大，压强减小，浮沉子里面被压缩的空气把水压出来，此时浮沉子的重力小于它所受的浮力，因此它就向上浮。

师：浮沉子可不可以静止在水中任意深度？

生：当手对矿泉水瓶施加的压力适当时，浮沉子便悬浮在水中的任意深度上。

师：在制作过程中，有哪些你认为特别需要注意的地方吗？

生：矿泉水瓶中不能灌满水，上部要留一定量的空气。

生：浮沉子中的水量要适中，使其恰好能浮出水面……

师：浮沉子底部有一个小孔，当用力按压矿泉水瓶时，矿泉水瓶内水面上的空气被压缩，使得压强增大，空气将压强传递给水，水被压入浮沉子中，这时由于浮沉子里进入一些水，它的重力增加，大于它受到的浮力，浮沉子下沉。当撤去手施加的压力，矿泉水瓶内水面上的空气体积增大，压强减小，浮沉子里面被压缩的空气把水压出来，此时浮沉子的重力小于它所受的浮力，因此它就向上浮。当手对矿泉水瓶施加的压力适当时，浮沉子便悬浮在水中的任意深度上。浮沉子的浮沉是在外加压强作用下，靠改变它的重力来实现的。

师：通过两节课的体验活动，我们可以充分地体会到气体和液体都可以传递压强，并且气体与液体之间也可以相互传递压强。这种"力量"的传递在生活中还有很多，希望同学们拥有善于观察的眼睛以及勤于思考的头脑，期待大家发现更多有趣的现象与同学和老师交流。

设计意图：给学生充分的时间和空间交流他们在制作过程中克服困难的历程、收获和体会，让学生学会反思总结，学会欣赏他人，并向他人学习。

（四）教学反思

本课有以下两个特点。

第一，利用实验促进教学目标的达成。

向蒙有橡皮膜的容器注水、帕斯卡球实验，抓住了学生的好奇心，让学生体会到了液体压强的存在，激发了学生的学习兴趣。学生自己动手做矿泉水瓶扎孔装水实验、使用微小压强计，学生参与探究，体验压强的存在，课堂气氛活跃，师生、生生有效互动，学生真正地动了起来。教师利用生活中经常用到的水银血压计深化学生对压强的理解。"小小挖掘机"和浮沉子的制作充分调动了学生的积极性，并培养了学生合作学习的意识，也让学生真正感觉到物理知识确实与我们的日常生活是息息相关的。

第二，重视物理概念的教学。

物理概念不仅是物理基础知识的重要组成部分，而且是构成物理规律、建立物理公式和完善物理理论的基础和前提。中学生感到物理难学，其主要原因之一就是物理概念没弄明白。死记公式、题海战术不是学习物理的方法，弄清概念的建立过程、内涵和外延，才是学好物理的基本途径，所以物理概

80

念的教学是掌握物理知识的关键，而物理概念教学的有效性直接决定了物理教学的有效性与质量。"压强"这个概念比较抽象，对于初中学生来说，学习难度较大。如果教师只是用了大量的时间来进行习题训练，由于学生对概念的内涵和外延认识不清晰，在解题中不能灵活有效地运用所学知识，就会多次碰壁出错，失去学习物理的信心。而本课的知识目标正是渗透液体压强和气体压强的概念，了解或知道压强的相关重点知识，形成感性认识；能力及情感目标，是通过简单地结合工程设计要素设计实验的方式，来感受体验多学科融合带来的能力提升和素养培养。比如，让学生感受"压强的存在"中，在物理常规教学中，教师要先举大量生活中的实例，让学生在实例中感知什么是压强。而在本课中，教师设计了学生动手实验和小制作，通过模拟帕斯卡球实验，学生能够意识到液体也可以产生压强，学生在感性认识和体验的基础上总结，比传统教学降低了难度，更利于目标的达成。

——案例撰写人　张坤（首都师范大学附属丽泽中学）

（五）案例点评

"'力量'的传递"是激发学生对物理的学习兴趣、为后续物理学习奠定知识和能力基础的科学实践活动课程。教师通过简单的、易观察的实验让学生感知液体压强的存在，通过自制帕斯卡球的学生活动让学生感知液体压强向各个方向传递；再通过血压计、微小压强计的操作发现气体和液体一样，封闭容器中的气体的某一部分发生的压强变化，也将向各个方向传递。教学先从肉眼可见的液体进行帕斯卡定律的学习，再过渡到肉眼不可见的气体，降低学生的认识难度。

"小小挖掘机"的制作活动能够激发学生的学习兴趣，帮助学生更好地认识气体压强的"传递"，培养了学生学以致用和分析问题的能力。

制作和解释"浮沉子"的教学活动可以培养学生综合运用所学的液体及气体压强"传递"的知识，以及已经学过的浮力知识来分析问题。该活动也让学生体会到科学就在身边，科学原理的学习可以帮助我们更好地分析问题和解释现象。

——案例点评人　周玉芝

三、巧借地心引力

(一)教学背景

本课是为七年级学生开设的物理活动课程，旨在帮助学生在任务和真实情境中加深了解核心概念——重心，了解物体的重心位置与稳定性的关系，了解处于不稳定状态的物体有向稳定状态运动的趋势。通过本课，学生能够提升观察、分析问题、解决问题和动手实践能力，以及团队合作、信息获取、表达交流等能力。在知识内容上，为八年级物理的学习奠定基础。

1. 与课程标准的联系

本课内容涉及国家课程中的物理、劳动技术、信息技术等学科教学内容，教学内容与国家课程标准的联系如下。

与初中物理的联系：

①观察和探究一些身边常见的物理现象，养成良好的思维习惯，在分析问题和解决问题时尝试用科学的知识和科学的研究方法。

②初步认识物体运动与稳定性的关系，并能够分析和判断一些运动现象形成的原因。

③能寻找简单物体重心的位置。

④知道重心位置与稳定性的关系，并解释不倒翁的原理。

⑤能在教师的指导下或通过讨论，对所获得的事实与证据进行归纳，得出合理的结论。

⑥初步学习通过比较、分类、归纳、概括等方法逐步建立知识之间的联系。

与初中科技(劳动技术和信息技术)的联系：

①通过 3D 建模软件完成所需实验道具的设计。

②通过亲自动手制作的过程，提高动手实践能力。

2. 学情分析

在皮亚杰的认知理论中，七年级学生正处于由具体运算阶段向形式运算阶段转化的时期，该时期的学生对于抽象概念的理解有一定难度，思维活动需要具体的内容支持。在小学科学课上学生们接触过地心引力，所以对"地球附近的物体都受到重力"是容易理解的，但初中阶段的"重心"是一个抽象概念，学生对于抽象的"重心"概念缺乏直观经验。

（二）教学计划

教学计划见表3-7。

表 3-7 教学计划

巧借地心引力				
教学内容	认识重心	物体重心位置与稳定性的关系	制作不倒翁和走钢丝的小丑	双锥体实验原理及探究影响因素	拓展阅读：怪坡现象
课时	1	1	1	1	课后自主学习

（三）教学设计与实施

第 1 课时 认识重心

1. 教学目标

了解物体重心的位置。

掌握寻找物体重心的几种方法。

2. 材料和工具

圆木棍、尺子、勺子、墩布、棒球杆、圆珠笔等。

3. 重要概念

地球上的物体都会受到重力的作用，重力是作用于物体每一个位置的，但这样不利于受力分析，所以我们把重力的所有作用效果综合起来，变成作用于某一点上的一个与所有重力的合力等效的力。这个力的作用点就是重心。

物体重心的位置与物体的质量分布是否均匀、物体的形状是否规则等因素有关。

4. 教学过程

教学过程见表3-8。

82

表 3-8　教学过程

环节	教师活动	学生活动	设计意图
游戏引入	活动一：让三名学生用两只手的任意两点支撑住圆木棍，两只手向中间移动的过程中保持圆木棍水平，猜一猜两手最终在哪里相遇？ 提问：大家观察到什么现象？	三名学生上台展示活动。 其他同学猜测回答。 观察、回答。	通过学生参与活动，激发学生的学习兴趣，锻炼猜想和思维能力。
认识重心和确定重心位置	1. 认识重心。 活动二：让学生用两只手的任意位置撑住尺子、勺子、墩布、圆珠笔等条形物体，两只手向中间移动的过程中保持物体水平，观察最终两只手在哪里相遇。 由活动引出"重心"。 提问：通过活动二你观察到了什么？能说说两只手相遇的位置有什么特点吗？ 教师：通过活动一和活动二来介绍抽象概念——重心。 2. 寻找简单条形物体重心的方法。 教师：总结实验规律，找到一种寻找简单条形物体重心的方法。 3. 物体的分类及确定重心的位置。 教师：让学生对物体进行分类。 提问：生活中质地不均匀、外形不规则的物体更多，如何确定这些物体重心的位置呢？请大家找出物体重心位置，并总结规律。 教师：总结学生们的方法，并补充总结。 教师：大家知道重心的概念是什么时候提出的，其发展经历过哪些重要的阶段吗？引导同学们看阅读材料。	学生通过实验，体会并交流。 结合实验，思考、回答。 学生思考，总结找重心的方法。 学生思考，交流，回答。 学生分组实验，交流讨论，总结规律。 阅读完材料，回答问题。	让学生通过亲身体验来检验猜想，培养实事求是的科学精神。通过实验体验的方式让学生了解抽象的物理概念——重心及其规律。 通过教师的介绍和学生实验，让学生了解物体的分类，并掌握寻找重心的方法。 通过阅读材料——重心的概念及其发展历程，让学生对"重心"有更加深入的认识。
小结	让学生说一说学习本课的收获。	回顾本节内容。	提高学生提炼总结的能力。

5．教学实施

（1）游戏引入

师：首先邀请三名同学上讲台完成活动一。（图3-27）

活动一：

三名同学分别用两只手的任意两点支撑住圆木棍，使木棍保持水平状态，两只手向中间移动的过程中保持圆木棍水平，请同学们猜一猜两手最终在哪里相遇。

图 3-27　学生进行寻找重心的活动

三名同学上讲台进行活动，适当的调整三名同学两手支撑的位置，让三名同学支撑的位置各不相同。

学生有以下猜测：两只手的中间；圆木棍的中间；两手可能不会相遇，圆木棍会掉下来，等等。

师：究竟哪种猜测是正确的呢？

三名同学在讲台上分别逐一的进行实验，其余同学观察并思考。大家观察到不论台上表演的同学的两只手最初支撑圆木棍在何位置，最终总是相遇在圆木棍的中央。

（2）认识重心和确定重心位置

师：我们再来做一个活动。

活动二：

各组同学请分别利用实验桌上的物体（图3-28）进行实验。实验要求如下：用两只手的任意位置支撑住这些物体并使物体保持水平，然后将两只手向中间移动的过程中仍保持物体水平，请试一试最终两只手在哪里相遇。

图 3-28　活动二所用物品

学生分组活动，互相交流心得，并将实验结果填写在表 3-9 中。

表 3-9　实验记录表

物体	两只手相遇位置
尺子	
勺子	
墩布	
圆珠笔	

师：通过活动二你观察到了什么？能说说两只手相遇的位置有什么特点吗？

生：这次活动两只手没有相遇在物体的中央，而是偏向于一边，但是同一个物体两手总是相遇在物体的同一个位置。

师：同学们总结得很到位。那么大家观察到活动一和活动二有什么区别吗？

生：活动一用的物体是左右对称的，而活动二中的物体都是左右不对称的。

师：地球上的物体都受到地心引力的作用，并且地心引力作用在组成物体的每一个部分，但从作用效果上感觉是作用在了某一点上，为了更方便的研究物体，就定义这个点的位置为物体的重心。刚才的两个活动中，我们都可以用一点来支撑住物体，使物体平衡，那么两只手向中间移动最终相遇的这个点就是物体的重心。

师：请大家回忆一下，刚才我们是怎样找到这些物体重心位置的呢？

生：移动双手。

师：刚才老师提供的实验器材，都是外形简单的条形物体，于是我们就

85

可以用两手水平向中间移动的方法来粗略地确定出物体重心的位置。但是生活当中更多的物体不是条形的，它们形态各异，质地有的也不均匀，我们该如何找出这些物体重心的位置呢？

教师展示生活当中物体的照片（图 3-29），让学生对这些物体进行分类，并说明分类依据。

图 3-29 教师展示生活当中物体的照片

学生将物体进行分类并给出分类依据。学生将物体分为质地均匀和质地不均匀、外形规则和外形不规则的物体。

①质地均匀、外形规则的物体如球体、长方体、圆柱体等，重心位置在其几何中心。

②质地不均匀或者外形不规则的物体，其重心位置往往不在几何中心。

师：生活中质地不均匀、外形不规则的物体更多，如何确定这些物体的重心位置呢？请大家想办法找出这些物体的重心位置，并总结规律。

学生对不同物体进行实验探究并发现以下方法。

方法 1：如果物体为简单的条形物体，可以通过活动一中的方法，利用两只手相遇的位置来粗略地确定重心位置。

方法 2：如果是凸多边形的薄木板，可以从底端用一根手指支撑住薄木板，当薄木板保持平衡时这个位置即为重心位置。

方法 3：悬绳法。对于形状比较复杂，质量不太大的板状物体，可以在物体不同位置悬挂物体，找出各自的重力作用线，两条线的交点即为物体的重心。

师：大家知道重心的概念是什么时候提出的，其发展经历过哪些重要的阶段吗？请阅读以下材料：重心的概念及其发展历程。

【阅读材料】

重心的概念及其发展历程

重心的位置对物体的平衡、稳定具有关键性的作用，并与生产、生活、建筑、工程等方面有着密切的关系，所以自古以来，对物体重心问题的研究与利用，成为力学研究的一项重要内容。

重心指在地球表面上的物体所受重力的合力的作用点。地球表面上的物体的尺寸相对于地球的半径来说是很小的。例如，在地球表面上相距 1 km 的两物体，其重力方向之间的夹角为 32″，所以，在一个物体上各质点所受的重力可以被看成彼此平行的力，并具有相同的方向。这些平行力的合力称为物体所受的重力，合力作用点即为重心。物体的重心相对于物体的位置是完全确定的，当物体在空间中改变方向时，重力相对于物体的方向也跟着改变，但重心相对于物体的位置不变。

对于地球表面上很小的物体来说，重心和质心是重合的，质心即"质量中心"的简称，即物质系统按质量分布的加权平均中心。不过，在物理概念上，质心与重心不同。重心为重力合力作用线通过的那一点，而质心是在刚体运动中具有特殊地位的几何点，其运动服从质心运动定理，在刚体运动中起重要作用。不受重力时，重心失去意义，但质心仍存在。例如，星际航行飞船已脱离地球引力范围，谈不到重力和重心，但它的运动仍遵守质心运动定理。从这意义上说，质心比重心具有更普遍的意义。

对于质地均匀的物体，它的重心则和它的质心重合。若匀质物体有一对称面，则重心必在对称面上；若匀质物体有一对称轴，则重心必在对称轴上；若匀质物体有一对称中心，则对称中心就是物体的重心。

（1）重心知识在欧洲的发展

在欧洲，古希腊人开始了对力学的最早研究。被称为"力学之父"的阿基米德最早开始了对物体重心的研究，并且发明了计算物体重心的方法。

此后对于重心问题的研究并无大的进展，但这种情况到十六七世纪发生了变化。荷兰人斯蒂芬研究过浮体平衡问题，发现物体的重心必与浮心处于

87

88

同一垂线上。

同时代的伟大的意大利物理学家伽利略发表了论文《论重力》，在科学史上第一次揭示了重力和重心的实质，对"重心"做了详尽研究并给出了严格的数学表达式，使得"重心"成为一个严密的物理概念。

17世纪求旋转体的重心问题的工作始于开普勒，此后由于牛顿与莱布尼兹发明了微积分，使得求重心这一问题，可以用微积分这一数学手段来求解，求解重心的大部分问题都可以看作一个数学问题，与物体重心知识有关的知识也因此渐渐成熟起来。这些内容在清代末期基本上都传入了我国，从而使得我国物理学中的物体重心知识在清代也全面系统起来。

（2）中国古代的重心知识

我国关于重心研究与利用的例子，是举不胜举的。早在我国战国时期的科学典籍《墨经》中就有关于重心知识的记述，此后在中国古代力学发展史上，对物体的重心加以研究、利用的例子不胜枚举。例如，古代"虚则敧，中则正，满则覆"的敧器，说明我国古代人民在利用物体重心来解决日常的生活问题方面，认识是较为深入的。此外，开封斜塔、不倒翁等也主要利用重心与平衡稳定的关系，等等。可是在这些利用中，多是凭经验、利用实验手段求得物体的重心位置，并未用严密的数学形式定义重心，对重心及稳定关系等研究不够深入和系统。

（3）小结

师：通过这节课的体验，你有什么收获和大家分享呢？

学生分享自己的收获。

第2课时　物体重心位置与稳定性的关系

1. 教学目标

了解物体结构的稳定性，以及稳定性与哪些因素有关。

通过实验，掌握物体的重心位置与稳定性的关系。

2. 材料和工具

不倒翁、A4白纸、圆柱形铁盒、长木板、两节五号电池、透明胶。

3. 重要概念

结构重心所在点的垂线落在结构底面的范围内，则结构稳定，反之就会不稳定。

4. 教学过程

教学过程见表 3-10。

表 3-10　教学过程

环节	教师活动	学生活动	设计意图
导入	以比萨斜塔为例引入课题。	思考。	用学生已知事物激发探究欲望。
结构的稳定性	让学生通过不倒翁讨论结构稳定性概念。	思考、回答。	通过实例和生活经验，来体会"稳定"以及"结构的稳定性"。
影响稳定性的因素	1. 演示魔术：圆柱形铁盒的运动。 引出因素一：重心位置的高低与稳定性。	学生观察实验，理解重心位置对稳定性的影响，对圆柱形铁盒的运动进行猜测及推理，深入理解此因素。	对于圆柱形铁盒的魔术，实验现象和学生的思维产生冲突，激发学生继续思考和探索的欲望。
	2. 提问：人站立时稳定，身体倾斜到一定程度的时候会变的不稳定，为什么呢？ 引出因素二：结构重心所在点的垂线是否落在结构底面的范围内。	学生根据个人经验，体会、思考影响稳定性的因素。	
	3. 提问：正立和倒立的啤酒瓶哪个更稳定呢？ 引出因素三：支撑面积的大小。		
	4. 提问：如何将一张纸立在桌面上？ 引出因素四：结构的几何形状。	通过实验体会这一因素，并结合生活中的例子来理解这个因素。	通过探究实验，学生亲历实践过程，深入体会各个因素对于结构稳定性的影响。学生在实验过程中，逐步提炼科学知识，训练物理学习的方法和思维。
不稳定的结构	提问：人们利用稳定的结构抵抗外力、承受负载。那么不稳定的结构有没有用处呢？	思考、举例回答。	让学生对结构稳定性有一个全面的认识。

90

5. 教学实施

(1)导入

师：大家都知道比萨斜塔，它历经几百年依然屹立，比萨斜塔为什么不是一座"危房"？它的结构有什么特点？今天我们就一起探究结构的稳定性问题。

(2)结构的稳定性

师：大家都玩过不倒翁，不倒翁的结构是稳定的吗？

有的学生认为是，有的学生认为不是。

师：结构的稳定性是指结构在荷载的作用下，维持其原有的平衡形式的能力。稳定指的不是状态绝对不变，而是指受扰后，允许状态有所波动，但当扰动消失后，能重新返回到原平衡状态，则为稳定。不能回到原有平衡状态，为不稳定。

(3)影响结构稳定性的因素

师：我们来看一个实验，将圆柱形铁盒由斜面顶端释放，观察其运动情况并记录。

教师放置好圆柱形铁盒，让学生猜测教师松手后铁盒的运动情况。（图 3-30）

图 3-30 圆柱形铁盒滚动实验

生：铁盒会从斜面上滚下。

观察教师做实验。

教师松手后铁盒没有下滚，而是静止在斜面上了。教师多次实验，让学生猜测松手后铁盒的运动情况。

生：观察多次后，发现有时候铁盒向上运动，有时候铁盒向下运动，有时候则会静止在斜面上。

师：是什么原因让铁盒出现这样的运动呢？

学生思考，猜测铁盒内部可能有磁铁，木板上有陷阱，铁盒里面有东西。

教师将圆柱形铁盒打开，其侧面用透明胶粘上了几节电池。（图 3-31）

图 3-31　铁盒内粘有电池

师：如果铁盒内部没有粘电池，将其放在斜面上，松手后会如何？

生：会向下滚。

教师操作验证了以上观点。

师：粘上电池之后，铁盒的什么性质发生了变化？

生：重心位置，以前在中心，现在重心偏向电池方向。

师：（展示铁盒内部同时做实验）当重心位置最低时，铁盒能够保持静止，稳定性最好；当铁盒偏转到重物所在支撑面上方时，其重心位置变高，处于不稳定状态的铁盒此时向稳定状态运动，于是松手之后会向上滚动；当铁盒偏转到重物所在支撑面下方时，其重心位置也较高，铁盒同样处于不稳定状态，松手之后铁盒会向稳定状态运动，即向下滚动。

生：重心位置的高低与物体稳定性是有关系的，重心位置越低，物体的稳定性越好。而且处于不稳定状态的物体有向稳定状态运动的趋势。

师：生活中的哪些应用是利用降低重心位置提高稳定性的？

学生讨论，列举如下物品。（图 3-32）

图 3-32　学生列举的物品

师：人站立时稳定，身体倾斜到一定程度的时候会变的不稳定，为什么呢？

生：重心偏移了。

师：结构重心的位置高低会影响结构稳定性，但是该结论成立是有条件的，条件是结构重心所在点的垂线是否落在结构底面的范围内，落在底面范围内就是稳定的，反之就会不稳定。（图3-33）

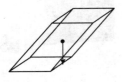

图3-33　结构重心位置的高低对结构稳定性的影响

师：大家想一想，为什么比萨斜塔不倒呢？

生：重心所在点的垂线落在结构底面范围内。

师：正立和倒立的啤酒瓶哪个更稳定呢？（图3-34）

生：正立更稳定。

师：稳定性与支撑面积的大小有关——支撑面越大越稳定，越小越不稳定。请注意：接触面不等于支撑面。

师：生活中哪些结构的稳定性利用了这个结论。

学生举桌子、埃菲尔铁塔等例子。

师：如何将一张纸立在桌面上？

学生进行实验，展示实验结果。（图3-35）

学生总结：结构的几何形状影响稳定性。

师：说说生活中利用几何形状使结构稳定的例子。

学生讨论，列举如下物品。（图3-36）

图3-34　正立和倒立的啤酒瓶

图3-35　实验结果

图3-36　学生列举的物品

师：从大家举的例子中可见，三角形是一种稳定的结构。

（4）不稳定的结构

师：人们利用稳定的结构抵抗外力、承受负载。那么，不稳定的结构有没有用处呢？

学生交流讨论，列举了如下应用。（图 3-37）

图 3-37　学生列举的应用

第 3 课时　制作不倒翁和走钢丝的小丑

1. 教学目标

通过制作不倒翁及走钢丝的小丑，加深理解物体重心位置高低与稳定性的关系。

通过制作和实验，提高动手实践能力。

2. 材料和工具

制作不倒翁所需材料和工具：硬纸板、双面胶、剪刀、螺丝、塑料小盒。

制作走钢丝的小丑所需材料和工具：硬纸板、磁扣 4 个、彩笔、剪刀、细线 1 根。

3. 重要概念

重心位置的高低会影响结构的稳定性。物体的重心位置越低，其稳定性越好；反之，稳定性越差。处于不稳定状态的物体都有向稳定状态运动的趋势。

4. 教学过程

教学过程见表 3-11。

表 3-11　教学过程

环节	教师活动	学生活动	设计意图
复习回顾	提问：上一节课我们学习了什么内容？	回忆、回答。	有利于将本节课与上节课内容建立联系。

环节	教师活动	学生活动	设计意图
制作不倒翁	提问：不倒翁为什么不倒？ 介绍：制作材料和步骤。	学生根据所学知识回答。 动手制作不倒翁，体会重心位置对稳定性的影响。	通过动手实践体会概念和规律。
制作走钢丝的小丑	展示中国科学技术馆中的"独轮车走钢丝"。 提问：独轮车为什么不会掉下来？ 介绍：制作材料和步骤。 对比实验：小丑不安装磁扣和安装磁扣在细线上的"表现"如何？	学生观察、思考。 交流、回答。 制作，展示，交流。 在实验过程中，通过对比环节体会重心位置对稳定性的影响。	通过动手实践理解独轮车走钢丝的原理，增强学生的动手能力。
小结	让学生谈一谈收获。	交流回答。	培养总结与反思的习惯。

5. 教学实施

（1）复习回顾

师：请同学们回顾一下上节课所学习的内容。

学生思考回答影响物体稳定性的因素，并分别举例说明。

师：为什么不倒翁不会倒呢？

生：重心位置低，稳定性好。

师：这节课，我们就来通过两个小制作，体验重心位置与稳定性的关系。

（2）制作不倒翁

制作材料：硬纸板，双面胶，剪刀，螺丝，两个能拧到一起的塑料小盒。

师：请大家用所给材料自己制作一个不倒翁。

学生制作完成后，展示所做不倒翁的效果，分析制作技巧。

师：说一说为什么不倒翁怎么拨动都不倒。

生：当不倒翁在竖立状态处于平衡时，重心位置最低。偏离平衡位置后，重心总是会升高的。

师：重心位置越低，物体的稳定性越好。处于不稳定状态的物体都有向稳定状态运动的趋势。

（3）制作走钢丝的小丑

师：在中国科学技术馆"运动之律"展厅有一个展品"独轮车走钢丝"。（播放视频和图片）请大家思考为什么独轮车掉不下来？

学生观看视频，思考，回答。

生：独轮车掉不下来与车下边的重物有关。

师：独轮车的下方有一个配重装置，配重的存在可以使人、车、配重三者组成的整体重心位置在支点的下方，因此处于稳定状态。如果配重的质量不当，会使人、车、配重三者组成的整体的重心发生变化，失去平衡，导致车无法行使。接下来，我们完成一个小制作——走钢丝的小丑。

制作材料：硬纸板、磁扣4个、彩笔、剪刀、细线1根。

学生自主尝试制作可以走钢丝的小丑，并演示效果。（图3-38）

图3-38　走钢丝的小丑

（4）小结

师：通过本节课的两个小制作，你最大的收获是什么？

学生分享制作的心得体会。

第4课时　双锥体实验原理及探究影响因素

1. 教学目标

认识双锥体模型，能够解释双锥体上滚的原因。

利用控制变量法探究双锥体运动方向与哪些因素有关。

练习3D打印技术，提高动手实践能力。

2. 材料和工具

双锥体实验模型、圆木棍、3D软件与3D打印机。

3. 重要概念

重心位置越低，物体的稳定性越好。处于不稳定状态的物体都有向稳定状态运动的趋势。

96

4. 教学过程

教学过程见表 3-12。

表 3-12　教学过程

环节	教师活动	学生活动	设计意图
认识双锥体实验模型	介绍：中国科学技术馆中"物体上滚"展品。 提问：轨道有什么特点？物体有什么特点？ 演示：双锥体实验模型；分别用圆木棍和双锥体来做实验，实验现象一样吗？你发现了什么？ 提问：为什么会有这样的现象？ 视频：重心位置变化。（慢动作） 活动：让学生自己制作双锥体和轨道，试一试双锥体是否会向上运动。	观察、思考、回答。 通过实验对比，发现双锥体和圆木棍在轨道上的运动情况不相同。学生猜测原因，并交流。 制作双锥体，摆置轨道。学生分组实验。	本环节立足于介绍双锥体实验模型，让学生不仅认识它，还能通过自己制作模型来体会其原理和规律。
探究影响双锥体运动方向的因素	提问：刚才在大家实验的过程中，我看到有的组双锥体向上运动，有的向下运动，甚至有的不动，请大家想一想哪些因素影响了其运动方向。 教师：根据你们的猜想，自己设计实验试一试，将实验结果记录在实验表格中。 提问：还有没有别的因素也会影响双锥体的运动方向呢？ 提问：如何进行验证？说一说实验方案。 介绍：3D软件及制作不同锥角的双锥体。（课前提前打印好一些） 演示：用不同锥角的双锥体在相同轨道上进行实验。	观察、思考。 猜想：轨道夹角和坡度。 学生分组实验，并总结实验规律，回答问题。 猜想：双锥体的锥角。 思考、回答。制作多个锥角不同的双锥体在相同的轨道上进行实验。 了解3D软件的使用。 学生总结实验规律。	探究活动的设计，让学生不仅认识模型，知道物体上滚的原理，还能够深入理解三个因素对于物体运动方向的影响，加深对原理和规律的理解。 结合后面的阅读材料，学生可以将物理模型数学化，当数学能力达到时，就可以自己来推算物体上滚的数学条件。 在制作不同锥角的双锥体过程中，利用了3D打印技术，可以将定性的问题定量研究。本环节是对数学、物理、技术、工程的综合，也是STEM教育在课堂上有益的尝试。
小结	请同学来对本节课做一个总结。	交流、总结。	提高学生归纳总结能力。

5. 教学实施

(1)认识双锥体实验模型

师：中国科学技术馆里有这样一件展品叫作"物体上滚"。言外之意，物体可以在轨道上向上滚动。这里也有一个"物体上滚"模型，我们先来认识一下这个模型的组成：两条轨道和双锥体。

我们来看一下演示效果。（图3-39）

图3-39 双锥体实验1

学生观察，思考。

师：我再用圆木棍放在轨道上试一试，大家观察，你发现了什么？

生：双锥体在轨道上向上滚动，而圆木棍在轨道上向下滚动。

师：为什么会有这样的现象呢？

学生思考，猜测，回答。

师：我们来放一个慢镜头，观察双锥体上滚时的重心位置是如何变化的。（播放视频）

生：重心位置越来越低。（图3-40）

图3-40 双锥体实验2

师：你能根据前面所学的知识来解释一下双锥体上滚的原因吗？

生：看似双锥体在轨道上"由低到高"的滚动，实际上是双锥体重心降低的过程，处于不稳定状态的物体都有向稳定状态运动的趋势。

师：很好！现在大家利用实验桌上的双锥体来体验一下上滚过程。

学生分组进行实验。

师：在大家的实验中，有的同学的双锥体上滚，有的同学的双锥体下滚，有的同学的双锥体停在轨道上不动。可见，双锥体在轨道上也不一定是总往上滚，还有其他的运动方向。请大家想一想，为什么会有这些现象呢？

（2）探究影响双锥体运动方向的因素

师：猜想哪些因素会影响双锥体在轨道上的运动方向。

生：轨道夹角、坡度。

师：根据你们的猜想，自己设计实验试一试，将实验结果记录在表格中。（表 3-13）

表 3-13　实验记录表

影响因素	此因素如何变化会使双锥体向上运动(文字或图画描述)	此因素如何变化会使双锥体向下运动(文字或图画描述)

学生实验并填写实验表格。（图 3-41）

图 3-41　学生探究影响双锥体运动方向的因素

师：请同学来说一说你们组的实验结果，以及得出的结论。

生：实验发现改变轨道的夹角和坡度确实能够改变双锥体的运动方向。其他条件不变的情况下，两轨道夹角越大，越容易向上滚动；夹角越小，越容易向下滚动。其他条件不变的情况下，两轨道坡度越小，越容易向上滚动；坡度越大，越容易向下滚动。

师：除了这两个因素，还有没有别的因素会影响呢？

生：双锥体锥角的大小可能也是影响因素。

师：有同学猜测双锥体锥角的大小可能也会影响其运动方向，下面我们就来做一些不同锥角的双锥体进行实验，看看是否会影响其运动方向。

教师介绍 3D 设计软件：Autodesk 123D Design。指导学生利用 3D 软件设计不同锥角的双锥体模型，并利用 3D 打印机打印出双锥体模型。

学生探究不同锥角双锥体在轨道上的运动。（图 3-42）

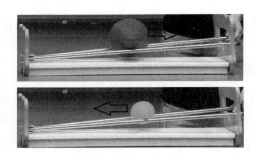

图 3-42　学生探究不同锥角双锥体在轨道上的运动

（3）小结

学生总结：通过实验发现双锥体在轨道上能够上滚、下滚、静止；双锥体在轨道上运动与三个因素有关——轨道夹角、轨道坡度和双锥体的锥角。

课后自主学习　拓展阅读：怪坡现象

怪坡是大自然中的一种奇妙现象，在怪坡上，水可以自行往高处流，人骑在自行车上无须蹬车就可以自行冲上怪坡的坡顶，可是要想从坡顶下来就必须得用力蹬车才行，你说这种坡怪不怪！近些年，许多旅游城市的著名景点中也相继出现了怪坡。怪坡如此的神奇，无数游客慕名而来，体验后连连称绝，大呼不可思议，无法用常理来解释。

例如，厦门文曾路通往半岭宫的路上，有个怪坡，怪坡长约 50 m，宽约 10 m。许多科学工作者来到这里进行实地考察，他们先排除了由于"重力异常""磁场干扰"的可能性，然后利用专业测量高度的仪器——水准仪，选取怪

第三章　STEM 教育视野下校本课程案例

坡上不同位置作为研究点，反复多次测量其实际高度，对测量数据进行处理分析后，怪坡的神秘面纱终于被揭开了。数据显示怪坡中沿"上坡"方向选取的研究点不是越来越高，而是依次降低，这个怪坡的坡顶比坡底还要低出 1.6 m，它的"上坡"其实就是个真正意义的下坡，难怪水会往高处流！

原来，怪坡以与文曾路之间的小山坡作为参照物，给人的眼睛造成了强烈的视觉误差，这实际上是左氏错觉现象。左氏错觉是指人眼受周围参照物的影响而产生不真实的视觉感受。怪坡原本是向下的坡，但是由于参照物的影响，从而使人产生错觉，我们被亲眼看到的景象欺骗了。

这篇文章给你哪些启示？

(四)教学反思

"巧借地心引力"课题选自《北京市初中开放性科学实践活动项目手册(初一年级使用)》中的"巧借地心引力"。本课是 STEM 教育理念下的一次有益尝试。STEM 课程强调在渗透科学知识的同时，还要将科学与数学、技术、工程等领域相结合，从而实现多学科的融合。本课的教学内容主要涉及物理学科，但本课不同于初中物理课，也不是普通的手工课，本课既要通过实践过程提高学生的动手能力、知识应用能力，又要为学生学习八年级物理打下基础。

本课有以下几个特点。

①教学设计思路清晰，注重内容与生活的联系，有明确的线索——重心。

"巧借地心引力"这节课是从什么是重心、重心与稳定性的关系、制作不倒翁和走钢丝的小丑、双锥体实验四方面进行教学设计的，教学内容由浅入深，活动丰富多彩，形式多样，每一个教学内容都是由"重心"这个概念衔接的，重心是线索，实验、设计、制作、探究为活动方式，穿插问题引导、列举实例、成果展示、归纳总结等环节，将学生的思维引向深处。由于"重心"的概念比较抽象，所以在设计过程中，通过大量的与生活紧密联系的实例让学生了解重心和重心的作用，加深学生对抽象概念的理解。

②深度利用身边的资源——中国科学技术馆。

教学设计中利用了中国科学技术馆中的一些展品，比如"物体上滚"展品、

"独轮车走钢丝"展品，并通过小制作"走钢丝的小丑"来模拟中国科学技术馆的"独轮车走钢丝"，通过实验"探究影响双锥体运动方向的因素"来分析物体上滚的原理。通过这类容易操作的小制作和小场景，鼓励学生多去中国科学技术馆走一走，更好地利用身边的资源。同时，本课中的"双锥体实验"也是北京市2015年的中考题，由浅入深的讲解该模型，不仅有利于学生在开阔视野，增强动手能力的同时，也帮助学生们把握中考物理的命题趋势。

③通过多种教学方法渗透STEM教育理念。

本课综合运用了多种教学方法，比如观察法、实验法、讨论法、讲授法等。本课区别于物理课和手工课，在教学过程中有意地将多个学科的知识进行融合。教学设计中通过以下教学内容来呈现STEM教育的不同维度。

科学(S)：物理学科(涉及重心的概念、重心与稳定性关系)。

技术(T)：3D打印技术(探究不同锥角双锥体是否是影响其运动方向的因素)；动手制作("不倒翁"和"走钢丝的小丑")。

工程(E)：重心知识在工程中的应用(各环节中学生的举例)。

数学(M)：探究角度大小对运动的影响(探究双锥体的运动方向与哪些因素有关)。

④学生学习目标达成情况很好。

教师在由浅入深的教学过程中，通过学生们的大量举例、实验和动手制作，以及讨论之后的回答，能够知道学生们对于每一个教学环节的目标完成得很好。经过前测和后测的对比，可知学生们的实际收获是非常大的，尤其对于"物体上滚"实验，学生们的兴趣非常高，探究的积极性和欲望很强烈，大多数学生在后测问题"学完本课你最大的收获是什么？"中都提到了这个实验，有的学生很喜欢课上的小制作，尤其是那些看起来"高大上"的模型，居然自己可以利用很简单的材料来做成，非常有成就感。看到同学们对本课的评价，我发现这种形式的课堂是学生需要的，也是教师要多加探索的。

——案例撰写人　孙越(北京市一零一中学)

(五)案例点评

本教学以物体重心为研究对象，通过系列活动让学生感知重心的位置，认识重心的位置与物体稳定性的关系，使学生在亲身体验和探究中认识物理概念与规律，并应用这些概念和规律解释身边的现象。

教学内容设计由浅入深、层层递进。例如，学生首先通过活动认识重心的概念，然后探究重心的高低与稳定性的关系。学生对于不倒翁有感想认识，所以基于此认识重心高低与稳定性的关系比较容易。接下来，学生探究重心所在垂线是否落在结构府面范围内的问题，以及结构的几何形状对稳定性的影响；这些知识的学习相比前面难度增大，需要在前面知识的基础上，通过新的实践体验去获得认识。

在教学过程中，教师鼓励学生运用物理知识深入分析身边事物，如向上运动的双锥体等，这些看似不可能的事物激发了学生的探究欲望，也让学生体会到所学物理知识的意义与价值。

在教学过程中，教师能够给学生充分的探究时间，如对双锥体的运动的探究，在学生认识了双锥体向上运动的奥秘后，让学生深入探究双锥体的锥角、轨道夹角、坡度大小等因素的影响，培养学生综合分析问题的能力。

在教学过程中，教师还有意识地融入了 3D 打印技术，让学生认识到科学、技术和数学之间的联系。

——案例点评人　周玉芝

四、走马灯设计

（一）教学背景

本课程是为八年级学生提供的综合了物理、化学等学科知识的选修课。

本课程与课程标准的联系如下。

初中物理：

①认识能量的转移，具备初步的观察能力，通过学习物理知识，提高分析和解决问题的能力。

②乐于参与观察、实验制作等科学实践活动，有团队精神。

③有克服困难的信心和决心，能总结成功的经验，分析失败的原因。

初中化学：

①观察和探究一些身边常见的物质，了解它们对人类生活的影响，体会它们对提高人类生活质量所做出的贡献。

②能比较明确地表述所发现的问题。

③能在教师的指导下或通过讨论，对所获得的事实与证据进行归纳，得出合理的结论。

(二)教学设计与实施

1. 教学目标

认识对流是热量传递的一种方式。

能够应用知识解释走马灯为什么会旋转。

学会观察、描述和记录实验现象，感受实验操作与理论的联系。

能够对猜想或假设做初步改进，认识到科学始于观察，科学知识主要来自实践。

体验探究乐趣，具有严谨求实的科学态度，能有意识地从日常生活中发现一些有探究价值的问题。

2. 材料和工具

蜡烛、纸杯、细线、牙签、剪刀、小刀、线、尺子、护目镜、水彩笔、胶水。

3. 重要概念

不同形式的能量之间可以相互转化。

4. 教学过程

教学过程见表 3-14。

表 3-14　教学过程

环节	教师活动	学生活动	设计意图
引入	在日常生活中，我们都见过蜡烛，在过生日时，大家都喜欢许愿吹蜡烛。当你的手靠近蜡烛时会有什么感觉呢？ 将纸杯底部中间穿线打结倒扣在蜡烛火焰上方，你观察到什么现象？	学生分 5 个组，用 A4 纸、剪刀和线开始动手实践。	生活情境引入。

续表

环节	教师活动	学生活动	设计意图
探究制作走马灯	提出问题：怎样让纸杯在蜡烛火焰上方自发地旋转？ 指导学生探究。	探究、发现、讨论。	初步运用物理概念进行实验设计和探究。
改进设计，继续探究	让学生探究如何控制冷热空气的流动方向，使纸杯旋转。	改进设计、实验探究。	通过尝试，进一步实验，调整方案，培养合作能力和解决问题的能力。
小结	师生共同总结本课。	每组展示汇报。	启发学生深入思考，提高表达能力。

5. 教学实施

（1）引入

师：在过生日时，大家都喜欢许愿吹蜡烛。当你的手靠近蜡烛时你会有什么感受呢？如果把手再靠近一点儿会有什么感觉？

生：热，再靠近就烫手了。

师：将纸杯底部中间穿线打结，然后提着线把纸杯倒扣在蜡烛火焰上方，你会观察到什么现象？

学生进行相关实验。（图3-43）

图3-43 学生进行实验

师：你们观察到了什么现象？

生：蜡烛继续燃烧，纸杯没有什么变化，如果纸杯过低，纸杯内部会变黑。

师：基于观察，你有什么问题要提出吗？

生：纸杯内部为什么会变黑？

师：哪位同学能解释一下？

生：如果纸杯过低，纸杯内没有空气了，就被熏黑了。

师：蜡烛里含有碳元素，当氧气不足时，蜡烛燃烧不充分，会产生炭黑。

师：把纸杯倒扣在蜡烛火焰上方，纸杯是否转动？

生：纸杯不会转动。

设计意图说明：感知蜡烛燃烧放热，而且距离烛芯越近，温度越高。将纸杯底部中间穿线打结，然后提着线把纸杯倒扣在蜡烛火焰上方，发现纸杯不会转动，为下一个环节探究纸杯转动做铺垫。

(2) 探究制作走马灯

师：我们刚才看到纸杯倒扣在蜡烛火焰上方不能转动，怎样才能让纸杯在蜡烛火焰上方自发地旋转呢？

学生尝试用不同方法使纸杯旋转。

生1：用牙签在纸杯上扎眼。（图 3-44）

图 3-44　学生制作走马灯 1

生2：用剪刀在纸杯上剪下一块来。（图 3-45）

图 3-45　学生制作走马灯 2

生3：在纸杯壁下部剪开几个三角形窗户，把剪开的部分向外折。（图3-46）

图3-46　学生制作走马灯3

生4：把纸杯壁上部剪成一个窗户形状，把剪开的部分向内折。（图3-47）

图3-47　学生制作走马灯4

生5：把纸杯底部剪开几个小孔。（图3-48）

图3-48　学生制作走马灯5

师：我观察到各组同学都在纸杯壁或杯底扎眼或开窗户形口，你们这么做的目的是什么？

生：让热气出来。

师：这样做能使纸杯转动吗？

生：不能。

师：在纸杯上开口的目的是让热空气出来，那么有没有考虑怎样让冷空气补充进去呢？

生：有冷空气进来，也是从打开的孔进去。

师：热空气出去了，冷空气进来，为什么大家实验过程中纸杯还是不能转动？大家看一看电扇的结构有什么特点？

生：电扇上有很多叶片，而且叶片有一定的弧度。

师：电扇的叶片为什么要有一个弧度？

生：弧度应该表示了空气流的方向，减少气流阻力。

学生拿出手持小电扇，演示起来。

师：看了学生的演示，大家猜想纸杯转动的方向是由什么决定的？

生：气流的方向决定纸杯的转动方向。

师：没有了手持电扇提供的动力，纸杯转动就要依靠杯壁开孔的叶片，热空气推动叶片转动，冷空气补充进来。那你们再调整一下叶片的大小、数量、打开的角度等，看纸杯能否转动。

设计意图说明：让学生自主探究，充分暴露学生的思维和问题，促进学生对问题的思考、交流和探索。

（3）改进设计，继续探究

学生调整叶扇的数量、角度、大小，并进行实验。（图3-49）有的小组成功了，但出现开始转动，过一会儿又停下来的情况；有的小组还不成功。教师引导学生分析出现以上情况的原因，寻找解决方案。

（4）小结

师：走马灯作为传统民俗玩具，大约出现于宋代时期，常见于元旦、元宵、中秋等节日。走马灯是灯笼的一种，它利用灯笼内部点燃的蜡烛所产生的上升热气流，推动灯笼内部上方的叶片，带动与叶片连接的轴承，令轴承

图 3-49　学生制作走马灯 6

转动。轴承连有剪纸，烛光将剪纸的影子投在灯笼四壁上，剪纸不断走动，使灯笼四壁上的投影不断前进，从而产生动画。

　　今天我们模仿古代人的思维，尝试利用所学的知识并结合生活经验制作走马灯，这个过程比较难，有的小组制作的走马灯成功地转动了，有的小组制作的不尽如人意。我们看一下阅读资料，汇报一下你们的制作经验，交流一下你们学习这节课的感受。

【阅读资料】

走马灯介绍

　　走马灯，亦称转灯，是我国民间彩灯的一种独特的形式，它的制作历史悠久，充分体现了我国古代劳动人民的智慧。走马灯大约出现于宋代时期，常见于元旦、元宵、中秋等节日。

　　走马灯虽是个玩具，但其与近代燃气轮机的原理如出一辙。走马灯最主要的部分，也就是会自动旋转的部分，它的构造是怎样的呢？会自动旋转的部分是一个用半透明薄纸糊成的圆筒形纸屏，表面画着彩色图案。这个圆筒装在灯架上一根可以转动的轴上，底部镂空可以通风，圆筒内部点一根蜡烛。乍看之下，还以为这根蜡烛的作用，只是照亮那只会转动的圆筒形纸屏，使人们能看到上面的图画而已，其实它是使这只走马灯转动的动力。原来这只蜡烛被点燃后，圆筒形纸屏内部的空气就被它烧热了，当上升的热空气经过纸屏顶上的那只风车时，会把它吹动起来。风车连在圆筒形纸屏上，因此也就带着纸屏转动起来了，圆筒形纸屏内部原有的空气向上跑掉了，外面的冷空气就立刻从下面补充进去，因此圆筒形的纸屏不停地转动。轴承连有剪纸，烛光将剪纸的影子投在灯笼四壁上，剪纸不断走动，形成了灯笼四壁上不断前进的投影，从而产生动画。宋代吴自牧的著作《梦梁录》述及南宋京城临安夜市时，已指出夜市上有买卖走马灯的。周密《武林旧事》在记述临安"灯品"时也说："若沙戏影灯，马骑人物，旋转如飞。"

小组一：我们制作的走马灯只能转动一会儿。开始时，我们没有考虑热空气出去后冷空气的补充，所以在纸杯壁上扎眼，这样的结果是热空气出去的太少太慢。后来我们在壁上也开了口，但是没有留叶扇，热气能够出去了，冷气也能从孔里再进来。但是我们没有考虑到冷热空气交替的过程才会推动叶扇转动。再到后来，我们留了叶扇，但是叶扇太小，推力不大。我们又进行了调整，把叶扇孔开大一些，开三个，还要大小均匀，叶扇开的方向也要一样。我们也发现如果纸杯离火焰太近，就容易把纸杯烧着。

我的感受是，我国古代人很聪明，他们是怎么想到让灯笼转动的呢？如果没有老师不断地提示，我是无论如何也想象不出来的。

小组二：我们制作的走马灯不成功。开始，我们考虑热空气密度小，从上面出去，所以在杯子底部开了口，后来在老师的提醒下，还有同学拿电扇吹纸杯转动，我就想到应该在纸杯壁上开口，并把剪开的部分倾斜一个角度，表示气流的方向，发现走马灯仍然不转动。看了资料中"这只蜡烛被点燃后，圆筒形纸屏内部的空气就被它烧热了，当上升的热空气经过纸屏顶上的那只风车时，会把它吹动起来"，我分析原因，纸杯底部不应该只是扎眼，应该做成叶扇形，类似于风车原理。

小组三：我们制作的走马灯也不成功。我们在纸杯底部、杯壁上部都开了口，我们主要考虑热空气向上升，推动冷空气下降，实现冷热气体交替，一般暖气安装在接近地面处。又在杯壁开了叶扇，但是底部没有叶扇，与上一组是同样的问题，不能形成推动力。杯壁下部又开了口，冷热空气交替不仅仅从竖直口出来，也从横着的口出来，但是流向不确定，所以没有转动。

走马灯是劳动人民智慧的结晶，我觉得古人很有智慧，特别会思考问题，特别善于动脑动手。我们要向古人学习，学习他们爱钻研的精神，虽然那时没有现代的科技知识，但是他们仍然能够有那么多的发明创造，包括四大发明，我很佩服他们。

设计意图说明：学生通过阅读资料，找出制作简易走马灯的理论依据，改进制作方法，同时这个环节也是对学生阅读信息、提取信息能力的考验。走马灯的制作属于传统文化，在当今社会，对他们进行这方面的教育，可以让他们传承传统文化。

（三）教学反思

在 STEM 教育理念下的科技课，是一种新形式的课程，既要渗透科学知识，又要将科学与数学、技术、工程相结合实现多学科融合，既要通过实践提高学生的动手能力、知识应用能力，又要与我们的应试教育相关联，达成课程标准中的教学目标。八年级学生，学习过物理，有知识储备，也有一定的动手能力，本课的课时是 1 小时，因此我选择在选修课上实施这个设想，在 STEM 教育理念下，既让学生学习物理知识、化学知识，又利用所学知识动手实践，模拟古人制作走马灯。这个不断探索的过程，是师生之间的思维相互碰撞、教学相长的提升过程。新课程强调要加强课程内容与学生生活以及现代社会和科技的联系，关注学生的学习兴趣和经验。在这节课上，我把任务给了学生，让他们通过动手、动脑不断尝试，不断调整自己的想法。教师的角色就是引导者，促使学生积极主动的思考。在挑战的过程中，当学生灰心丧气时，我会给出新的提示，学生思考的过程很难，但是学生建构知识的过程需要独立思考。如果直接告诉他们原理，只是模仿古人的做法做一个复制品，学生不会有太多的收获，也不会理解走马灯的制作原理，获得的只是间接经验。在教学过程中要让学生自己去思考怎样才能使纸杯转动起来，一次次失败，一次次思考后再尝试，经过系统思考和尝试，他们的收获会远远大于复制一个走马灯，创造性思维能力也能得到提升。

在课程实施中，教师的角色也发生了变化，在学生需要时，教师给他们提供帮助，启迪他们的思维，引发他们的讨论。学生之间的合作显得更加重要，他们不断讨论，交流想法。

科学知识的获得过程，是在实践基础上不断试错的过程。我认为课堂上学生的探究过程比结果更加重要。因为探究本身就是一种学习活动，学生在探究的过程中，研究能力和创新精神得到发展。学生经历几次失败后有些气馁，我不断鼓励他们，继续给他们提示。最后他们成功制作出了走马灯，那种喜悦溢于言表。不过转动一会儿，走马灯又不转了，我们分析原因，是因为纸杯转动若干圈后，线扭劲了，这时应该停下来，等待线恢复后再实验。在实验中我们也发现，不需要把纸杯距离火焰太近，一方面距离太近容易把纸杯引燃，另一方面距离太近，气流不稳定，而稳定的气流有利于纸杯稳定转动，纸杯的高度需要学生多次尝试后确定。陶行知先生曾说："中国教育之通病是教用脑的人不用手，不教用手的人用脑。"在本课上，学生通过动手制作活动检验自己对概念的理解程度，有机地将理论与实践结合起来。学生用了很多个纸杯进行实验，看着成堆的"废品"，我想科学的发展过程不就是不断试错的过程吗？

——案例撰写人　聂树新（北京市八一学校）

（四）案例点评

本教学的突出优点是给了学生富有挑战的任务——让纸杯转起来。很多学生知道热空气上升可以形成气流，但如何利用流动的气流来推动纸杯旋转，学生并不是非常清楚。从学生的第一次尝试可以看到，有的学生仅想到有气流流动这一点，有的学生知道进行叶片设计，但因多种原因也没有成功。学生寻找不成功的原因，改进叶片设计以及调整操作并使纸杯转起来。这个过程会让学生体会到要做出一个走马灯，仅知道原理是不够的，产品结构的设计、材料的选择、驱动力的获得、摩擦力问题等都需要考虑。在这个过程中，学生会知道初始的设计往往是不成功的，但在不成功中发现问题、不断改进就有可能获得成功。通过这个过程，学生的工程思维得到了培养。

阅读资料让学生认识到了古人的聪明才智，对学生进行了传统文化的教育。

建议在教学过程中引导学生从能量转化的角度对走马灯原理进行分析，以及提炼技术要点。由于教学时间有限，学生仅探究了如何使纸杯转起来，若想做出一个走马灯还有很多工作要做，建议给学生更多可选择的材料，让他们运用所学知识大胆尝试，做出名副其实的走马灯。

——案例点评人　周玉芝

五、认识防腐剂

(一)教学背景

本课意在通过实验和讨论的形式，让八年级学生对生物学和化学中都涉及的一个重要概念"防腐剂"有一个科学的认识，知道安全浓度范围内的防腐剂是很多食品中必不可少的添加剂，它会抑制食物中有害微生物的生长和繁殖，是食品安全的保障。本课在培养学生科学思维和科学探究能力的同时，为学生学习初高中生物学和化学打下良好的基础，同时培养学生做出理性解释和判断的能力，培养学生的社会责任感。

1. 与课程标准的联系

初中生物：

①说明食品腐败的原因。

②探究食品保存的方法，运用适当的方法保存食品。

初中化学：

①知道某些物质(如一氧化碳、甲醛、黄曲霉素等)对人体健康的影响，认识掌握化学知识能帮助人们提高自我保护意识。

②了解常见的食品添加剂，了解我国使用食品添加剂的有关规定。

高中生物：

①阐明无菌技术是在操作过程中，保持无菌物品与无菌区域不被微生物污染的技术。

②概述稀释涂布平板法和显微镜计数法是测定微生物数量的常用方法。

高中化学：

①知道常见的食品添加剂的组成、性质和作用。

②了解化学在促进人类健康方面的重要作用，感受化学对人类生活的影响，认识化学科学的发展对提高人类生活质量的积极作用，形成科学的生活态度和生活观念。

2. 教学内容分析

本课主要涉及初中化学和生物的重要概念和相关技术，属于化学和生物有机整合的一节综合实践活动课。开篇教师从日常生活中的食品安全问题出发，引出主题"认识防腐剂"。紧接着教师为学生展示一组生活小实验的结果，提出问题：如何设计实验验证防腐剂的抑菌作用。通过分析学生的设计方案，教师指出简单的生活小实验存在的不严谨方面，从而引导学生结合初中学过的微生物的培养知识来设计科学严谨的方案。

在设计实验验证某种防腐剂对某种微生物的抑制作用时，学生以"设计实验检测山梨酸钾能否抑制大肠杆菌的繁殖"为例，进行实验的设计和操作。本实验的原理是含有山梨酸钾的培养基可以抑制大肠杆菌的繁殖。具体的方法有两种：一种是将山梨酸钾和无菌水分别滴在无菌滤纸片上，将无菌滤纸片贴在涂满细菌的培养基表面，最后观察含山梨酸钾的滤纸片周围能否形成抑菌圈；另一种是将山梨酸钾和无菌水分别涂在两个培养基表面，最后观察含山梨酸钾的培养基上长出的菌落是否较少。在操作过程中，学生发现新的问题，通过小组讨论自行解决或求助教师解决，这个过程可加深学生对实验原理的理解。学生操作完成后，教师请完成质量较好的小组将实验方案和操作过程给大家进行展示、汇报交流，并请其他同学帮助发现其实验设计中不严谨的地方。

教师让学生结合实验认识防腐剂的种类和作用，通过提出问题"如果你做了不同浓度防腐剂的抑菌效果检测，在高、低浓度具有同样抑菌效果的前提下，你会选择哪种防腐剂？为什么？"让学生意识到高浓度防腐剂可能存在对人体健康不利的一面，并举出大量实例进行说明。"测定食品中亚硝酸钠的浓度"的实践活动，迁移自高中生物选修一"亚硝酸盐浓度的测定"，涉及目测比色法和光电比色法。光电比色法中涉及数学正比例函数方程的

113

114

应用，对学生的探究能力和科学思维都有较高的要求，如实验中要求学生根据已知浓度的亚硝酸钠标准液对应的吸光度值，在坐标纸上描点绘制标准曲线，然后根据待测亚硝酸钠的吸光度值，直接从坐标纸上读出结果；或者，可以根据几组实测数据列出回归方程，再将待测数据代入方程计算出结果。

上述实验结束后，学生们头脑中对防腐剂的认识会更近一步，即在安全的浓度范围内使用。这时，教师引导学生认识更高层次的概念"食品添加剂"，并介绍其种类和应用。然后过渡到最后一个环节：对食品添加剂的利与弊进行简单的辩论。教师提供两方面（分别对"反方""正方"有利）的食品添加剂拓展阅读资料供学生阅读分析，然后学生展开辩论，最后由教师进行总结。

3. 学情分析

八年级学生具备一定的科学探究能力和微生物培养的相关知识与技能，但是对于其中具体的技术细节还没有学到，这种情况实际上比较符合此课开展的条件和目的。若学生对其中的实验技能已经不存在疑问，则不会有较大的兴趣参与。从实际上课的效果来看，学生对整节课的实践活动表现出了极大的热情。第一个自主探究实验的设计和实施，实际上是对学生初中生物科学探究能力的检验；在测定亚硝酸钠的浓度时，还应用了数学方法，这一点与 STEM 课程的理念是吻合的，对学生的科学探究能力和数学思维的应用能力有很好的促进作用，数学方法的应用对学生的思维有挑战性，是基于具体的情境的有意义的应用，所以对学生的兴趣和思维起着双重调动的作用。最后阶段的辩论，给了学生一个展示学习成果的平台，让学生基于生物学和化学的认识，参与个人与社会事务的讨论，做出理性解释和判断，对"社会责任"方面的学科核心素养养成具有重要意义。

4. 教学方式、 教学手段和技术准备

（1）教学方式

讲授法、实验法、小组合作、自主学习、讨论法等。

（2）教学手段

多媒体（包括 PPT、演示实验），实验指导（学案），前测与后测等。

（3）技术准备

学生实验用具：微生物培养及无菌操作相关实验用具，亚硝酸钠鉴别和测定相关实验用具。

教师演示实验用具：果汁变质实验用具，含有抑菌圈的培养基平板等。

（二）教学设计与实施

1. 教学目标

了解防腐剂的功能及其在生活中的应用。

学会通过实验方法验证防腐剂的功能；学会通过实验方法检测亚硝酸钠含量。

培养基于实验分析得出结论以及提出科学问题的能力。

培养获取信息和基于证据进行解释的能力。

通过辩论活动培养做出理性解释和判断的能力，培养社会责任感。

2. 材料和工具

（1）演示实验所用材料和工具

防腐剂的抑菌作用生活实验：一次性纸杯 2 个，山梨酸钾溶液，鲜榨橘子汁。

（2）学生实验所用材料和工具

验证防腐剂的抑菌作用：75％酒精棉球、已灭菌的固体培养基、酒精灯、火柴、大肠杆菌种液、山梨酸钾溶液、泡在70％酒精中的涂布器、无菌滴管、无菌滤纸片、10～100μL 量程微量移液器及无菌枪头等。

亚硝酸钠浓度的测定：亚硝酸钠标准液、市售鱼酸菜汁、市售火腿罐头榨的汁、腌制不同时期的泡菜汁、亚硝酸钠快速检测试纸、分光光度计、显色液、铅笔和坐标纸等。

3. 重要概念

防腐剂是食品添加剂的一种，防腐剂可以通过抑制细菌生长，延长食品的保质期，减少食品营养的流失。

食品添加剂指食品生产商在生产食品的过程中，在食品中加入的用来改变食品的色泽、气味，或调整食品口感、提高营养及延长保存时间的物质。

4. 教学过程

教学过程见表3-15。

表 3-15　教学过程

环节	教师活动	学生活动	设计意图
引入：设计并分析防腐剂作用的生活小实验	提出问题："你去超市购买食品时最关注什么？"通过对保质期、添加剂的关注引出主题"防腐剂"。 再通过问题："我们是否可以通过实验证明苯甲酸钠具有防腐作用？"考查学生基本的实验设计与探究能力。 展示利用果汁进行的对比实验结果，让学生回答实验是如何设计的，能说明什么问题。 引出防腐剂的概念。	学生思考，凭生活经验作答。 观察教师展示的实验结果，对防腐剂的作用产生直观认识。	通过提问，引发学生思考，引出主题。 让学生观察实验结果，激发学生学习兴趣。
设计实验：验证某种防腐剂对某种微生物的抑制作用	提出问题："老师给大家展示的实验结果是否有不严谨的地方？如何设计更严谨的实验验证防腐剂的作用？" 若要设计实验检测山梨酸钾能否抑制大肠杆菌的繁殖，应该如何设计实验方案？ 列出实验用具，并介绍其用途，提示学生如何设计实验方案，请各组同学展开讨论，制订实验方案。 教师进行答疑解惑。 若实验方案通过，可开始进行实验。教师巡视并进行实验操作的指导。 所有小组的操作完成后，请两个小组说明自己的实验方案，其他小组提出疑问。	学生提出未严格进行对照，无法确定防腐剂抑制了哪些微生物等问题。 听教师说明实验用具的用途。 展开讨论，设计实验方案。 征询教师意见后开始操作。 展示实验方案，接受质疑并解答疑问。	考查学生的基本科学探究能力和科学思维能力。
深入学习：防腐剂的抑菌原理，了解其两面性	展示预期的实验结果（实为教师预实验的结果），介绍防腐剂的抑菌原理。通过问题"如果你做了不同浓度防腐剂的抑菌效果检测，在高、低浓度具有同样抑菌效果的前提下，你会选择哪种防腐剂？为什么？"过渡到下一个环节。 介绍亚硝酸钠超标的严重后果：致癌或急性中毒。 了解添加亚硝酸钠并存在超标风险的食品，如肉类熟食以及腌制食品等。	思考并回答问题。 倾听、提出问题。 做出判断，说出理由。 了解亚硝酸钠超标的危害，对其合理添加形成科学认识。	考查学生对实验结果的分析能力。 考查学生对防腐剂的两面性的了解与认识能力。

环节	教师活动	学生活动	设计意图
实验探究：测定食品中亚硝酸钠的浓度	介绍食品中亚硝酸钠的限量标准，提出问题："怎样才能测出食品中亚硝酸钠的含量呢？" 介绍测定亚硝酸钠含量的方法——比色法及测定原理。指导学生使用比色法测定泡菜等食品中的亚硝酸钠浓度。	思考并回答。 了解实验原理，进行实验操作。	考查学生理解实验原理及动手操作的能力。 考查学生的科学思维与科学探究能力。
讨论：食品添加剂的利与弊	引出食品添加剂的概念，提醒大家警惕食品中的"非法"添加物。 提供给学生拓展阅读资料，资料内容从利与弊两个方面介绍食品添加剂。鼓励同学们展开讨论或辩论，发表自己的看法并给出科学依据。	认真阅读、思考并讨论，积极分享交流自己的观点及这一节课的收获。	对学生进行情感态度价值观的教育。

5. 教学实施

(1)引入：设计并分析防腐剂作用的生活小实验

师：你去超市购买食品时最关注什么？你的父母关心的内容和你一样吗？

生：我们关注是否可口，父母通常关注是否在保质期内，含有哪些食品添加剂。

师：为何父母会关注这两个问题？

生：怕我们吃得不健康。过期的食品可能变质了或有细菌等。添加剂太多可能也对健康不利。

师：你们了解食品添加剂的作用吗？

生：不是特别了解。

师：这里是一些饮料配料表(教师展示饮料配料表)，从表中会看到有名叫苯甲酸钠的添加剂，另外，你还会看到这种饮料的保质期为18个月。饮料能有这么长的保质期，就与苯甲酸钠有关，苯甲酸钠具有防止饮料腐败的作用。今天我们着重研究食品中的防腐剂。请大家思考，我们是否可以通过实验证明苯甲酸钠具有防腐作用？

生：我们可以将食物分成两组，一组添加苯甲酸钠，一组不添加，看看哪一组先变质。

师：很好，大家想到通过设计对比实验来证明。老师这里有两组对比实验，是在三天前做的，一组是两杯鲜榨橘子汁，一杯放入一定量的苯甲酸钠，另一杯没有加入苯甲酸钠；另一组是两杯肉汤，一杯放入一定量的亚硝酸钠，亚硝酸钠也是一种防腐剂，另一杯没有加入亚硝酸钠。三天之后的今天，我们来观察下这两杯果汁和这两杯肉汤有何不同。

学生观察实验结果。（图 3-50）

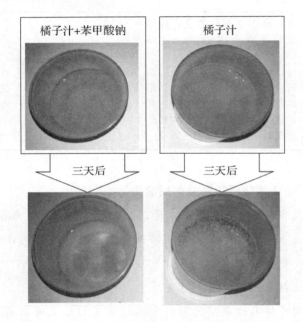

图 3-50　橘子汁中添加苯甲酸钠与不添加苯甲酸钠的对比实验

生：没有加防腐剂的一组果汁长"毛"（霉菌）了，没有加防腐剂的一组肉汤还有臭味！

师：哪位同学给大家解释下，为何会出现这样的结果。

生：防腐剂有抑制细菌和真菌生长繁殖的作用，长出的"毛"是霉菌，肉汤变臭是因为其中有很多细菌。

师：很好，解释得比较准确，我们一起来看看什么是防腐剂，防腐剂具有哪些功能。

防腐剂属于食品添加剂的一种，它可以通过抑制细菌、真菌等微生物的生长繁殖，延长食品的保质期，减少食品营养的流失，减少有害微生物对人体健康的不利影响。

在饮料、醋等液体中常添加的防腐剂为山梨酸钾和苯甲酸钠；在肉食、罐头中常添加的防腐剂为亚硝酸钠。

除此之外防腐剂还有脱氢乙酸钠、丙酸钙、双乙酸钠、乳酸钠，等等。

(2)设计实验：验证某种防腐剂对某种微生物的抑制作用

师：老师给大家展示的实验结果是否有不严谨的地方？如何设计更严谨的实验验证防腐剂的作用？

生：未严格进行对照，没有进行无菌操作，万一添加防腐剂的那组根本就没有微生物进入，就无法说明其作用了，还有就是无法确定防腐剂抑制了哪些微生物。

师：我为大家提供无菌操作设备和必要的实验用具，同学们能否据此设计一个科学严谨的实验，验证防腐剂具有抑制微生物生长繁殖的作用。

教师介绍无菌操作设备的使用方法、原理和抑菌实验操作方法。（图 3-51，图 3-52）

材料用具：
1.酒精灯和消毒棉球（必用）。
2.液体培养的大肠杆菌菌种（必用）。
3.一定浓度的山梨酸钾溶液、无菌水（必用）。
4.微量移液枪（必用）。
5.玻璃涂布器（选用）。
6.无菌滤纸片和镊子（选用）。
7.细菌培养基（固体/液体选用其一）。
8.恒温培养设备（由教师帮助放置）。

超净工作台

图 3-51　在超净工作台进行无菌操作的实例

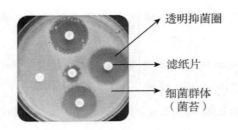

图 3-52　抑菌圈实验法

师：请各小组讨论自己的实验方案，讨论成熟后可请示老师是否可以开始操作，请一组同学展示自己的实验方案，同学们可质疑并提出自己的建议。

学生汇报方案：

方案一：液体培养。

实验组：向含无菌培养基的试管中接种大肠杆菌，加入山梨酸钾溶液。

对照组：向含无菌培养基的试管中接种与实验组等量的大肠杆菌，加入等量无菌水。

方案二：固体培养。

实验组：向含无菌培养基的平板中涂布接种大肠杆菌，然后将蘸取山梨酸钾溶液的纸片贴在培养基表面。

对照组：向含无菌培养基的平板中涂布接种等量大肠杆菌，然后将蘸取等量无菌水溶液的纸片贴在培养基表面。

两个小组介绍自己的实验操作及原理，并对同学的疑问进行力所能及的解答。教师肯定并表扬其正确的操作和对原理的准确解释，同时对学生不太确定的内容再进行答疑解惑。

学生分组进行接种菌种等实验操作。（图 3-53）

（a）向液体培养基中接种大肠杆菌　　（b）向固体培养基中接种大肠杆菌、贴含山梨酸钾溶液的纸片

图 3-53　学生分组进行接种菌种等实验操作

师：由于实验要经过 12～24 小时的培养才能看到最终结果，咱们来看看老师的预实验结果。（图 3-54）

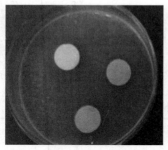

（a）大肠杆菌+5%的山梨酸钾　　　（b）大肠杆菌+0.5%的山梨酸钾

图 3-54　教师做的预实验的结果

师：请同学分析以上实验结果说明了什么。

生：两组培养基纸片周围均有无菌区域，左侧培养基中纸片周围无菌区域比右侧要大，说明山梨酸钾能够抑制大肠杆菌的繁殖，且高浓度山梨酸钾效果较好。

（3）深入学习：防腐剂的抑菌原理，了解其两面性

教师介绍防腐剂的抑菌原理：

①干扰微生物的酶系，抑制酶的活性，使其"代谢紊乱"甚至死亡。

②干扰微生物的繁殖。

③改变细胞膜的通透性，抑制其体内有害代谢产物的排出。

师：如果你做了不同浓度防腐剂的抑菌效果检测，在高、低浓度具有同样抑菌效果的前提下，你会选择哪种防腐剂？为什么？

生：选择较低浓度的防腐剂，因为防腐剂含量太高可能会对人体产生副作用。

师：一些防腐剂如果超标的话，会对人体健康造成危害。例如，亚硝酸钠会和食物中的胺类物质生成亚硝胺（强致癌物）。亚硝酸钠与血红蛋白作用，使其失去携带氧气的功能，从而使组织细胞"窒息"而死。

既然亚硝酸钠有毒性，为何还要在食品中添加呢？原来亚硝酸钠可以抑制肉类食品中肉毒杆菌的生成，所以很多包装类的肉制品（如火腿肠、午餐肉罐头等）都写明添加了亚硝酸钠。

121

亚硝酸钠添加到肉食中，可与肉食中的肌红蛋白反应生成玫瑰色产物，使肉的色泽好看。（图3-55）

图3-55　左侧酱牛肉没有添加亚硝酸钠

（4）实验探究：测定食品中亚硝酸钠的浓度

师：判断食品中含有的亚硝酸钠是否超标，我们可以参考国家制定的亚硝酸钠的限量标准。（表3-16）

表3-16　亚硝酸钠的限量标准

品名	限量标准 mg/kg	品名	限量标准 mg/kg
食盐（精盐）、牛乳粉	2	香肠、香肚、酱腌菜、腊肉	20
鲜肉类、鲜鱼类、粮食	3	肉制品、火腿肠、灌肠类	30
蔬菜	4	其他肉类罐头、其他腌制罐头	50
婴儿配方乳粉、鲜蛋类	5	西式蒸煮、烟熏火腿及罐头、西式火腿罐头	70

师：怎样才能测出食品中亚硝酸钠的含量呢？我们可以用一定的技术手段对其进行定量测定。研究发现，在酸性条件下，亚硝酸钠与特定的显色液反应形成紫红色产物，亚硝酸钠含量越高，紫红色颜色越深。溶液紫红色的颜色深度与亚硝酸钠含量成正比。

生：颜色的深浅都是相对的，我如何知道待测样品的颜色是深还是浅？具体代表多少浓度？

师：你的问题很好！我们可以将显色反应后的样液与一系列已知浓度的标准液（图3-56）或亚硝酸钠标准比色卡进行目测比较，这样就可以估算出样液中亚硝酸钠的含量范围，这种方法称为比色法。

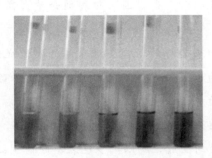

图3-56　已知浓度梯度的亚硝酸钠标准液

师：老师提供同一泡菜在腌制1天、4天、7天、11天的四份泡菜汁制备的显色液。另外，老师还提供了用市售鱼酸菜、午餐肉、精致培根切片制备的显色液，请同学对其含有的亚硝酸钠浓度范围进行测定。

学生进行目测比色的具体操作，并得出结论：腌制4天的泡菜汁亚硝酸钠含量最高。（图3-57）

图3-57 学生进行比色实验测定泡菜汁中亚硝酸钠的含量

师：新鲜蔬菜中富含硝酸盐，泡菜发酵过程的早期，很多微生物能将其中的硝酸盐转化成亚硝酸盐，而中晚期，其中的乳酸菌又可以将一部分亚硝酸盐转化为无害的硝酸盐。因此，泡菜的食用时间非常关键，不能吃腌制"不熟"的泡菜。

师：用被测样品与实验前准备好的标准显色液（或比色卡）进行比对，可得出大致的浓度范围，属于比较粗略的浓度检测方法。人们还研制出了更加精密的仪器来测定样品中亚硝酸钠的含量。这种仪器叫作分光光度计。

分光光度计使用原理：紫红色产物能吸收特定波长的光，且对光的吸收度与紫红色产物的浓度成正比。用分光光度计测紫红色产物溶液的吸光度，可精确求出亚硝酸钠的含量。

具体任务要求：

①每个小组有一组已经显色的待测样品，在教师指导下测定样品吸光度。

②得到样品吸光度之后进行数学处理，找到相应浓度，并与国家标准进行比较。（一系列已知浓度的标准液的吸光度测定结果已经列表呈现在任务单中。）

师：如何利用标准液的吸光度测定结果判断待测样品的亚硝酸钠浓度？

生：（经过思考和讨论后）可以先将标准液测定的吸光度对应的亚硝酸钠浓度在坐标纸上描点，做出回归曲线，然后在曲线上描出待测样品的吸光度值，通过做垂线求得对应的亚硝酸钠的浓度值。

师：思路和操作都很正确，还有没有别的方法？

生：根据老师所给的几组浓度与吸光度的对应数据，求出 $y=ax$ 中 a 的平均值，得出回归方程，然后将待测数据 y 带入，即可求出对应的 x。

师：很好，同学们根据自己所得到的数据做出判断，并与目测结果进行比对，看是否与目测结果接近。（图 3-58）

图 3-58 学生在教师的指导下对样品进行分光光度测定

(5)讨论：食品添加剂的利与弊

师：食品添加剂是食品生产商在生产食品的过程中，在食品中加入的用来改变食品的色泽、气味，或调整食品口感、提高营养及延长保存时间的物质。食品添加剂的使用有利也有弊。我们需要关注添加剂的种类和用量，指导自己安全饮食，理性消费。同时，对含有非法添加剂的食物，如添加致癌物苏丹红的"红心"鸭蛋，坚决说"不"！

师：请同学们阅读关于食品添加剂的利与弊的两篇资料，选择其中一个立场，说出或补充对自己有利的证据，与持不同立场的同学展开讨论。

学生进行关于食品添加剂利与弊的辩论。

【阅读资料】

对"反方"（认为食品添加剂弊大于利）有利的资料

一些食品添加剂本身不作为食品食用，也不一定具有营养价值，甚至是有很大危害。例如，加工腊肠、熟肉制品时，为了颜色好看和防腐，加工者常用大量硝酸钠或亚硝酸钠；在果脯制作中使用二氧化硫或亚硫酸盐脱色。常用的食品色素包括两类：天然色素与人工合成色素。大量的研究报告指出，几乎所有的合成色素都不能向人体提供营养物质，某些合成色素甚至会危害人体健康。

据了解，转化脂肪在加工食品中较多见，这种成分危害人体健康。转化脂肪主要见于面包店松饼、爽脆的饼干、微波炉爆米花和快餐店的油炸薯条等食品中。据最新研究显示，转化脂肪对心脏的危害是饱和脂肪的两倍。

例如，"甜蜜素"的甜味纯正，甜度通常认为是蔗糖的 30 倍，在美国曾成为一种消费量很大的人工甜味剂，是公认的安全物质，这种情况一直持续到 1969 年。这一年美国国家科学院研究委员会收到有关甜蜜素为致癌物的实验证据，其副作用为：对肝脏及神经系统有影响，对代谢排毒能力较弱的老人、孕妇、小孩的危害则更为明显。

再如，面粉中的增白剂过氧化苯甲酰的使用虽有一定的好处，如使外观更好看，卖相好，让面粉的白度稳定，最终能提高面粉的等级和价格。同时过氧化苯甲酰分解后产物苯甲酸，可杀死面粉中的某些微生物，起到一定的杀菌防霉作用，对面粉的保管和储藏有些益处，延长了面粉的保质期。但过氧化苯甲酰能使黄色的胡萝卜素褪色，而且会使维生素 A、维生素 E、维生素 B_1、叶酸遭到破坏，从而降低面粉的营养价值。

更为严重的是过多的过氧化苯甲酰会给人体带来严重的危害，这方面的研究和报道已不是什么新鲜事了，过氧化苯甲酰及其分解物会加重肝脏负担，严重时肝、肾会出现病理变化，对人体健康有潜在的危害；对于肝功能衰竭的人和肝功能损伤患者，因其生物转化机能减弱，解毒能力差，食用含有过量增白剂的面粉显然是不行的。长期食用含有超量增白剂的面粉，即使对于肝功能健全的人，也会造成危害。增白剂的加入，让面粉更白，提高了面粉的等级，给消费者以高品质的错觉，让消费者更容易接受面粉企业的产品，帮助面粉企业卖出了产品，提高了销量，而最终对于消费者的健康却没有丝毫的好处。因此，卫计委等部门正式发布公告，撤销食品添加剂过氧化苯甲酰、过氧化钙，自 2011 年 5 月 1 日起，禁止在面粉中添加这两种物质。

有些食品添加剂若过量对人体也有危害，如柠檬酸、甜菊糖苷、阿斯巴

125

甜、甜蜜素、芬兰白色素、香兰素、乙基麦芽酚、山梨酸钾，只要添加的不过量基本上都没有危害，但过量也有副作用。

D-异抗坏血酸钠（抗氧化剂）的副作用：基本无害，但是过量摄入会导致一系列的肠道与皮肤疾病。

糖精钠（甜味剂）：糖精钠是一种人工合成的甜味剂，又称可溶性糖精，是糖精的钠盐。一般认为糖精钠在体内不被分解，不被利用，大部分随尿排出而不损害肾功能。（果脯中含有大量的糖精钠）副作用：致癌的可能性尚未完全排除。

咖啡因的副作用：大剂量或长期使用会对人体造成损害，特别是它有成瘾性，一旦停用会出现精神委顿、浑身困乏疲软等各种戒断症状。咖啡因不仅作用于大脑皮层，还能直接兴奋延髓，引起阵发性惊厥和骨骼震颤，损害肝、胃、肾等重要内脏器官。

食品添加剂带来的危害如下。

①生育问题——西方国家有不少研究证实，食物添加剂中很多成分（如味精所含的邻苯二甲酸盐）会造成男性精子数量减少，同时也会使女性的卵巢功能受影响，从而影响女性生育能力。

②生活品位需求——食品添加剂的用量和影响都是基于现如今的一些研究来看的。而对科学史有所了解的人都知道，科学总是在不断进步的，而现如今看起来在一定用量内没有影响的食品添加剂也许在未来科学更为发达时我们就会发现食品添加剂的危害。

③对儿童的影响——儿童的免疫系统发育尚不成熟，一旦摄入了超量的化学物质很可能会引起过敏，造成儿童免疫系统发育缓慢的同时还抑制了代谢功能的正常运行。因此，过量的食品添加剂对于儿童的生长发育和身心健康都有负面的影响。我们所有的食品添加剂都是依成年人的标准设计的，儿童很容易就会摄入过量的食品添加剂。

④对于环境的影响——几乎所有的食品添加剂相对来说都比较稳定，在环境中不易分解。我们人类作为食物链的顶端，经过生物放大作用，这些微毒物质在生物体内的含量会随生物的营养级的升高而升高，对人的影响也会一天天的显现出来，同时，这些有毒物质还会对环境内其他生物的生存造成负面影响，对生物多样性也是一个威胁。

随着市场经济的发展，人们生活水平的提高，食品的种类越来越多，食品生产中越来越多地用到了各种类型的食品添加剂，同时食品添加剂超标问题也越来越多，从而发生了许多的食品添加剂安全事件。

对"正方"(认为食品添加剂利大于弊)有利的资料

食品添加剂的益处如下。

①满足了食品工业化生产的需求，提高了生产效率，如乳化剂的使用。

②丰富了食品种类，如生产豆腐用的卤水。

③减少了食品的浪费，防腐剂的诞生就是明证。

④保障了人体健康，营养强化剂就是食品添加剂中的一类，维生素、矿物质的作用都为大家熟知。

禁止使用食品添加剂是没有道理的，食品添加剂在食品加工中具有非常重要的作用，在色、香、味及食品保存、防腐保鲜等方面都具有重要的作用，在食品安全形势不容乐观的今天，禁止使用食品添加剂只是因噎废食，并不是真正地解决问题，改善食品安全问题需要从根本原因出发寻求解决办法，而不是禁用食品添加剂。

食品添加剂大大促进了食品工业的发展，并被誉为现代食品工业的灵魂，这主要是它给食品工业带来许多好处，其主要作用大致如下。

1. 防止食品变质

防腐剂是一种食品添加剂，它可以防止由微生物引起的食品腐败变质，延长食品的保存期，同时还具有防止由微生物污染引起的食物中毒。抗氧化剂则可阻止或推迟食品的氧化变质，以提高食品的稳定性和耐藏性，同时也可防止可能有害的油脂自动氧化物质的形成。此外，还可用来防止食品，特别是水果、蔬菜的酶促褐变与非酶褐变。

2. 改善食品的感官性状

食品的色、香、味、形态和质地等是衡量食品质量的重要指标。适当使用着色剂、护色剂、漂白剂、食用香料以及乳化剂、增稠剂等食品添加剂，可以明显提高食品的感官质量，满足人们的不同需要。

3. 保持或提高食品的营养价值

在食品加工时适当地添加某些属于天然营养范围的食品营养强化剂，可

127

以大大提高食品的营养价值，对防止营养不良和营养缺乏、促进营养平衡、提高人们健康水平具有重要意义。

4. 增加食品的品种和方便性

现在市场有非常多的食品可供消费者选择，尽管这些食品的生产大多通过一定包装及不同加工方法处理，但在生产工程中，一些色、香、味俱全的产品，大都不同程度地添加了着色、增香、调味乃至其他食品添加剂。正是这些众多的食品，尤其是方便食品的供应，给人们的生活和工作带来了极大的方便。

5. 有利于食品加工

在食品加工中使用消泡剂、助滤剂、稳定和凝固剂等，可有利于食品的加工操作。例如，使用葡萄糖酸-δ-内酯作为豆腐凝固剂，可有利于豆腐生产的机械化和自动化。

6. 满足其他特殊需要

食品应尽可能满足人们的不同需求。例如，糖尿病人不能吃糖，则可用无营养甜味剂或低热能甜味剂。

事实上，不使用防腐剂给人们带来的危害更大，这是因为变质的食物往往会引起食物中毒。另外，防腐剂除了能防止食品变质外，还可以杀灭曲霉素菌等产毒微生物，这无疑是有益于人体健康的。我们日常饮食中常见的食盐，就添加了碘，还有我们常吃的花生油，也添加了抗氧化剂，因为如果不添加抗氧化剂的话，花生油就很容易被氧化，从而变质。而花生油一旦变质，所产生的致癌物，对人类健康的影响会远远超出添加抗氧化剂的影响。再如，对于一些铁缺乏患者，医生或者营养师还会建议他们去吃铁强化酱油，对于一些年老体弱的人，也会建议他们去吃一些大豆蛋白强化食品，比如强化蛋白米粉、核桃粉等。可见，食品添加剂在人们的生活和食品工业里的贡献还是很大的，可以说没有它就没有现代的食品工业。

按照国家相关标准规定使用食品添加剂是合法的、安全的、没有危害的。

(三)教学反思

这节课是在 STEM 教育理念的指导下，根据学生的前概念和认知特点，在一定的生物学基础上设计的针对八年级优秀学生的较为综合的一节课。课程内容主要围绕生物学和化学中都涉及的一个重要概念"防腐剂"展开。本教学对学生的科学思维和科学探究能力进行考查和培养的同时，也有意识地培养学生做出理性解释和判断的能力，培养学生的社会责任感。这节课的设计和完成需要生物教师和化学教师一起进行，并且还需要实验教师进行繁杂的实验准备，也需要授课教师前期进行预实验的探究和试验，还需要提前培训一些同学，以及请一部分同学将本课所需的实验材料通过其他实验准备出来。总之，准备这节课需要的工作量是非常大的，也是初中阶段与生物相关的综合课中思维力度较大的一节课。我们在课后让学生填写了后测问卷，同样的，这节课也需要我们授课教师进行认真反思。

本课由两个课时连在一起完成，整个教学环节设计紧凑，能够不断激发学生兴趣，调动其思维。本课涉及的教学内容从生活实践出发，结合一定的生物学和化学知识，要求的探究能力和思维力度都有适当拔高，所以比较适合八年级实验班的学生。这节课的主线是对防腐剂的认识，通过设计生活小实验、严谨的微生物培养实验、物质定量测定实验将教学内容在一个主题下有机地整合在一起。

第一课时的主要任务是设计实验验证防腐剂的抑菌作用。通过对生活小实验进行"挑刺儿"，学生利用初中学过的微生物的培养知识，设计更加科学严谨的方案去验证防腐剂的作用。有关微生物培养的理论出现在初中生物教材上，但是真实操作其实是在高中阶段才有，所以具体操作及原理需要教师进行一定的铺垫。在生活小实验的基础上，学生把握了此实验的核心"验证防腐剂的抑菌作用"，所以，在自己思考、小组讨论和教师的提示下，还是有很多同学能够很快将"知识"转化为"生产力"，突破微生物培养及其在此基础上验证防腐剂的抑菌作用的实验设计和操作的难点。尤其是当他们自己通过思考将原理解释清楚之后，脸上洋溢着一种"成就感"时，你会感觉到这节课在培养科学思维方面是有很大价值的。操作完成后的小组汇报交流环节，为学生提供了锻炼与展现的平台。

第二课时的主要任务是定量测定食品中亚硝酸钠的浓度。在这一环节中，最精彩的部分当属利用光电比色法定量测定亚硝酸钠浓度时涉及的数学正比例函数方程的应用，这一点与 STEM 课程的理念是吻合的，对学生的科学探究能力和数学思维的应用能力有很好的锻炼效果。在最后的总结阶段，其实是由学生通过阅读拓展资料，并结合本课时所做实验和所学相关理论知识，进行的自我教育。学生通过讨论和辩论，展示学习成果，对食品添加剂的使用形成较为全面、客观的认识。学生能够基于对生物学和化学的重要概念的理解，做出理性解释和判断，指导社会实践，对"社会责任"方面的学科核心素养养成具有积极意义。

虽然教师备课很充分，但上课的过程有些环节还是显得"磕磕绊绊"。究其原因，一是由于教的不是自己的学生，教师对学生的认知水平了解得不够透彻；二是这节课没有磨合的机会，没有经过多次的教学试验；三是学生对上课内容不够熟悉，或者说基础不够。确实，在实验操作方面，两大环节都是高中阶段才会涉及的，虽然原理较为简单，但是动手操作较难。例如，"无菌操作"说着容易，但是操作起来很难，如擦拭双手、在酒精灯火焰附近操作、使用无菌"枪头"、对照使用"无菌水"等很多环节是初中学生无法兼顾的。所以，有些环节的设计，还需再认真商榷，授课对象已经是年级优秀生了，所以，操作难度设计需要有一定梯度，要兼顾多数同学，不然，教学进程会受到很大的影响。

从学生反馈的后测问卷来看，此课的开展具有积极意义，收效是正向的。尤其是从"经过本节课的学习，你对哪些内容还有困惑?"和"经过本节课的学习，你对哪些内容有新的学习兴趣或想要更深入的了解?"这两个问题来看，多数学生表达出了进一步学习关于微生物培养等科学知识并将其应用于解决实际问题的意愿，还有就是希望多开展这样丰富多彩的"实验课"(其实是STEM 课的尝试)。通过这节课的学习，学生对防腐剂有了明确的认识，尤其是对非法食品添加剂比较警醒，社会责任心显著提升。如这个问题"如果你是食品生产加工商，在加入食品添加剂时，你会注意什么?"在前测问卷中，多数学生只是回答注意合理用量，在后测问卷中，很多学生提到一定要查明添加剂是否为非法，并且合法的也要注意用量，不能一味追求延长保质期或追求色香味而忽略超标的副作用。另外，"购买食品时更多关注包装袋上的哪些信息?"在前测问卷中更多是保质期，后测问卷中，学生提出会对食品添加剂的种类更加敏感，并提出会有意识地向家人和朋友宣传食品添加剂的有关知识。

——案例撰写人　卢晓华（北京师范大学附属中学）

祝赫赫（北京市第四十三中学）

（四）案例点评

"认识防腐剂"是生物和化学两位学科教师共同设计、共同实施的一节研究课。研读生物和化学课程标准可以发现，相关内容在两个学科都有所涉及和要求。但通常化学教师和生物教师各自教各自的。初中生物教学通常引导学生认识事物腐败是由于微生物的大量繁殖造成的，通过对比实验引导学生发现高温加热杀菌和密闭保存可以防止食物腐败。初中或高中化学教学给学生介绍食品添加剂知识时，通常是通过图片、食品包装信息等资料为学生介绍防腐剂的作用。学生活动以阅读和讨论为主。

本课程所设计的认识防腐剂教学既通过实验让学生认识了微生物是食物腐败的原因，又进一步让学生通过实验来发现防腐剂所起的作用，改变了化学以往在防腐剂教学中的单一方式，能够激发学生的学习兴趣；该教学还促进了学生对微生物知识的理解和运用，同时培养了学生设计实验方案、获取证据等科学探究能力。

目前，人们的生活节奏变快，购买加工食品、熟食、包装食品等是经常的事情，这些食品中都会与食品添加剂相关联，其中的防腐剂也是多数加工食品中会含有的食品添加剂。如何科学地认识防腐剂，认识防腐剂的作用、防腐剂的品种、防腐剂的使用等会使学生具有健康生活的常识，具备恰当决策的科学基础。

本教学让学生认识到了生物和化学学科知识学习的价值，认识到了生物实验技术和化学检测技术的重要性，学习了如何应用所学的生物、化学、数学等学科知识来分析问题和处理问题。在实验和科学论证的基础上，他们能够发现防腐剂在抑制微生物繁殖、防止食品腐败方面所具有的超强本领，认识防腐剂在我们现代生活中的价值，另一方面也能认识部分防腐剂对人体健康的不良作用，形成辩证、综合分析问题的视角。

131

本教学是生物学科教师和化学学科教师共同研发课程、共同实施教学的成功尝试。我们常说要让学生面对真实的问题，研究真实问题又不可避免地会面临多学科问题，但通常情况是生物教师引导学生从生物视角分析问题，化学教师引导学生从化学视角研究问题，因为学科教师不敢面对自己不熟悉的领域，怕给学生讲错。不同学科教师的通力合作可以避免学科教师在跨学科方面的知识与能力缺陷，取得"1+1＞2"的教学效果。

——案例点评人　周玉芝

六、小舌尖，大学问

（一）教学背景

1. 教学内容分析

本教学旨在帮助学生在真实的生活情境和任务中加深对人体所需重要营养素的认识，了解营养素与人体健康的关系，能够识别营养素的食物来源，树立合理健康饮食的观念。通过本课的学习，学生能够提升分析问题和解决问题的能力，以及团队合作、信息获取、表达交流等能力。教学内容涉及化学、生物等学科的内容，教育内容与课程标准的联系如下。

初中化学：

①知道蛋白质、糖类、油脂、维生素、无机盐和水六大基本营养素。

②了解蛋白质、糖类、油脂、维生素与人体健康的关系。

③了解上述物质对人的生命活动的重要意义及合理安排饮食的重要性。

④初步学习从定量的角度评价事物。

⑤能在教师的指导下或通过讨论，对所获得的事实与证据进行归纳，得出合理的结论。

⑥初步学习通过比较、分类、归纳、概括等方法逐步建立知识之间的联系。

高中化学：

①认识食品中对人类健康有重要意义的常见有机物，如糖类、油脂、蛋白质等。

②认识人体必需的维生素的主要来源和摄入途径，以及维生素在人体中的作用。

初中生物：

知道人体需要的主要营养物质及作用，识别营养物质的食物来源。

2. 学习者特征分析

学生为北京理工大学附属中学的八年级学生，他们已经在七年级的生物课中初步了解了蛋白质、糖类、油脂、维生素、无机盐、水这些人类重要的营养素及各营养素的作用，学生已经初步具备均衡饮食的意识。

虽然学生已初步掌握了与营养素相关的知识，但还不能自觉地在生活中应用相关知识思考问题。例如，用餐时不考虑营养搭配，只选择自己喜爱的食品；零食多以饼干、面包、膨化食品等为主，不能兼顾营养与美味。这些问题对于身心正在迅速发展的青少年来说至关重要，对他们今后的生活方式、生活质量同样起着不可忽视的作用，同时他们又可以用正确的知识和观念影响周围几代人。

八年级学生已经具有了一定的生活经验和科学知识基础，动手能力和合作能力也在学习和生活中逐渐增强。八年级开始，随着年龄的增长，他们的好奇心、探究欲和学习能力都开始增强，学习兴趣在学习动力中所占比重较大。这个年纪的学生处在青春期，容易叛逆，有些知识仅靠讲解不足以让他们信服，通过动手实验、亲身体验来获得知识、纠正误区会让学生更容易接受。

（二）教学计划

教学计划见表 3-17。

表 3-17　教学计划

小舌尖，大学问			
教学内容	认识常见营养物质	我是小小营养师	我是小小美食家	科技阅读
课时	1	1	1	课后自主学习

（三）教学设计与实施

第 1 课时　认识常见营养物质

1. 教学目标

知道蛋白质、糖类、油脂、维生素、无机盐和水六大基本营养素。

了解蛋白质、糖类、油脂、维生素、无机盐、水的来源及其对人的生命

133

活动的重要意义。

学会从定性的角度进行食物搭配和评价。

2. 材料和工具

鸡、鱼、虾、牛肉、鸡蛋、牛奶、奶酪、豆腐、馒头、米饭、面条、玉米、蔗糖、花生油、黄油、蔬菜、水果、水、可乐、相关资料、大板纸、记号笔。

3. 重要概念

营养素包含蛋白质、糖类、油脂、维生素、无机盐和水六种物质。

4. 教学过程

教学过程见表 3-18。

表 3-18　教学过程

环节	教师活动	学生活动	设计意图
创设情境，引入课题	播放各种美食图片，引导学生思考怎样吃才合理？怎样吃才健康呢？	观看、思考。	从学生熟悉的吃饭入手，用学生感兴趣的问题引入，激发学生的学习兴趣。
食物分类，学习新知	给出常见食物的名称，引导学生从营养素角度对这些食物进行分类。让学生进行小组讨论、分类记录、交流展示、互相补充纠正。最后，教师总结归纳。	阅读资料《人类重要的营养物质》，小组讨论，分析记录，交流补充。	学生通过阅读资料，学习六种营养素的知识，了解六种营养素与人体健康的关系，并通过给食物分类，识别营养素的食物来源。通过展示交流进一步明确营养素的食物来源，为下一步培养"合理膳食"意识做铺垫。
分析饮食，应用新知	展示不良饮食的图片，引导学生分析：1. 他们的饮食健康吗？为什么？2. 结合阅读材料分析，长期这样的饮食会引起什么样的健康问题？	阅读材料，讨论分析，交流分享。	通过展示生活中真实存在的不良饮食习惯及后果，让学生体会如何从定性角度选择和评价食物，并初步意识到合理膳食的重要性，为自己的不良饮食习惯敲响警钟。
总结提升	以问题的形式引导学生总结本节课所学的内容，并指导学生合理饮食。	回顾知识，各抒己见后师生共同总结。	教师在本环节中稍加引导之后，主要充当倾听者，让学生在本环节可以通过前面的学习、分析、感悟，对自己和他人的饮食习惯进行正确的评价。

5. 教学实施

(1)创设情境，引入课题

播放各种美食的图片(图 3-59)，从学生喜爱的美食入手，引导学生思考怎样吃才合理，怎样吃才健康。

图 3-59 美食图片

用学生感兴趣的问题引入，激发学生的学习兴趣。

(2)食物分类，学习新知

①回顾已知，引导学生回顾食物能为人体提供的营养素。

师：我们的食物种类十分丰富，肉、蛋、奶、五谷杂粮、蔬菜水果。这些种类繁多的食物能为我们提供哪些营养呢？

生：糖类、油脂、蛋白质、维生素、无机盐、水。(如有遗忘，可以让学生通过阅读资料获取。)

②布置任务。

展示常见食物，请同学们根据阅读资料《人类重要的营养物质》，将这些食物按照为人类提供的主要营养素进行分类。

学生阅读资料《人类重要的营养物质》，讨论分析，给食物分类，并将分类情况记录在大板纸上。分类完成之后举手示意，完成的小组展示成果，其他小组进行补充。

在小组展示过程中，教师适时引导学生解决以下问题。

①六种营养素分别由哪些食物提供？

②六种营养素中能提供能量的有哪几种？

③一种食物只能提供一种营养素吗？

学生在理解上述问题的基础上，总结各种营养素与人体的关系。

糖类——主要供能物质。

135

油脂——备用能源。

蛋白质——构成细胞的基本物质，机体生长、修补受损组织的主要原料。

维生素——调节新陈代谢，预防疾病，维持身体健康。

无机盐——构成人体组织的重要材料或调节新陈代谢。

水——人体细胞的主要成分（占体重的 60%～70%），溶解并运输各种营养和废物。

（3）分析饮食，应用新知

展示不良饮食的图片，引导学生讨论分析如下问题。

①他们的饮食健康吗？为什么？

②结合阅读材料分析，长期这样的饮食会引起什么样的健康问题？

学生以小组为单位利用所学知识，讨论分析、展示分享，其他小组进行补充。

学生在前两个环节中已经对营养素的相关知识有所了解，也清楚了要想合理饮食应该让食物的种类多样化，使摄入的营养素更全面。本环节可以让学生应用所学知识分析解决问题，同时巩固所学。

（4）总结提升

引导学生关注周围人的饮食是否健康，引导学生总结要想健康饮食我们应该如何做。

健康饮食关系到人们的身体健康，此环节的设计目的是希望学生能利用所学的知识选择搭配合理的饮食，指导健康生活。

【学生活动单】

认识常见营养素

材料：

• 鸡、鱼、虾、牛肉、鸡蛋、牛奶、奶酪、豆腐、馒头、米饭、面条、玉米、蔗糖、花生油、黄油、蔬菜、水果、水、可乐。

试一试：

• 请将以上食物按照为人类提供的主要营养素进行分类，将分类结果记录在表格中。（表 3-19）

表 3-19　食品分类记录表

食品分类	主要提供的营养素

针对教师提供的图片信息，小组讨论以下问题。

1. 他们的饮食健康吗？为什么？结合阅读材料分析，长期这样的饮食会引起什么样的健康问题？

2. 你和你周围人的饮食健康吗？要想健康饮食，我们该如何做？

【阅读材料】

人类重要的营养物质

人类为了维持生命活动和健康，必须摄取食物。粮食、蔬菜、水果、肉类、豆制品等食物是我们日常营养的主要来源。各种食物看似千差万别，但从营养的角度看，其基本成分有六种，分别是蛋白质、糖类、油脂、维生素、无机盐、水，它们通常被称为六大营养元素。

蛋白质是构成细胞的基本物质，是机体生长及修补受损组织的主要原料。成年人每天需摄取 60～70 g，处于生长发育期的青少年则需要量更大。动物肌肉、皮肤、毛发、蹄、角以及蛋清等的主要成分都是蛋白质，许多植物(如大豆、花生)的种子里也含有丰富的蛋白质。肉、蛋、禽、奶、豆制品都能为我们提供丰富的蛋白质。人体通过食物获得的蛋白质，在胃肠道里与水发生反应，生成氨基酸。一部分氨基酸再重新组成人体所需要的各种蛋白质，维持人体的生长发育和组织更新；另一部分氨基酸可被氧化，生成尿素、二氧

137

化碳和水等排出体外，同时放出能量供人体活动的需要。

糖类是人类食物的重要成分，主要包括没甜味的淀粉和有甜味的麦芽糖、蔗糖、葡萄糖、果糖等。人类主食的主要成分是淀粉，淀粉主要存在于植物种子或块茎中，如稻、麦、玉米、马铃薯等。淀粉在人体内经酶的催化作用，与水发生一系列反应，最终变成葡萄糖。一部分的葡萄糖在人体内经过缓慢氧化转变为二氧化碳和水，同时放出能量，供机体活动和维持恒定体温的需要。在人类食物供给的总能量中，有 $60\%\sim70\%$ 来自糖类。另一部分葡萄糖被肝脏、肌肉等组织合成糖原而储存起来。当血液中葡萄糖低于正常值时，肝脏中的肝糖原可以转化变成葡萄糖，并补充到血液里，以维持血糖浓度的相对稳定。

油脂是重要的营养物质。常见的油脂有花生油、豆油、菜籽油、牛油、奶油等。常温下，植物油脂呈液态，称为油；动物油脂呈固态，称为脂肪，二者合称油脂。通常，人每天需要摄入 $50\sim60\,\mathrm{g}$ 油脂，它能为人体的活动和维持恒定的体温提供 $20\%\sim25\%$ 的能量。一般成人体内储存约占人体质量 $10\%\sim20\%$ 的脂肪，它是维持生命活动的备用能源。当人进食量小、摄入食物的能量不足以支持机体消耗的能量时，就要消耗自身的脂肪来满足机体的需要，此时人就会消瘦。而当人体摄入过多的油脂后，容易引起肥胖、高血脂、高血压，也可能会诱发乳腺癌、肠癌等恶性肿瘤。因此在饮食中要注意控制油脂的摄入量。

维生素有 20 多种，它们多数在人体内不能合成，需要从食物中摄取。维生素在人体内需要量很小，但它们可以起到调节新陈代谢、预防疾病、维持身体健康的重要作用。蔬菜、水果、种子食物、动物肝脏等是人体获取维生素的主要来源。缺乏某种维生素会使人患病，如缺乏维生素 A，会引起夜盲症；缺乏维生素 C，会引起维生素 C 缺乏病。维生素 A 存在于鱼肝油、鸡蛋、深绿色或红黄色的蔬菜、水果中，如胡萝卜、红心红薯、杧果、辣椒和柿子等；维生素 C 广泛存在于新鲜的水果和绿色蔬菜中，如山楂、鲜枣、橘子、柠檬、辣椒、西红柿、豆角、白菜等。

无机盐是人体中的重要物质。人体中有 50 多种元素，大部分元素以无机盐的形式存在于水溶液中。它们有些是构成人体组织的重要材料；有些能够调节人体的新陈代谢，促进身体健康。人体中的无机盐主要是靠食物摄入的。

无机盐中的元素种类、主要食物来源、对人体的作用及对人体健康的影响见表 3-20。

表 3-20　无机盐中的元素种类、主要食物来源、对人体的作用及对人体健康的影响

无机盐中的元素种类	主要食物来源	对人体的作用	摄入过多、过少对人体健康的影响
钙	奶类、绿色蔬菜、水产品、肉类、豆类	是骨骼和牙齿的重要成分	老年人缺钙会引发骨质疏松；幼儿及青少年缺钙会得佝偻病
铁	肝脏、瘦肉、蛋、鱼、豆类、芹菜	是血红蛋白的成分，能帮助细胞运输氧气	缺铁会引起贫血
锌	海产品、瘦肉、肝脏、奶类、豆类、小米	影响人体发育	缺锌会引起食欲不振，生长迟缓，发育不良
碘	海产品、加碘盐	是甲状腺激素的重要成分	缺碘会引起甲状腺肿大，幼儿缺碘会影响生长发育，造成思维迟钝。过量也会引起甲状腺肿大
钠	食用盐、味精、鸡精等	维持人体体液、细胞液等的浓度平衡	

　　水是人体的重要组成成分，是人体中含量最多的一种物质，约占人体体重的三分之二。人体每天要补充 2.5～4 L 水。水是一种很好的溶剂。食物中许多营养物质如糖、盐等要溶于水才能被吸收。水溶液把氧气和营养物质运送到组织细胞，又把代谢废物和有毒物质运送到肾脏、大肠、皮肤和肺部，通过粪便、汗液和呼气等排出体外。水还是一种必不可少的反应物。例如，淀粉只有通过水解反应，才能成为葡萄糖被机体所利用。此外，水在人体内还起着调节体温的作用。夏天或发烧时，人体靠出汗来降低体温，带走热量。

　　除了六大营养素之外，人类在饮食中还必须摄入另外一类十分重要的物质——纤维素。人体中没有纤维素酶，因此纤维素不能作为人类的营养物质。但是，为了有助于食物的消化和排泄，我们必须摄入一定量的纤维素。粗粮和蔬菜中都含有一定量的纤维素。

第 2 课时　我是小小营养师

1. 教学目标

认识膳食金字塔及合理安排饮食的重要性。

学会从定性和定量的角度进行食物搭配和评价。

2. 材料和工具

膳食金字塔文字资料、膳食金字塔实物、食物(标有质量)展台、常见食物的部分营养成分表、食物图片、大板纸、记号笔。

3. 重要概念

营养均衡的饮食是指营养素全面、搭配合理的饮食。

4. 教学过程

教学过程见表 3-21。

表 3-21　教学过程

环节	教师活动	学生活动	设计意图
创设情境，引入课题	播放各种食物的图片，让学生选择食物搭配一顿自己喜欢的午餐，然后引导学生思考如何选择才能搭配合理、营养均衡。	观看、思考、回答。	以学生自己的一餐为切入点，激发学生的学习热情，为引导学生从定量角度对食物进行选择、搭配做好铺垫。
学习膳食金字塔	投影并展示膳食金字塔图片，对照自制的实物膳食金字塔展示、讲解每天的各种食物的摄取量。	观察、倾听、理解。	通过数据和实物的展示及讲解让学生对人体每天所需的食物种类和质量有真实、直观的感受。
设计食谱，深入理解	展示八宝粥营养成分表，引导学生分析小张同学仅以一罐八宝粥作为早餐，营养是否全面、均衡。在小组展示过程中引导学生关注标签中的营养素参考值及其含义，指导学生有营养成分表的食物可以参考营养素参考值进行选择。各小组根据阅读资料帮助小张同学设计一天三餐的食谱。	小组交流、讨论、分享。感受选择、评价食物的角度。在此基础上，小组讨论、计算、设计一日食谱方案，分组展示、交流，体会如何定量进行合理饮食。	通过真实的案例让学生知道合理选择食物的角度和方法。提供食物及质量展台，给出各种食物的质量，增强学生对食物的质量的直观感受，帮助学生学习体会如何从定量角度选择食物。指导学生在生活中合理选择食物。

环节	教师活动	学生活动	设计意图
重识"垃圾食品"	展示薯片和可乐，以及食物标签，引导学生分析用薯片和可乐代替午餐，营养是否均衡？为什么？长期食用这样的午餐会有什么不良后果？ 小组讨论后，实物展示薯片中油的量，可乐中糖的量。然后引导学生反思是否不能吃薯片，喝可乐了？要怎样吃才能既满足了我们对美食的需求，又不会对身体健康造成不好的影响？	学生讨论、交流、感受、反思，对合理饮食有更深理解。	通过真实的感受让学生体会"垃圾食品"是因为营养的不均衡。指导学生正确认识和选择食物；指导学生建立健康合理的饮食习惯。

5. 教学实施

(1)创设情境，引入课题

播放各种食物的图片，让学生选择食物搭配一顿自己喜欢的午餐，并说明这样选择食物的理由，教师对学生搭配的午餐进行简单评价。然后，引导学生思考如何选择食物才能搭配营养均衡的午餐。

学生选择午餐多以自己的喜好为主，多数学生不考虑营养搭配，为下面的新知识学习做好了铺垫。

(2)学习膳食金字塔

展示膳食金字塔图片(图 3-60)，对照自制实物金字塔讲解每人每天摄入的各种食物的量，让学生对每日摄入的食物种类和质量有具体感受。

油25~30 g
盐6 g

奶类及奶制品300 g
大豆类及坚果30~50 g

畜禽肉类50~70 g
鱼虾类50~100 g
蛋类25~50 g

蔬菜类300~500 g
水果类200~400 g

谷类薯类及杂豆
250~400 g
水1200 mL

图 3-60　膳食金字塔(右图为教师自制的直观模型教具)

142

教材中膳食金字塔以图片形式呈现，学生对食物质量停留在文字和数字层面，没有直观体验，不利于指导他们在生活中应用。教师将图片变为实物，能让学生对食物种类和质量有具体、真实的体验，能让他们更好地将所学知识应用于生活。

（3）设计食谱，深入理解

①饮食案例评价。

展示八宝粥及其营养成分表。（图 3-61）提出问题："小张同学仅以一罐八宝粥作为早餐，营养是否全面、均衡?"在小组展示过程中引导学生关注营养成分表中的营养素参考值及其含义，指导学生有营养成分表的食物可以参考营养素参考值来选择和评价，通过交流分析让学生对营养均衡有初步了解。

图 3-61 八宝粥的营养成分表

②设计一日食谱。

布置任务：请各小组根据阅读资料帮助小张同学设计一天三餐的食谱。要求营养全面、配比均衡。

（提示：教室前面有食物质量的实物展台可供同学们参考。）

小组学生分工合作、讨论计算、设计方案。设计完毕的小组展示作品、交流分享。最后总结出营养均衡的饮食是指营养素全面、搭配合理的饮食。本环节的设计使学生在食谱设计中理解营养均衡这一观念。

（4）重识"垃圾食品"

展示薯片和可乐，以及营养成分表。（图 3-62）提出问题：仅以薯片和可乐代替午餐，营养均衡吗？为什么？长期食用这样的午餐会有什么不良后果？

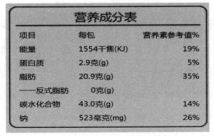
(a)薯片营养成分展示

(b)可乐营养成分展示

图 3-62 薯片和可乐的营养成分表

小组讨论后，教师展示一包薯片中油的含量，一瓶可乐中糖的含量来引发学生的思考，从而深刻理解"垃圾食品"不是真的"垃圾"，而是提供的营养素很不全面，营养不均衡。然后引导学生对如何食用"垃圾食品"进行反思。

师：薯片和可乐，很多人都喜欢。难道，因为营养不够均衡，我们以后都不能吃薯片，喝可乐了吗？

生：不是。

师：要怎样吃才能既满足我们对美食的需求，又不会对身体健康造成不良影响呢？

生：要少吃。

生：和蔬菜水果搭配着吃。

通过本节课的学习，学生能体会到享受美食时，还要考虑美食提供的营养素是否全面，考虑搭配是否合理。遇到自己喜欢，但营养搭配不好的食物，可以通过控制摄入的量和补充其他营养素让饮食健康、合理。

143

【阅读材料】

合理安排一日三餐

人类生长发育，维持生命与健康，从事各种工作和活动是需要能量的，如心脏跳动、呼吸、思考、维持体温、摄入食物、劳动等都需要消耗能量，这些能量来自我们每天吃的食物的代谢。另外我们每天的头发、指甲的生长，皮肤和肠壁的新陈代谢等，都需要营养物质，这些营养物质也都来自我们每天摄入的食物。任何生命活动都需要食物，没有食物供应，就没有生命的延续，就没有健康。

一个正常人一天摄取的总热量约 2000 kcal(约 8400 kJ)，青少年和运动多的人可适当增加。为了维持正常的生命活动，我们要尽量保证一日三餐营养均衡，能量充足。一日三餐的能量摄入比例约为 30%、40%、30%。就是人们常说的"早餐要吃好，午餐要吃饱，晚餐要吃少"。

早餐：要在营养全面的基础上，选择热能高的食物，如牛奶、鸡蛋、果酱、馒头、米饭、豆包、面包和肉类食品等，这些食物可以提供足够的热能保证人们上午的活动。

午餐：既要补充上午的能量消耗，又要为下午的消耗储备能量。因此，要有丰富的蛋白质和脂肪，并有一定的蔬菜。

晚餐：要做到吃得适量，吃得好，保证足够的热量和适量的蛋白质、脂肪和一定量的蔬菜。但不要吃得太饱太晚，以免引起消化不良，影响睡眠。

常见食物的部分营养成分见表 3-22。

表 3-22　常见食物的部分营养成分表

食物类别	食物名称	能量/kJ	蛋白质/g	脂肪/g	糖类/g
主食	馒头	221	7	1.1	45.7
	米饭	116	2.6	0.3	25.6
	大米粥	46	1.1	0.3	9.9
	面包	312	8.3	5.1	58.1
	油饼	399	7.9	22.9	42.4

食物类别	食物名称	能量/kJ	蛋白质/g	脂肪/g	糖类/g
豆制品	豆腐	339	8.1	3.7	3.8
	豆浆	14	1.8	0.7	1.1
肉类	猪肉	1654	13.2	37	2.4
	牛肉	795	18.1	13.4	0
	鸡肉	699	19.3	9.4	1.3
蛋类	鸡蛋	653	12.8	11.1	1.3
海产品	带鱼	531	17.7	4.9	3.1
	鲫鱼	452	17.1	2.7	3.8
	虾	87	16.4	2.4	2.2
奶类	牛奶	226	3.0	3.2	3.4
	酸奶	72	2.5	2.7	9.3
	奶酪	328	25.7	23.5	3.5
蔬菜	黄瓜	63	0.8	0.2	2.9
	番茄	79	0.9	0.2	4
	菠菜	100	2.6	0.3	2.8
	土豆	318	2	0.2	16.5
水果	西瓜	25	0.6	0.1	5.8
	香蕉	91	1.4	0.2	22
	桃	48	0.9	0.1	10.9
	苹果	52	0.2	0.2	12.3

注：表中为每 100 g 食物所含成分，500 g 为 1 斤。

第 3 课时　我是小小美食家

1. 教学目标

制作营养均衡的美食——粥。

深入认识和体会选择和评价食物的标准，体会膳食平衡的实际意义。

2. 材料和工具

白粥、学生设计所需的其他食材、海报、阅读材料。

145

3. 重要概念

营养均衡的饮食是指营养素全面、搭配合理的饮食。

4. 教学过程

教学过程见表 3-23。

表 3-23　教学过程

环节	教师活动	学生活动	设计意图
课前准备	让每组提前设计一款他们喜欢的粥，并制作宣传海报介绍本组粥品的特点。	自行查阅相关资料，请教家长，练习制作本组设计的粥品。	锻炼学生自学能力、获取资料分析并合理使用资料的能力。培养学生动手能力及分工合作的意识。
制作粥品，品尝评比	让各小组分工合作制作粥。同学们品尝的同时，各组代表介绍本组粥品。之后，投票评选出"粥王"。通过分享"粥王"当选的原因和两个小组都选择制作"皮蛋瘦肉粥"的原因，总结出选择和评价食物的角度。	各组同学积极参与，分工合作，制作美味粥品。品尝、评价各组粥品，选出"粥王"，交流总结。	锻炼学生的动手能力、合作能力。让学生进一步明确选择和评价食物的角度。
正确理解营养均衡	以问题引导学生反思：粥品食材只有一种，是不是这种粥就不好。教师随后解答同学们的疑惑，总结提升。	学生反思，通过交流碰撞，正确理解"营养均衡"的意义。	利用食物提供营养少引发学生思维冲突，从而纠正学生对营养均衡的理解误区，使学生正确认识营养均衡的概念。

5. 教学实施

（1）课前准备

课前布置任务：每组设计一款喜欢的粥并制作关于粥品的宣传海报。学生可自行查阅资料，请教家长，并学习制作。（图 3-63）

本环节深受学生喜爱，学生参与度高，兴趣十足。

（2）制作粥品，品尝评比

介绍粥文化后布置任务：制作喜欢的粥品。提醒学生注意不要被烫伤。

组织学生领取材料，煮粥、分粥、品尝。各组代表介绍本组粥品后各组投票选出"粥王"。

引导学生分析回答下列问题：

①"粥王"组的粥受欢迎的理由是什么？

②两个小组不约而同地选择制作"皮蛋瘦肉粥"的原因是什么？

③各组的粥品海报中，有几组都提到了食材的质量或比例，原因是什么？

师生共同总结评价和选择食物的角度：色、香、味——感官；营养素——定性；营养均衡——定量。

图 3-63　学生制作的粥品海报

（3）正确理解营养均衡

提出问题：有的小组的粥品食材只有一种，是不是这种粥就不好？

利用问题，引发学生质疑，再引导学生交流讨论，阐述观点，最后总结观点。

师：营养均衡不是必须保证每种食物或每顿饭都要均衡。我们也不会一顿饭只喝一碗粥，还会搭配其他食物，以保证摄入的营养全面、均衡。即使一顿饭做不到，可以是一天、一周里搭配合理，营养全面。

此环节利用和课堂所学相悖的问题引发学生的思维冲突，从而让学生对"营养均衡"有更全面的认识，对学生全面认识事物和指导今后的健康生活有重要意义。

课后自主学习　科技阅读

1. 教学目标

拓展营养素与科技史知识。

培养科技阅读能力。

培养信息的获取与分析能力。

培养审辨思维。

147

2. 阅读材料

(1)阅读材料一

"第七类营养素"——膳食纤维

膳食纤维既不能被胃肠道消化吸收，也不能产生能量。因此，曾一度被认为是一种"无营养物质"而长期得不到足够的重视。在 19 世纪的时候，人们以为膳食纤维是被人们排泄出去的垃圾，可有可无，所以，一直将它排除在六大营养素之外。随着营养学和相关科学的深入发展，科学家们发现，膳食纤维对维护肠道健康有着重要的作用，它能增加粪便的体积，加快排便的频率，帮助人体排除体内的肠道垃圾，清除肠道毒素；能够抑制肠道中有害细菌的生长，促进体内有益菌群的繁殖，能稀释食物中的致癌物质和有毒物质，加速它们的移除，保护脆弱的消化道和预防结肠癌；膳食纤维可以清洁消化壁和增强消化功能，能够延缓胃排空时间，预防肥胖；能够抑制血糖迅速上升，纤维可减缓消化速度，帮助人体快速排泄胆固醇，可让血液中的血糖和胆固醇控制在最理想的水平，防止三高症状；同时摄取足够的纤维也可以预防心血管疾病、癌症、糖尿病以及其他疾病。所以，膳食纤维是健康饮食不可缺少的，被喻为健康清道夫。1998 年，营养学界将膳食纤维补充认定为第七类营养素，和传统的六类营养素并列。

膳食纤维是一种不易被消化的食物营养素，主要来自植物的细胞壁，包含纤维素、半纤维素、树脂、果胶及木质素等。每个植物细胞都有细胞壁，而细胞壁的主要成分就是纤维素、半纤维素和果胶，它们都属于膳食纤维。所以，只要吃植物性的食品，必然会获得纤维。蔬菜筋并非蔬菜中纤维的唯一来源，没有筋的食物很可能纤维含量更高。比如说，红薯中不含有蔬菜中的那种筋，但它的纤维素含量远高于有筋的大白菜。

人们的食物一般包括谷类、肉类、蔬菜类、豆类及瓜果类等。谷类含膳食纤维，如大米、小麦、燕麦、玉米，后两者纤维含量更高些；肉类食物含有肌纤维，其中纤维含量较高的是牛肉；蔬菜中纤维含量较高，如油菜、韭菜、芹菜等；豆类也含有很高的纤维，如黄豆、蚕豆等；瓜果类中的纤维含量也较高。建议食材要丰富，可以通过吃不同的食物来获取不同类型的膳食纤维。

人们在日常生活中，只要注意粗、细粮搭配，多吃水果和蔬菜，就能满足机体对膳食纤维的需要，从而达到增进身体健康的目的。

这篇文章给你哪些启示？

....

....

（2）阅读材料二

维生素的故事

维生素也称维他命，是人体不可缺少的一种营养素。人体中如果缺少维生素，就会患各种疾病。因为维生素跟酶类一起参与着机体的新陈代谢，能使机体的机能得到有效的调节。那么维生素是怎么被人们发现的呢？在这个过程中人类付出了多少代价？维生素的发现有一个漫长的历程。

人类对维生素的认识始于3000多年前。当时古埃及人发现夜盲症可以被一些食物治愈，虽然他们并不清楚食物中什么物质起了医疗作用。这是人类对维生素最朦胧的认识。

1519年，葡萄牙航海家麦哲伦率领的远洋船队从南美洲东岸向太平洋进发。三个月后，有的船员牙床破了，有的船员流鼻血，有的船员浑身无力，待船到达目的地时，原来的200多人，活下来的只有35人，人们对此找不出原因。

1734年，在开往格陵兰的海船上，有一个船员得了严重的维生素C缺乏病，当时这种病无法医治，其他船员只好把他抛弃在一个荒岛上。待他苏醒过来，用野草充饥，几天后他的维生素C缺乏病竟不治而愈了。

诸如此类的维生素C缺乏病，曾夺去了几十万英国水手的生命。1747年英国海军军医林德总结了前人的经验，建议海军和远征船队的船员在远航时要多吃些柠檬，他的意见被采纳，从此未曾发生过维生素C缺乏病。但那时还不知柠檬中的什么物质对维生素C缺乏病有抵抗作用。

1912年，波兰科学家丰克，经过千百次的实验，终于从米糠中提取出一种能够治疗脚气病的白色物质。这种物质被丰克称为"维持生命的营养素"。

随着时间的推移，越来越多的维生素种类被人们认识和发现，维生素成了一个大家族。人们把它们排列起来以便于记忆，维生素按A、B、C一直排列到 L、P、U。

这篇文章给你了哪些启示？你在饮食中要注意什么呢？

（3）阅读材料三

方便面知多少？

方便面是很受人们欢迎的食品，关于它的传闻有很多。某方便面的营养成分见表 3-24。

表 3-24 某方便面的营养成分

项目	每 100 g
能量	2013 kJ
蛋白质	9.9 g
脂肪	24.4 g
碳水化合物	55.4 g
钠	2054 mg

传闻 1：方便面含盐量超标。

我们知道，常人每天摄入食盐量不宜超过 6 g，长期过多摄入可能会引发高血压、胃溃疡等疾病。经检测，一包方便面含食盐量约 3 g。

传闻 2：方便面的面饼五分之一以上都是油。

专家建议常人每天摄入油量不宜超过 25 g，长期高油脂摄入会导致高脂血症等疾病。研究人员将 90 g 油炸型方便面面饼研碎，在加热条件下，用乙醚（$C_2H_5OC_2H_5$）作溶剂提取、分离方便面中的油脂，得到的油脂约 20 g。

传闻 3：吃方便面胃里面会形成一层蜡模。

有传闻称碗装方便面的面碗内有一层蜡，会随食物进入人体危害人体健康。事实上，面碗内的耐热防水材料是聚苯乙烯，不是蜡。泡面时，聚苯乙烯的释放量远低于每天每千克体重 0.04 mg 的安全摄入量。

传闻 4：吃一包方便面要解毒 32 天。

人们担心面饼中的食品添加剂油脂抗氧化剂危害健康。油脂抗氧化剂每天的最大摄入量为每千克体重 0.3 mg。我国相关标准规定，食品中每千克油脂中油脂抗氧化剂的添加量不超过 0.2 g。因此，人体摄入的油脂抗氧化剂一般不会超标。

传闻 5：面饼不会变质。

事实上，面饼中的油会因发生酸败而变质，产生"哈喇味"。过氧化物是酸败过程中的一种中间产物，会加速面饼的变质。图 3-64 是不同条件下，某品牌方便面中过氧化值(与过氧化物含量成正比)的测定结果。

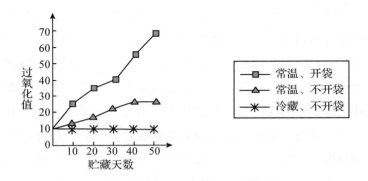

图 3-64　不同条件下某品牌方便面中过氧化值的测定结果

用不同品牌的方便面进行测定，变化规律类似。

看完上面关于传闻的解读，你对如何健康食用方便面有什么心得？

(四)教学反思

八年级学生已经有了一定的生活经验和生物知识。但因为缺少生活体验，所以对生活中常见食物提供的营养有些了解，但并不是十分清楚。

"认识常见营养物质"一课中营养素来源的分析让学生对熟悉的食物能提供的营养素有了更加清晰的认识。通过阅读环节，学生自主获取营养素的食物来源、营养素与人体健康关系的相关知识。再通过对不良饮食习惯的分析，学生加深了对相关知识的理解和应用，能从定性的角度选择和评价食物。

"我是小小营养师"一课中通过对膳食金字塔的介绍，引导学生建立从营养素均衡的角度搭配食物的意识。本节课的最大亮点是教师的原创设计：实物膳食金字塔。这一设计将原本枯燥无趣的知识讲解变成了实物直观感受，学生对食物量的认识一下子就从多少克转变成多大、几盒等看得见摸得着的实物，指导性更强，更符合八年级学生的认知能力。设计"小张同学仅以一罐八宝粥作为早餐，营养是否全面、均衡？"这一问题是为了让学生对食物的选择和评价从定量角度有更准确的认识。本环节中还设计引入了"营养成分表""营养素参考值"的相关知识，对学生今后定量选择包装食品有很重要的指导意义。而设计食谱环节更是对营养均衡的一个良好应用，也是引导学生从多角度深入理解营养均衡的过程。在这一环节中，为了让学生设计的食谱合理、食材用量准确，我设计了食物质量展台，为学生选择和设计食谱提供了帮助，也将设计更生活化，更接地气，这也是本节课的另一个亮点。本节课中我最喜欢的设计是对"垃圾食品"的再认识环节。当我展示了一包薯片中的油量和一瓶可乐中的糖量时，学生们震惊的表情让我意识到我的设计是成功的，学生们第一次意识到"垃圾食品"是怎么回事。当时一个学生就说："太可怕了。我再也不喝可乐了。"这种震撼远比我们无数次的说教有用得多。

学习的动力来自兴趣，"我是小小美食家"一课中，学生对粥品制作这个任务兴趣十足。我在布置任务时要求学生设计自己喜欢的粥品，学生们积极参与，课下查阅资料，请教家长，主动练习。从没有哪项作业能让学生们有如此高涨的热情。教师只要给学生提供充足的食材，让学生有充足的选择余地和时间，他们还会有更多的创意。当然，品尝更是学生们乐于参与的环节。孩子们在满足口腹之欲的同时，将最喜欢的粥品评选出来。这一环节将前两节课中的选择和评价食物的角度从模糊转为清晰。设计"有的小组的粥品食材只有一种，是不是这种粥就不好？"这一问题是基于学生学习了营养均衡观念之后，很容易走进"选择和评价食物时只有营养均衡的食物才是好的食物"这一误区。就此，我利用这一问题引发学生的思维冲突，再为他们解答困惑，从而让学生对"营养均衡"有更全面的认识。

因为学生对课题感兴趣，所有环节完成的质量都很高。学生的认识有了很大的提高：从一开始只会从好不好吃角度来选择食物，到发现均衡饮食不仅要从营养素角度考虑，还应从其他多角度来考虑。本课程从学生感兴趣的、与生活实际相联系的情境出发，抓住学生知道一些、却又知之不多的问题，极大地引发了学生的求知欲望。本课程创设了生动的情境，开展学生活动，如引导学生进行阅读、讨论、动手实践、评价等活动，让学生成为学习的主体，使学生自觉、主动地进入学习状态，学生的参与度是空前高涨的。

本课程教学是基于 STEM 理念和模式来进行跨学科整合的尝试。教学过程中将化学、生物、数学与艺术等学科进行巧妙融合。相比传统教学方式，学生的兴趣和参与度更高，获得知识和技能的层次更丰富。另外，因设计视角不同于以往，所以不仅学生有收获，教师对健康饮食也有了很多新的认识。传统教学知识容量大，应用少，遗忘快；本课程教学以解决实际问题为目的，通过学生亲自实践来获得知识技能，增进学生对科学概念的理解。即使将来知识遗忘了，但是解决问题的思维方式也会成为学生们受益终身的财富。

现在，距离上课已经过去了一年之久，在一次化学学科的问卷调查中，学生写道：印象最深的化学课就是八年级上的那节做粥、喝粥的课。

———案例撰写人　王阳（北京理工大学附属中学）

（五）案例点评

人类重要的营养物质、化学元素与人体健康、合理选择饮食等内容是初、高中化学要求的学习内容，生物学科也有相关内容的学习要求。虽然这些内容对学生的健康成长非常重要，但由于其在考试中的比重并不大，难度也不高，所以在实际教学中很多师生对此并不重视。因此，如何调动学生的学习积极性，聚焦课程标准要求的重点，深入挖掘教学内容的育人价值，同时又考虑八年级学生的基础和学习的整体性成为本课程设计所考虑的重点。

课程设计了认识常见营养物质、设计食谱、制作与评价饭食三个层层递进的主活动，帮助学生了解营养素与人体健康的关系，识别食物中的营养素，分析不健康饮食的危害，引导学生运用所学知识设计食谱，并动手实践做出营养美食与同学分享。学生设计食谱时不仅了解了常见食物的营养素含量，还运用数学知识进行计算，来使所设计的食谱符合膳食金字塔的要求。学生也学会了关注不同食品中营养素含量的问题，了解哪些食品是高糖或高脂的，从而根据自身需求情况合理选择，避免过度摄取糖和油脂。

在前面学习活动的基础上，学生自主设计、制作并品尝粥品，运用所学进行科学实践和生活实践。设计的食谱如何变成食品、如何变成可口的美食

153

这对学生来说是一个很大的挑战，因为很多学生从来没有做过饭，缺乏基本的生活技能。感谢王阳老师和北京理工大学附属中学的教师团队，他们不辞辛苦，为学生准备食材，为学生准备电饭锅等工具，为学生提供动手实践的机会。创作粥品海报，制作粥品，品尝不同小组做的粥，评出营养、口味与外观俱佳的"粥王"等活动，强化了学生对合理健康饮食的认识，锻炼了学生的团队合作能力和表达（包括语言、文字和艺术）交流能力以及分析问题和解决问题的能力。

教师自制的平衡膳食宝塔实物教具帮助学生更加直观地认识一天应该食用的各种食物的量。以往很多学生阅读膳食金字塔的数据，并不能把数字与生活实际联系起来，这些数字是看过就忘的知识，但有了实物教具的帮助，学生会记住每天要喝一盒牛奶，要吃一个鸡蛋，感受 100 g 畜禽肉是多少、500 g 蔬菜又是多少，这样他们就能够知道自己每天是否吃肉过多或吃菜过少。

拓展阅读材料的选取也比较好，起到了拓展学生的知识视野和培养审辩性思维的作用。

在教学中还可加入学生对自己日常饮食的评价和反思，进一步提高学生学以致用的能力和自我管理的能力。

——案例点评人　周玉芝

七、碳酸饮料

（一）教学背景

1. 与课程标准的联系

本课主要面向八年级的学生，涉及实验设计、基本实验操作，包括利用二氧化碳与水反应生成碳酸的性质来做碳酸饮料以及蔗糖等糖类物质对人体健康的影响等相关内容。所涉及的内容是九年级化学学科的必备知识点，本课的主要目的是激发学生的学习兴趣，为学生九年级的学习做铺垫。

涉及的课程标准中的主题有：一级主题科学探究，二级主题学习基本的实验技能；一级主题身边的化学物质，二级主题我们周围的空气，能结合实例说明二氧化碳的主要性质和用途；一级主题化学与社会发展，二级主题化学物质与人体健康，知道一些对生命活动具有重要意义的有机物。

2. 教学内容分析

本课主要以碳酸饮料为载体，让学生学习二氧化碳气体的检验方法与操作，利用二氧化碳与水反应能生成碳酸的性质来制作碳酸饮料，并初步掌握压强、温度对气体溶解能力的影响，了解六大营养素中的糖类，并简单了解添加剂的作用与科学的使用方法。本课主要面向八年级的学生，在让他们对相关内容有初步认知的基础上，为九年级的学习打下基础。

3. 学情分析

随着生活水平的提高，超市中的饮料品种越来越多，从口味到颜色也越来越丰富，大部分的学生都比较爱喝饮料，碳酸饮料就是同学们经常饮用的一种饮料。什么是碳酸饮料？碳酸饮料中含有哪些物质？如何制作碳酸饮料？喝碳酸饮料对人体有什么影响？学生们对这些问题的认知都是模糊不清的，有一些问题是学生们根本就不知道的，但是学生们对这部分的内容有浓厚的兴趣。此外，在学生的意识中，他们对事物的判断总是非黑即白，不能辩证地看待事物，本课通过对碳酸饮料利与弊的辩论，可以让学生深刻感知事物的两面性。

（二）教学设计与实施

1. 教学目标

通过充分观察、分析实验现象，结合工厂的实际生产过程，知道碳酸饮料是在液体中充入了二氧化碳气体的饮料，知道二氧化碳气体在水中的含量受到压强和温度的影响。

通过自制碳酸饮料并逐步完善的过程，感受一杯口感很好的饮料，需要多种添加剂搭配才能实现，体验添加剂在食品中的作用，并客观、公正、科学地看待添加剂。

通过碳酸饮料利与弊的辩论，知道事物往往具有两面性，逐步建立辩证看待事物的理念。

逐步培养从具体到一般的顺序认识事物的能力，并培养互相协作、友好相处的健康心态。

2. 材料和工具

100 mL 小烧杯 1 个、锥形瓶 1 个、单孔塞 1 个、2 g 量匙、一次性滴管；可乐、雪碧、澄清石灰水、食品级香精、食品级色素、矿泉水、食品级柠檬酸、食品级小苏打等。

3. 重要概念

碳酸饮料是指在一定条件下充入二氧化碳气体的饮料，20 ℃时二氧化碳的体积倍数不低于 2.0 倍。

4. 教学过程

教学过程见表 3-25。

表 3-25　教学过程

环节	教师活动	学生活动	设计意图
创设情境，引入课题	展示饮料图片，并揭示关于碳酸饮料课前调查的结果，引出课题。	观看图片与投影，思考。	通过情境引入，激发学生学习兴趣。
认识碳酸饮料	给出碳酸饮料的定义：碳酸饮料是指在一定条件下充入二氧化碳气体的饮料，20 ℃时二氧化碳的体积倍数不低于 2.0 倍。一般有可乐、雪碧、汽水等。$CO_2 + H_2O \rightleftharpoons H_2CO_3$。请同学们结合已有的知识设计实验，验证可乐、雪碧中含有二氧化碳。	倾听，理解，记忆。 小组讨论，汇报交流实验方案，然后两人一组进行实验验证。	知道碳酸饮料的定义，对众多的饮品，可以进行简单分类。 锻炼设计简单实验的能力和实验操作能力。
	观看有关可口可乐超级工厂的相关视频，看看在实际生产中是如何把二氧化碳气体充入饮料中的，讨论影响饮料中二氧化碳气体含量的因素。	观看视频，讨论影响因素，并回答。	与实际的生产工艺相联系，并为今后学习气体溶解度做铺垫。

环节	教师活动	学生活动	设计意图
制作碳酸饮料	指导学生利用柠檬酸和小苏打来制作一份碳酸饮料。 介绍常用的甜味剂，向饮料中加甜味剂：蔗糖、果糖。 用所给的食品级添加剂，有增色剂、增味剂、甜味剂，调配自己喜欢的饮料。	制作。 品尝制作的碳酸饮料，感受一杯"甜"饮料里的含糖量。 动手制作不同颜色和口味的饮料，并品尝。	知道碳酸饮料中的主要添加剂。
辩证看待碳酸饮料	设置碳酸饮料到底是利大于弊还是弊大于利的辩论赛。	学生分成正反两方，由两位学生主持人来主持辩论赛。	知道事物往往具有两面性，逐步建立用辩证的、发展的思想观点来看待事物。
总结反思	让学生总结反思以下内容： 通过这节课，你学到了什么？ 最喜欢的环节是什么？ 今后你怎么去学习和了解其他类型的饮料呢？	谈谈本节课的收获，互相补充。 概括认知饮料的学习方法。	培养归纳和概括能力。

5．教学实施

(1)创设情境，引入课题

师：课前关于碳酸饮料的调查问卷中，喜欢的人数远大于不喜欢的人数，大部分人因为好喝、口感好而喜欢，也有人因其对牙齿不好、易导致肥胖等而不敢多喝。那么到底什么是碳酸饮料呢？

设计意图：通过创设情境，激发学生的学习兴趣和研究欲望。

(2)认识碳酸饮料

这个环节要讨论以下几部分内容：碳酸饮料的定义、检验碳酸饮料中所含气体、了解碳酸饮料的生产工艺、讨论影响二氧化碳气体含量的因素。

物质分类是化学学科的一个重要的学习内容，化学学科的研究对象就是一切物质，而研究物质的首要任务就是对物质进行分类，学习饮料也不例外，首先应该做的就是在众多的饮品中找到碳酸饮料。

而认定物质的种类需要从定性、定量两个角度出发，碳酸饮料是在饮中充入二氧化碳气体的饮料，碳酸饮料中的气体是不是二氧化碳气体，这就需要从定性角度来确定物质的成分，学生可从二氧化碳可以使澄清石灰水变浑浊的特性出发，设计实验，验证猜想。

观看视频，让学生对实际工厂的生产工艺有一个初步的认知，并讨论影响二氧化碳气体含量的因素，为今后学习溶解度的相关知识做一个铺垫。

师：大家都知道可乐、雪碧属于碳酸饮料，可以先打开一瓶可乐或雪碧，观察现象。你可以喝两口饮料，说下感受。

生：打开瓶子的时候，听到扑哧的声音，观察到有很多气泡从饮料中逸出。我们喝下碳酸饮料后，有一点点的刺激感觉，过一会儿会打嗝。

师：大家观察得非常细致。这些现象背后的原因是什么呢？下面我们进行一些探究。首先，请大家猜想从碳酸饮料中逸出的气体是什么。

生：是二氧化碳，我从科普书上看到的。

师：那么，大家能用科学的方法证明碳酸饮料中逸出的气体的确就是二氧化碳吗？

学生讨论，提出可以将碳酸饮料中逸出的气体通入澄清石灰水来检验是否为二氧化碳。学生按照方案组装检验仪器，进行实验，实验结束后进行交流和汇报。

师：将二氧化碳通入澄清石灰水中，如果澄清石灰水变浑浊，则是因为发生了下面的化学反应：

$$CO_2 + Ca(OH)_2 = CaCO_3 \downarrow + H_2O。$$

澄清石灰水变浑浊是由于生成了不溶于水的碳酸钙，这是检验二氧化碳的常用方法。

师：我们通过实验已经确认了碳酸饮料中的确含有二氧化碳。大家打开一瓶碳酸饮料后能看到有气泡迅速逸出，而放置一两天以后的碳酸饮料就看不到有气泡逸出了，这是为什么呢？

生1：碳酸饮料中含有的二氧化碳多，所以打开后二氧化碳会逸出。

生2：因为碳酸饮料瓶里面的压强大，所以有二氧化碳逸出。

师：为什么碳酸饮料瓶里面的压强会大呢？

学生产生困惑，不能解释清楚。

师：如果我们用一根吸管向水中不断吹气，水中会溶解很多二氧化碳吗？能让水变成碳酸饮料吗？

生：不能！

师：二氧化碳常温下是一种无色、无味、密度比空气大的气体。在常温常压下，1体积的水约能溶解1体积的二氧化碳。所以，二氧化碳在水中的溶解度并不大。

如果希望水中溶解更多的二氧化碳，怎么办呢？

生：增大压强。

师：对，增大压强后，二氧化碳在水中的溶解度也随之增大了。下面我们来看一段视频，了解可乐是如何生产出来的。

学生观看视频。

师：通过视频可以看到工厂是通过加压的方式使更多的二氧化碳溶入水中的，然后再把瓶子密闭，保持里面的高压。

根据国家相关标准的规定，碳酸饮料是指在一定条件下充入二氧化碳气体的饮料，20 ℃时二氧化碳的体积倍数不低于2.0倍。

我们已知在常温常压下，1体积的水约能溶解1体积的二氧化碳。那么，现在你知道200 mL的碳酸饮料里溶解了多少体积的二氧化碳吗？

生：至少400 mL。

师：这400 mL的二氧化碳如果换算成质量会是多少呢？这个问题等你们学了高一化学中的相关知识就会了。

师：那现在请同学解释一下为什么打开瓶子的时候，我们能听到扑哧的声音，观察到有很多气泡从饮料中逸出，以及喝下碳酸饮料后，过一会儿感觉想打嗝。

生1：碳酸饮料瓶里压强大，打开瓶盖后压强降低，压强降低后，二氧化碳在水中的溶解度也没有那么大了，所以有二氧化碳气体从水中逸出，快速逸出的气流在瓶口引起空气的振动，所以我们能听到扑哧的声音。

生2：碳酸饮料到胃里后，因为温度高了，所以会有二氧化碳逸出，出现打嗝现象。

师：大家分析得非常好！还有一个问题需要思考——碳酸饮料中加入的

是二氧化碳，为什么叫作碳酸饮料呢？

生：二氧化碳在水中生成了酸。

师：是的，二氧化碳溶解于水中，有部分二氧化碳会与水发生化学反应生成碳酸（H_2CO_3）：

$$CO_2 + H_2O \rightleftharpoons H_2CO_3。$$

设计意图：让学生初步了解影响气体溶解能力的因素，为九年级学习溶解度做铺垫。碳酸饮料的定义由教师给出，对碳酸饮料中的气体是不是二氧化碳的定性判断由学生依据物质的性质自行设计实验，并自行选择实验装置进行组装和实验验证。教师在此环节要给学生充足的时间交流讨论，让学生不断完善方案，并在过程中给学生指导。这一过程，与课程标准对学生的实验要求相符合，课程标准一级主题科学探究下二级主题要求学生要具备基本的实验技能，包括简单实验的设计与操作，这部分能力，需要日常的点滴积累，而不是一蹴而就。探究影响饮料中二氧化碳气体含量的因素，对于现阶段的学生来说难度比较大，所以教师通过问题引领，带着学生去总结。

（3）制作碳酸饮料

师：请同学们用小苏打和柠檬酸来制作一份碳酸饮料。

学生根据学案所给的配料表来制作碳酸饮料并品尝。（图 3-65）

图 3-65　学生自制碳酸饮料

生：老师，我看到了气泡，跟雪碧特别的像，但是为什么不甜，还很酸涩呢？

生：是不是没有加糖的缘故。

师：请同学们用 2 g 的量勺，往你的饮料中加糖，看看加多少勺能感觉到比较甜。

学生不断加糖，并品尝。

生：老师，我都加了 10 勺了，还不怎么甜。20 g 了呀！

师：请同学查阅一下可乐、雪碧的配料表。

生：配料中有白砂糖，果葡糖浆，食品添加剂(二氧化碳、咖啡因、焦糖色、磷酸、食用香精)等。

师：配料表中的这些物质都是帮助增加饮料口感的，让人感觉更好喝。果葡糖浆与蔗糖一起使用增加甜度 20％～30％。

师：请同学们根据自己的喜好，用老师提供的果葡糖浆及食品级香料和色素来调配自己喜欢的饮料。

学生继续制作饮料，获得自己满意的产品。

设计意图：碳酸盐可以与某些酸发生化学反应产生二氧化碳气体，这部分知识是九年级化学的重点，这里不展开，只是作为常识介绍，让学生利用这个原理自制碳酸饮料。学生制作碳酸饮料经历了这样的过程：第一次制作时只用柠檬酸和小苏打；第二次制作时加上糖和果葡糖浆；第三次制作时加上增色剂和增味剂。

第一次做出来的饮料酸涩难喝，只是冒气泡的感觉和平日喝的雪碧一样。第二次加糖来调整，学生根据量勺，记录加糖的质量，体验一份饮料中的含糖量，知道了为什么爱喝饮料的人容易发胖。然后查看可乐的配料表，发现里边还有很多的配料，在这里教师引入食品添加剂，并让学生对食品添加剂有科学、客观的认识。

此环节，学生经过三个过程才得到了一瓶颜色、口味都与日常买到的饮料相似的自制碳酸饮料。这三个过程让学生感受到了化学与生活的密切联系，理解了饮料使人们发胖的原因，同时也破除了对事物的不客观认知，如谈到添加剂就持否定态度的观念，同时感受到饮食与健康的关系，学会运用科学的知识合理的搭配食物，注重健康。此环节与课程标准的二级主题化学物质与人体健康密切关联。

(4)辩证看待碳酸饮料

教师布置任务，确定主持人 2 人，正方辩手 4 组 8 人，反方辩手 4 组 8 人。辩论赛有开篇立论、驳立论、自由辩论、总结陈词四个环节。

虽然是课堂的小辩论赛，也应尽力具备正规辩论赛的环节，让学生在学

161

习知识的过程中，也能拓宽视野，并获得全方位的发展。

正方：碳酸饮料口感好，可以满足人们对饮食和口味的需求。可乐中还含有少量的咖啡因，可以起到提神醒脑的作用，所以我方认为碳酸饮料利大于弊。

反方：碳酸饮料中含有大量的糖类物质，可以使人发胖，另外长期饮用碳酸饮料容易使人缺钙，对身体极为不利，所以我方认为碳酸饮料弊大于利。

正方：碳酸饮料可以促进经济的发展，一个饮料厂可以解决很多人的就业问题，对维护社会稳定有一定的贡献。

反方：碳酸饮料降低了国民体质，对人们的身体健康不利，所以还是弊大于利。

设计意图：让学生在辩论中逐步培养事物往往具备两面性的辩证思想，知道利用自己具备的知识，合理运用资源，扬长避短，使人们的生活更加美好。

（5）总结反思

师：本节课我们主要从认识碳酸饮料、二氧化碳含量的影响因素、自制碳酸饮料、碳酸饮料的利与弊四个方面来完成了碳酸饮料的学习。通过本节课，我们可以感受到化学就在身边。请同学们谈谈学完这节课的收获吧。

生1：通过这节课，我知道了碳酸饮料的成分，知道了如何制作碳酸饮料，这节课尤其激发了我对其成分对人体健康的影响的关注。

生2：今后，我要查看食品的配料表，利用所学知识分析食品的化学成分，不能盲目地食用。

生3：通过这节课，我知道了碳酸饮料的利与弊，认识一样东西应该从正反两方面来全面考虑。

生4：这节课，让我对化学有了更大的兴趣，对我今后学习化学、认识物质有了方法的指引。

(三)教学反思

这节课的选题来源于生活，是学生感兴趣的题材，涵盖了科学的知识，联系了物理、生物和生产实际。这节课让学生初步体验化学实验的操作方法、实验现象的描述与记录方法、实验报告单的生成方法，以及用实验来得出结论的科学方法。

学生自制碳酸饮料环节，设计层层递进。此环节首先让学生用柠檬酸和小苏打，得到二氧化碳气体；由学生品尝后感觉不好喝的直观感受，教师引出了蔗糖等添加剂的相关内容。此环节给学生留下了深刻的印象，既突出本课的重点——碳酸饮料的定义，又让学生感受到了添加剂对食品的影响。

辩论环节给了学生在化学课堂上展示的机会。教师可以深刻的体会出，若能给学生充足的时间，学生则会反馈给教师惊喜。学生在辩论中需紧扣自己的观点来找事实和生活实例，又需根据反方的驳斥而重新依据自方的立场选择合适的理由驳回，这个过程锻炼了学生思维的活跃性，语言表达的准确性，也使学生学会了辩证地看问题。

这节课，无论是教师还是学生收获都是很大的，从学生的课后问卷中也能感受到学生对这样的课堂的喜爱。很多学生都说，过去觉得化学应该是比较枯燥的一个学科，没想到会这么有趣，而且还能和生活联系得这么密切，我已经爱上化学了。

我觉得，激发学生对化学的热爱，同时体验化学与生活的密切联系，就是这节课的价值所在。

——案例撰写人　张海艳（首都师范大学附属丽泽中学）

（四）案例点评

"碳酸饮料"是很多教师为八年级学生开设科学课时会选择的教学内容。笔者观摩过数位教师进行的此内容的教学，发现教学主活动多为检验碳酸饮料中的二氧化碳气体、自制碳酸饮料、认识经常饮用碳酸饮料对健康不利三方面。有教师开篇呈现很多碳酸饮料对健康不利的资料，然后问学生，你们想不想自制一杯美味的碳酸饮料？接下来组织学生按照配方自制碳酸饮料并品尝交流。这样的教学显然存在逻辑不顺的问题。本课程避免了上述问题，在调查了学生对碳酸饮料的各种认识之后，教师引导学生探究碳酸饮料包含的科学知识，包括如何检验碳酸饮料中的气体是否为二氧化碳气体，如何制作碳酸饮料。这其中涉及了二氧化碳的溶解度、气体溶解度随压强增大而增大的科学知识。学生通过视频了解可乐的生产过程，了解到二氧化碳是经过高压加到瓶子里的，还了解到可乐饮料瓶的材料是一种聚酯纤维（高分子材料），瓶子要无缝，使得碳酸饮料瓶承受的压力可以超过汽车轮胎胎压的1.5倍。这些有关碳酸饮料实际生产的奥秘给学生带来很大的震撼。有学生表示

163

他对碳酸饮料瓶感兴趣了，特别希望能够深入研究。尽管这不是这节教学要深入探讨的内容，但让学生明白任何一个实际产品的生产都蕴含着多学科知识与技术，大家学习的物理、化学、生物等知识都是大有用途的，这就是初中 STEM 教育希望达成的目标之一。

教学中教师还以碳酸饮料为情境，让学生运用所学来解释为什么打开碳酸饮料瓶子的时候会听到扑哧的声音？为什么观察到有很多气泡从饮料中逸出？为什么喝下碳酸饮料后会打嗝？学生要调动物理、化学、生物等学科知识对此进行解释。

自制碳酸饮料的教学不仅让学生体会碳酸盐与酸反应可以生成二氧化碳，而且引导学生自主发现碳酸饮料是要加入大量的糖才能有比较好的口感，此外还可能加入香精、色素等。学生在第一次制作碳酸饮料的时候没有添加任何的糖，但他们并没有想过这样得到的饮料会有多难喝。两位同学在品尝前还愉快地碰杯祝福，但尝了一小口，他们惊讶地捂住了嘴！随后他们不断增加糖的加入量并品尝，这时他们又露出惊讶的表情：一瓶碳酸饮料要加入如此多的糖啊！相信在这个过程中他们学到了难以忘记的知识。

对碳酸饮料利与弊的辩论由学生基于证据进行表达与分析，与课程引入环节相呼应，培养了学生辩证看待问题的能力。

——案例点评人　周玉芝

八、探访生态农庄

（一）教学背景

1. 教学设计意图及理念背景

初中生物课程标准强调：生物科学要向着更加关注人类自身的方向发展。生物科学和生物技术在解决人口问题、资源危机、生态环境恶化和生物多样性面临威胁等诸多问题方面发挥的作用越来越大，有力地促进了现代社会文明的发展。随着与物理学、化学、数学以及其他各学科之间不断交叉和融合，生物科学日益呈现出主导学科的地位，逐渐成为我国科学发展的重点学科之一。

高中生物课程标准也指出：让学生积极参与动手和动脑的活动，通过探究性学习活动或完成工程学任务，加深对生物学概念的理解，提升应用知识的能力，培养创新精神，进而能用科学的观点、知识、思路和方法，探讨或解决现实生活中的某些问题。

对比、反思现在的课堂，只进行简单的课本知识的传授，远远不能达到课程标准的要求。而且现在不论是高考还是中考，对学生的考查都在从单一学科向综合学科转化，从考查学生对知识的记忆转向对问题的分析和解决。中学生处在青春期，他们的思维处在活跃发展期，这个时期是思维方式及能力养成的最佳时期，学生的逻辑思维需要感性经验的直接支持。有的学生已经能够综合各种事实材料，用理论指导来分析各种实际问题，并敢于质疑和思考，愿意探索未知世界。因此，在此阶段应用STEM教育理念，关注学生综合素养的培养，重视学生科学方法和研究技能的训练，是中学生物教师不可回避的重任。

另外，北京城郊有许多发展得非常好的现代农业基地、生态园、环保工程等，代表着我国生态工程发展的水平。教师可以因地制宜，借助学校组织实践活动的机会，利用好这些条件，挑选出一些优秀的工程与基地，使其成为学生学习科学理论与生态知识，了解工程应用的实践基地。这样就能够推动学生将理论与实际相结合，使学生掌握科学实验的基本方法，提升科学研究能力，提高科学素养；同时还能使学科教学生动化、形象化、具体化、模型化，延伸课堂教学，增加课堂容量，培养学生科学探索的意志品格和团队协作的能力，对于学生真正理解所学理论并解决实际问题都有着非常好的指导意义。

2. 与课程标准的联系

初中生物：

①概述生态系统的组成，列举生态系统的类型。

②简单描述生态系统中的食物链和食物网。

③分析、讨论生物圈中的食物链、食物网的能量流动。

④知道物质与能量的关系，知道元素与生命活动的关系，知道沼气的成分、形成过程及应用。

165

166

高中生物：

①分析讨论生态系统中物质循环与能量流动的基本规律及其应用。

②设计并制作一个生态瓶。

③调查或研讨一个生态系统中的能量流动。

3. 教学内容分析

基于以上分析，本单元课程安排了以下几个内容。

第一次课是外出实践活动：探访留民营生态农庄。通过实践活动，知道生态农庄建立的原理和优势，了解生态系统的组成，知道各个成分（生产者、消费者、分解者及无机环境）及其在生态系统中的作用和相互关系。

第二次课是在观察、讨论的基础上分析沼气站在生态农庄中所起的重要作用，了解沼气站的构成、原理、作用、温度控制等实际问题，学习生态系统中物质循环和能量流动等知识，设计完成不同土壤中的微生物对有机物的分解实验，知道微生物（分解者）在物质循环中的重要性，理解沼气池中的微生物的呼吸作用类型及特点，知道沼气的成分、形成过程及应用，理解生态农业中物质的循环再生和能量的多级利用的特点和优势。

第三次课通过讨论食物链中植物、动物的地位和作用，了解生态系统的平衡及变化，并通过生态瓶实验，体会生态系统中物质和能量的变化，知道能量流动的特点；通过具体事例，知道生态系统的失衡及修复，从而真正理解人与自然和谐共生的生态观念，树立保护生态的责任意识。

最后通过单元知识点的总结，展示本课程的核心概念及主题内容：一个完整的生态系统包括无机环境、生产者、消费者和分解者，在无机环境与生物之间存在着物质循环与能量流动。能量沿着食物链、食物网流动，能量是单向流动，逐级递减。越到食物链的顶端，获得的能量越少。生态农业是一个农业生态经济复合系统，将农业生态系统同农业经济系统综合统一起来，实现了物质的循环再生和能量的多级利用以取得最大的生态经济整体效益。课后还要引导学生进行拓展阅读，了解生物圈2号的实验过程和结果，帮助学生真正建立生态观念，以便他们今后更好的发展，做出更加科学、符合生态要求的决策。

本节教学将突出生物、物理、化学等学科在生态农业建立、运行中所发挥的重要作用，在学生已有基础上引导学生进一步了解生态系统中生产者、消费者、分解者各自的作用及在生态系统中的重要性，明确生态农业建立的原理、规律、特点和优势，提升学生的综合思维能力，提升学生的知识、能力和情感态度价值观，为成为合格的、有担当、有创新能力的社会公民打下基础。

4.学情分析

八年级、九年级的学生已经有了一定的生物知识、物理知识和化学知识，具备了初步的生态意识，知道各种环境因素对生物的影响和生物之间的关系，知道生态系统、食物链、食物网等基本概念。但由于现在课程的设置，很多内容的学习只能在课堂上完成，实例、实验和数据的分析、总结也都只是停留在书面。因而学生对课程的理解比较肤浅，不能理解自然与人类之间的关系，也不能真正激发心底爱护环境、保护自然的情怀。

因此，我们希望通过本单元的教学，借助不同的教学方式和途径传播知识，影响学生，转变学生的观点和行为。特别是通过实地参观访问，学生讨论分析发酵站中的科学原理，加深理解呼吸作用的原理；通过实地参观访问，学生理论联系实际，解决生产生活中的实际问题，认识生物、物理、化学等理论知识在建立生态农业工程方面的重要作用，应用所学知识做出分析、判断和解释，形成可持续发展的思想。而且在实地参观访问的过程中，学生能真正理解我国近 30 年生态科学技术发展的最新成就，了解国情历史，尊重劳动，主动参与社会实践，培养自己发现问题、提出问题、解决问题的能力，理解技术与人类文明的有机联系等。

（二）教学计划

教学计划见表 3-26。

表 3-26　教学计划

探访生态农庄			
教学内容	探访留民营生态农庄	沼气站的科学	生态系统的稳定	科技阅读：生物圈 2 号
课时	1	1	2	课后自主学习

(三)教学设计与实施

第1课时　探访留民营生态农庄

1. 教学目标

知道生态系统和农业生态系统的概念，了解主要的生态系统的类型。

了解生态系统的基本结构，知道生产者、消费者、分解者及各自的功能。

通过实地调查，分析生态农庄的组成，会绘制简单的食物链、食物网，知道能量流动的起点、途径和特点。

培养学生尊重科学、尊重实践、观察自然、热爱自然的情怀。

培养学生提出问题、分析问题、解决问题的能力。

2. 材料和工具

留民营生态农庄的介绍资料，学生学习任务单。

3. 重要概念

生态农业是一个农业生态经济复合系统，将农业生态系统同农业经济系统综合统一起来，实现了物质的循环再生和能量的多级利用，以取得最大的生态经济整体效益。

生态系统是由无机环境与生物群落构成的统一整体。生态系统的结构与功能相适应。物质和能量沿食物链和食物网传递且逐级递减，流动过程中会实现能量的利用。

4. 教学过程

教学过程见表 3-27。

表 3-27　教学过程

环节	教师活动	学生活动	设计意图
行前准备	让学生查阅相关资料，对生态系统、生态农庄有一个初步的了解。	查阅资料，了解生态系统的概念、类型，了解生态农庄的特点等，做好出行的准备。	让学生带着思考，带着问题去参观。

环节	教师活动	学生活动	设计意图
实地参观	让学生观察分析生态系统的组成和类型。 带领学生按照示意图中所标的顺序参观农业基地、养殖基地和沼气站，参观展览中心和居民家庭。	观察，思考。 跟随教师参观，听工作人员讲解并记录重要内容。	知道生态系统的基础知识。 实地感受生态农庄的整体风貌，对生物与环境有更加直观的理解。了解建立农庄的原因、理论依据和实际运行情况，真正明白生态农庄的意义，学会应用理论解决实际问题，深入理解课本知识，感受社会国家的发展，树立生态意识。
完成任务单	指导学生完成学习任务单。	按照要求完成任务单，并修正完善任务单。	落实重难点知识，培养综合思维能力，树立生态意识。
课后研讨	提问：农业生态园是一种人工生态系统，一般的生态系统包含哪些构成成分？各成分的作用是什么？	思考，讨论，填写表格。	结合参观内容，理解生态系统的组成和各成分的作用。

5. 教学实施

（1）行前准备

学生查阅资料，了解生态系统的概念、类型，了解生态农庄的特点。

（2）实地参观

留民营生态农庄（图 3-66）位于北京市大兴区长子营镇内，村庄总面积

图 3-66　留民营生态农庄

2192 亩，人口不足千人，留民营是我国最早实施生态农业建设和研究的试点地区，被誉为"中国生态农业第一村"。留民营通过大力开发利用新能源、保护生态环境、调整生产结构，形成了利用生物能、太阳能，串联种植、养殖、加工，产供销一条龙的生态体系。

引导学生按照示意图中所标的顺序进行参观：农业基地、养殖基地、沼气站、展览中心和居民家庭。

在农业基地：主要了解并记录栽培植物种类、数量及用途；温室植物栽培注意事项，富硒植物的用途；植物肥料的制作方法和使用，了解矿质元素的重要性。（图 3-67）

图 3-67　农业基地

在动物养殖基地：主要了解并记录养殖动物的种类、数量及用途，动物粪便的处理方法。

初步调查记录：农庄中的野生动植物，食物链的含义和组成。

参观沼气站并拍照、记录沼气站的各部分组成。听工作人员讲解并记录沼气站的构成和原理。理解微生物在物质循环中的重要意义，理解新农村建设中沼气站的重要性；知道微生物呼吸作用的类型及过程，知道产物如何处理等实际问题；理解生态系统中物质循环和能量流动的特点。为下一节课的学习做好准备。

参观农庄展览中主和居民家庭，知道生态农庄的建立过程和全貌，感受国家社会发展取得的巨大成就，感受理论知识指导生产实践的重要意义，特别是知道遍布村落的沼气管道在新农村建设中的重要作用和意义。

（3）完成任务单

学生完成以下学习任务单。

观察并记录生态农庄中生物的代表种类。

饲养动物：

栽培植物：

你能列出其中的捕食关系并写出食物链吗？

构建留民营生态农庄的物质、能量传递图表。

参观留民营生态农庄后你有哪些收获和问题？

收获：

问题：

（4）课后研讨

①农业生态园是一种人工生态系统，一般的生态系统包含哪些基本成分？各成分的作用是什么？一般的生态系统包含的基本成分及其作用见表3-28。

171

表 3-28　一般的生态系统包含的基本成分及其作用

基本成分	组成	在生态系统中的作用
无机环境	水、无机盐、空气、有机质、岩石等。	阳光是绝大多数生态系统直接的能量来源；水、空气、无机盐与有机质都是生物不可或缺的物质基础。
生产者	各种绿色植物及化能合成细菌与光合细菌，它们都是自养生物。	生产者在生物群落中起基础性作用，它们将无机物转化成有机物，转化并储存能量，维系着整个生态系统的稳定；各种绿色植物还能为各种生物提供栖息、繁殖的场所。
消费者	异养生物，包括几乎所有动物和部分微生物。	在生态系统中起加快能量流动和物质循环的作用，可以看成一种催化剂。
分解者	细菌和真菌为主，也包含屎壳郎、蚯蚓、秃鹫等腐生动物。	将有机质(尸体、粪便等)分解成水、二氧化碳、铵盐等可以被生产者重新利用的物质，完成物质的循环。分解者、生产者与无机环境可以构成一个简单的生态系统。

②留民营生态农庄的种、养、沼三结合的物质循环利用见图 3-68。

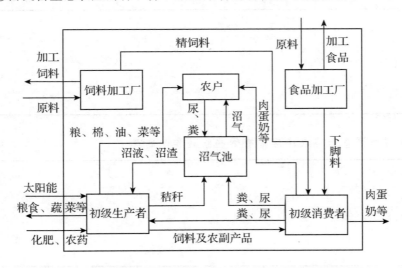

图 3-68　留民营生态农庄的种、养、沼三结合的物质循环利用

第 2 课时　沼气站的科学

1. 教学目标

知道生态农庄中沼气站的核心地位，了解沼气站中各组成部分的原理和作用。

知道发酵的本质，会分析沼气罐中微生物的呼吸类型，知道微生物在物质循环、能量流动过程中的重要作用。

知道沼液、沼气的成分、作用及在生产生活中的利用。

能设计并完成实验验证自己的推论，提升综合实验能力。

知道生态农业的特点和优势，培养整体思维的能力。

关注科技发展对生产生活的影响，提升生态保护意识。

2. 材料和工具

生态农庄的构成示意图，沼气站、发酵罐的示意图。

发酵罐里的土壤、农庄田地里的土壤、校园里的土壤各 1 份，枯树叶片 3 片，水少量，培养皿 3 个。

3. 重要概念

生态系统中分解者是不可或缺的部分，它将有机物分解为无机物，促进了物质循环。生态农业实现了物质的循环再生和能量的多级利用。

4. 教学过程

教学过程见表 3-29。

表 3-29　教学过程

环节	教师活动	学生活动	设计意图
导入新课	提问并分析：沼气站在生态农庄中发挥哪些作用？处于什么地位？	观察示意图，思考并组织语言回答问题。	加深学生对沼气站重要性的理解，为学习后面的知识做好铺垫。
学习新课	带领学生分析讨论：沼气站中哪些设施或生产环节让你印象深刻？涉及哪些科学道理？师生共同分析讨论：可以用哪些方法控制沼气站中的温度？发酵罐中的微生物以什么方式呼吸？沼气站除了产生沼气对于农作物害虫的控制有何意义？沼液中含有哪些物质？沼液中的这些物质对农作物的生长具有哪些意义？对沼气站的工作还有什么疑问或者建议？	思考，讨论，回答问题。	知道沼气站的基本构成，理解其工作原理。

173

174

环节	教师活动	学生活动	设计意图
实践应用	组织实验活动：土壤中微生物对有机物的分解。（也可课前提前完成，以便课堂上直接观察实验现象。）	根据所给材料完成实验，并按时记录实验现象。	会完成简单的实验设计，明白实验原理，理解微生物在无机物和有机物的相互转化中的作用。
反馈总结	引导学生分析讨论：通过实验现象你有什么发现？有什么问题？根据发酵罐中的生物作用分析生态系统中微生物的重要性。 生态农业的突出特点是什么？ 总结：生态农业实现了物质的循环再生和能量的多级利用。	思考，讨论，回答问题。	理解微生物在物质分解、物质循环中的作用，并联系实际理解生态农业在物质循环和能量流动方面的重要特点。

5. 教学实施

(1)导入新课

师：沼气成为留民营村应用最为普遍的生物能源。请大家分析沼气站在整个生态农业园中具有的价值。

生：处理养殖场中的粪便，还有人的粪便，处理农作物的秸秆和杂草，使环境更好。沼气可以作为能源使用，属于绿色能源。

师：的确如此！沼气池中的原料来源于养殖场中的鸡粪、牛粪、猪粪，还有人的粪便，农作物的秸秆和杂草等。产生的沼气用于村民日常炊事、照明等，沼渣沼液还田，用于有机农作物生产，既解决了禽畜粪污的污染问题，创建了崭新的农村风貌，避免使用煤、柴草等对环境的污染和破坏，又实现了村民的用气和有机农作物生产的良性循环。

(2)学习新课

师：沼气站中哪些设施或生产环节让你印象深刻？涉及哪些科学道理？

师：沼气站包括哪几部分？发酵的原理是什么？

师：我们借助模型，可以看到沼气站包括前处理系统，厌氧消化器，沼气收集、处理和输送系统，沼液处理系统，沼渣处理系统五个部分。

前处理系统：对人畜家禽粪便、秸秆、杂草等进行初步的细化、混合处理。

厌氧消化器：有机物质（人畜家禽粪便、秸秆、杂草等）被厌氧菌在一定的水分、温度和厌氧条件下分解产生甲烷和二氧化碳等可燃性混合气体。厌氧消化器是沼气站的核心设备。发酵原料不同，消化器类型各异。

沼气收集、处理和输送系统：将沼气与水分离，加压后通过长距离管道运输将沼气送入各个用户家庭。沼气收集、处理和输送系统必须能抗各种微生物，高度防火防爆。

沼液处理系统：此系统可实现资源的二次利用。厌氧发酵后会产生大量沼液，属高污染物，无法直接排放至环境中。沼液中富含氮、磷、钾、氨基酸、水解酶等生物活性物质，是很好的有机肥料。现在通过多级膜处理技术，对沼液浓缩后，制备高效有机复合肥，淡液可直接排放或再利用。

沼渣处理系统：为避免沼渣被寄生虫卵污染，需对沼渣进行无害化处理，可采用好氧堆肥法或者在沼渣中加入适量化肥进行密封贮存，这两种方法均可取得较好的卫生效果。好氧堆肥法就是把沼渣、稻草、猪粪等分层堆置密封，当堆内温度达到 60 ℃左右，保持一个星期后，蛔虫卵杀死率 98%～100%。在沼渣中加化肥，就是将沼渣堆密封后，向堆内灌冲 15%的氨水，拌合后密封发酵，经过 20 天左右，也可取得较好的卫生效果。

（3）实践应用

实验活动：土壤微生物对有机物的分解。

过程：选取不同地方的土壤，制备土壤溶液，分别放入三片枯树叶片，每三天浇少量水，观察记录叶片的腐败情况，比较土壤中的微生物在物质分解中的情况。实验结果记录在表 3-30 中。

表 3-30　实验结果记录表

土壤类型	实验现象
发酵罐里的土壤	
农庄田地里的土壤	
校园里的土壤	

师：通过实验你发现了什么？

生：叶片在发酵罐里的土壤中被腐蚀、降解得最厉害。

师：这个对比实验能说明什么？

生：发酵罐里的土壤含有的微生物数量比较多，因而对树叶分解作用更大。

(4)反馈总结

(略)

第3~4课时　生态系统的稳定

1. 教学目标

知道各种动物、植物在食物链中的地位及作用，并理解生物的数量、能量金字塔。

知道食物链中物质传递和能量流动的特点。

设计生态瓶，加深对实验原理的理解，提升综合分析问题的能力和动手实验的能力。

分析生态系统稳定性的影响因素、生态失衡的原因及恢复等问题，提升利用理论解决实际问题的能力，提升生态保护意识。

2. 材料和工具

水草若干，小鱼若干，纯净河水，蒸馏水，细沙，淤泥，鹅卵石，100 mL、500 mL、1000 mL、2000 mL的玻璃瓶，凡士林。

3. 重要概念

生态系统中物质和能量沿食物链和食物网传递，能量在流动过程中逐级递减。

生态系统的稳定有赖于物质和能量的相对平衡，生产者（植物）的种类和数量越多，生态系统越稳定；食物链越复杂，生态系统越稳定。

4. 教学过程

教学过程见表 3-31。

表 3-31　教学过程

环节	教师活动	学生活动	设计意图
引入新课	生物的种间关系各种各样，捕食是其中很重要的一种关系。	思考。	知道生物的种间关系。

环节	教师活动	学生活动	设计意图
落实基础	讨论：各种生物在食物链中处于什么地位？有什么作用？ 各种生物在数量和能量上有什么规律？	思考，讨论。	理解食物链中营养级越高，物质和能量越少，生物数量影响生态系统的稳定。
实践应用	引导学生制作生态瓶，并根据实验现象分析原因。	研讨，选择材料，设计制作生态瓶。	尝试构建简单的生态系统，更加深刻地理解生态系统中物质和能量的转化及彼此的关系。
综合提升	分析讨论：生态系统中物质传递和能量流动具有哪些特点？ 影响生态系统稳定的因素有哪些？ 生态失衡后如何进行修复？ 人和自然如何和谐相处？	思考，讨论。	知道影响生态系统稳定的因素，会分析生态失衡的原因，知道生态失衡后如何进行修复，知道人与自然应和谐共生。
总结	概括单元知识点。	跟随教师思考。	能理解和落实贯穿本单元的核心思想和重要概念，树立生态保护意识。

5. 教学实施

（1）引入新课

师：生态系统就是在一定地区内，生物和它们的非生物环境（物理环境）之间进行着连续的能量和物质交换所形成的一个生态学功能单位。大家能说说你知道的生态系统有哪些类型吗？

生：热带雨林生态系统、海洋生态系统、湖泊生态系统、河流生态系统、沼泽生态系统、草原生态系统、农田生态系统等。

（2）落实基础

师：生物之间存在各种种间关系和种内关系，例如，捕食、竞争、寄生、共生、互助和种内斗争等。捕食者与被捕食者之间形成食物链。多条食物链构成食物网。在图 3-69 中你可以找到几条食物链？

图 3-69　草原生态系统中的食物链

生：我找到了 9 条。（列举）

师：植物在食物链中处于什么地位？

生：植物是生产者，在食物链中属于第一营养级，是整个生态系统稳定的基础。如果植物大量死亡，生态系统将受到很大的影响，甚至崩溃。

师：草食动物、小型肉食动物又有什么特点？

生：它们都直接或间接的以植物为食，在食物链上属于第二或第三营养级，它们所含的物质的量少于植物所具有的物质的量。

（3）实践应用

师：如果你自己建立一个生态瓶，你如何选择要入瓶的生物种类和数量？依据是什么？你选择的东西合适吗？为什么？如何改进？

实践：选择一个玻璃瓶，洗刷干净；挑选沙石、水草、小鱼等放入其中，用凡士林封闭瓶口；注意瓶中沙石、水草、小鱼等的数量以保持长时间的能量、物质的平衡；观察每个生态瓶中水草和小鱼的生长状况，并记录下来。（表 3-32）

表 3-32　实验结果记录表

生态瓶内容物	生长状况		
	第一周	第二周	第三周
水草若干，一条鱼，纯净河水，细沙			
水草若干，三条鱼，纯净河水，细沙			
水草若干，一条鱼，蒸馏水，细沙			
水草若干，一条鱼，纯净河水，淤泥			

学生们经过实践后发现：要维持生态瓶长期的稳定，一般只能放置一至两条小鱼(1000～2000 mL 水，水草适量)；需要光照(水草生长所需，但光照不能过强，水温太高不利于小鱼和水草生长)；需要细沙(提供有机质和微生物)，不要放淤泥(避免鱼鳃中夹裹淤泥，影响呼吸)；最好用河水，不要用蒸馏水(缺乏矿物质元素)。

(4)综合提升

师：生态系统中物质传递和能量流动具有哪些特点？

生：物质传递和能量流动都是沿着食物链、食物网进行的；植物光合作用固定的能量是整个生态系统中流动的总能量，能量沿着食物链单向流动，逐级递减，效率只有10%～20%。

师：影响生态系统稳定的因素有哪些？

生：①生产者(植物)的种类和数量。种类越多，数量越多，生态系统越稳定。

②食物链的复杂程度。食物链越复杂，生态系统越稳定。

③消费者之间的比例关系，即从初级消费者(植食动物)到顶级消费之间构成的生物金字塔的状况。

④非生物环境提供物质能量的能力。

⑤分解者的分解能力。

师：请阅读下面的资料

希拉穆仁草原，俗称"召河"，位于呼和浩特以北 100 km，平均海拔 1700 m。希拉穆仁草原是典型的高原草场，夏秋时节草原上绿草如茵，鲜花遍地。希拉穆仁草原昼夜温差较大，盛夏之夜，也凉爽似秋。草原上常见的植物有克氏针茅、羊草、冷蒿、芨芨草、狗尾草、披碱草、蒲公英、黄花蒿等。常见的动物主要有牛、马、羊、驼、鹿、狗等养殖动物，还有狼、野兔、田鼠、狐狸、鹰等野生动物。

20 世纪八九十年代，由于人为干扰的加剧，如超载放牧，超容量的旅游践踏等，导致草原出现严重的土地退化、沙化、水土流失。近些年来当地的人们相继开展退耕还草、围栏封育、灌溉草场等恢复植被的措施，取得了较好的效果。

180

师：草原生态失衡后可采用退耕还草、围栏封育、减少放牧量、灌溉草场等方法修复。你们能提出森林生态系统或水生生态系统修复的建议吗？

生：对于森林修复要退耕还林，封山育林，增加森林的物种多样性；对于水体修复要禁止水体污染，设置禁渔期，控制捕捞量。

师：人与自然相处时一定要尊重自然，保护自然，真心去爱和感激自然为人类提供的一切。

（5）总结

师生概括本单元知识要点。

课后自主学习　科技阅读：生物圈 2 号

生物圈 2 号是美国建于亚利桑那州图森市以北沙漠中的一座微型人工生态循环系统，因把地球本身称作生物圈 1 号而得此名。

1991 年 9 月 26 日，美国启用生物圈 2 号实验室。由于生物圈 2 号位于海拔 1200 m 的沙漠上，其外围大气压不是标准压力 101.3 kPa，而仅约为 88.2 kPa，因此，其内压只能略高，即为 88.24 kPa。生物圈 2 号中利用机械系统模拟地球自然环境，如制造海洋波浪、潮汐、溪流、瀑布以及按照季节要求控制风、雨、湿度等，并控制盐分梯度及营养循环速度和进行海水淡化。最初，生物圈 2 号的实验目的是研究人类及多种生物（植物和动物）在密封且与外界隔绝的人造系统中，是否可以经由系统内的空气、水、营养物的循环与重复使用而能够健康的生存下来。

在 1991—1993 年的实验中，研究人员发现：生物圈 2 号的氧气与二氧化碳的大气组成比例无法自行达到平衡；生物圈 2 号内的水泥建筑物影响到正常的碳循环；多数动植物无法正常生长或生殖，其灭绝的速度比预期的还要快。经广泛讨论，确认生物圈 2 号实验失败，未达到设计者的预定目标。

这篇文章给你哪些启示？哪些信息让你特别关注？为什么？

（四）教学反思

本节内容以生态农庄为载体，从物质、能量的传递过程出发，引导学生以参观、调查、研讨、设计实验、制作生态瓶等方式学习知识、提高认识，更加深刻地认识生态系统的组成以及微生物的作用，知道生态系统中物质和能量传递的特点和途径，学习用科学的思维方式看待生产生活中的实际问题。这种学习过程不是单纯的知识传输，而是带着问题在合作中探寻科学生活方式的一种活动。从科学综合的角度，关注科学素养的教育，进行能力提升的专项训练，是一个把学习者头脑里的知识与解决问题的过程转化成为不断探究发现新事物的过程。这样才能真正提升学生分析问题、善于质疑的优秀品质。

第一次课前，教师在学生出发前督促学生查找相关的文字资料自学，教师也要准备好相关的介绍内容，设计好学生的学习内容和要求，以便指导学生学习和落实相关内容。探访农庄的过程中，教师要选择几处有代表性的场所加以介绍，让学生能将理论知识和实践问题真正联系起来，弄清楚一些基本概念的含义和特征。总体感觉教师准备的资料应该更详尽一些，便于学生自学。

学生调查参观后，研讨、理解生物与环境形成统一的整体——生态系统，理解生态农庄的建立原理和工程技术要求，都需要教师耐心细致的引导和分析。而生态系统中的物质和能量的转化，微生物的分解作用学生基本上都有深刻的理解。教师要通过引导学生思考、探讨、分析资料，让学生获取信息、提出问题、解决问题，让课堂呈现出不一样的效果。

设计、研讨环节能让学生更好地理解相关实验的原理，知道怎么选择材料，怎么控制数量，怎么设置对照组，从而提升学生的综合分析能力和实验思维能力，为他们上高中后继续学习相关内容打下基础。但感觉有的学生综合能力和自主学习能力偏差，需要教师事先分好组，做好分工，做好课前的指导，帮助所有的学生学有所获，并最终使学生成为学习的主体。

——案例撰稿人　金利娟（北京教育学院附属中学）

（五）案例点评

"探访生态农庄"教学带领学生走出教室，让学生在真实的农庄、田野中去学习，这是 STEM 教育所倡导的教学方式之一。学生在美丽的留民营村参观、调查农庄的生态系统，了解生态农业技术，分析农庄生态系统中各个成分间的相互作用，这个过程促进了学生对生态环境相关知识的理解和运用。

182

沼气站是现代生态农庄比较核心的构成部分。教师带领学生着重分析了沼气站在生态农庄中所起的重要作用，引导学生了解沼气站的构成、原理、技术方法等。教师设计学生动手参与的小实验帮助学生认识微生物（分解者）在物质循环中的重要性，帮助学生理解沼气池中微生物的作用，理解生态农业中物质的循环再生。

设计生态瓶的活动为学生提供了综合运用生态系统和保持生态系统平衡等相关知识的机会。在设计过程中学生要综合考虑食物链的构成、生态瓶里的物质变化和能量流动以及非生物成分所发挥的作用，这个过程还培养了学生科学观察、数据记录、实验数据分析等方面的能力。

阅读资料——生物圈 2 号选取得比较好，教师如果能够让学生结合生物圈 2 号的资料来讨论和评价自制的生态瓶，学生会更加深刻地认识地球生态系统，认识人与自然的关系。

——案例点评人　周玉芝

九、奇特的图形设计

(一)教学背景

1. 指导思想

美术课程标准中"综合·探索"学习领域的教学需要教师改变思维定式，寻找美术各门类、美术与其他学科、美术与现实社会之间的连接点，设计出丰富多彩并突出美术学科特点的"综合·探索"学习领域的课程。在教学过程中，应特别注重以学生为主的研讨和探索，引导学生积极探索美术与其他学科、美术与社会生活相结合的方法，开展跨学科学习活动。

STEAM 是五个单词首字母的缩写：Science（科学）、Technology（技术）、Engineering（工程）、Arts（人文/艺术）、Mathematics（数学）。在我国，STEAM 教育的重要性近年来逐渐成为各界的共识，它逐渐发展为包容性更强的跨学科综合素质教育。STEAM 强调学科的融合，把学生的主动权交给学生，让学生去探索，这对授课教师来说是一项挑战，但也是师生共同成长的契机。

2. 理论依据

皮亚杰建构主义认为，知识是学习者在一定的情境即社会文化背景下，借助获取知识过程的帮助，利用必要的学习资料，通过意义建构的方式而获得的，即建构主义学习理论认为的"情境教学"。通过创设符合教学内容要求的情境和提示新旧知识之间联系的线索，帮助学生建构当前所学知识的意义。

"奇特的图形设计"一课的主线就是将数学中的平移知识融合到美术嵌入式的图形设计之中，通过一个个的预设问题，让学生在探究中获取新知，在失败中找寻规律，在合作中共享成果，最终体会到图形设计的奇特与美感。借助 STEAM 教育理念的视野，教师在课堂中既是策划者，也是活动组织者、知识讲授者和学习引导者。教师在课堂上引导学生整合运用不同学科的知识，进行一系列设计探究活动，来完成某个具体学习项目，最终使学生有所收获，这种课堂是真实的、开放的。

3. 与课程标准的联系

初中美术：

①开展观察感受、动手设计、相互学习借鉴、构思创意等美术学习活动。

②学科素养——图像识读，指对美术作品、图形、影像及其他视觉符号的观看、识别和解读。

③学科素养——美术表现，指运用传统与现代媒材、技术和美术语言创造视觉形象。

④学科素养——审美判断，指对美术作品和现实中的审美对象进行感知、评价、判断与表达。

⑤能比较明确地表述自己在生活中所看到的图形设计。

⑥利用平移进行嵌入式图案设计，认识和欣赏平移在现实生活中的应用。

⑦运用表现性评价、档案袋评价和展示交流等适应美术学科特征的评价方式，学会检验自己的学习态度、方法与成果，逐渐养成不断自我反思和评价的习惯和能力。

初中数学：

①通过观察、动手来研究数量关系和空间形式。

②学习平移图形在具体实际中的运用。

183

③能正确使用水平或竖直平移的方法进行设计活动。

④培养直观想象的能力，直观想象是指借助几何直观和空间想象感知事物的形态与变化，利用图形理解和解决数学问题的素养。

⑤养成运用数学抽象的思维方式思考并解决问题。

4. 教学内容分析

当今社会是一个读图时代，图形的创意是我们日常许多设计作品中的表现形式，也常常出现在我们的生活之中，更是设计作品中敏感和备受注目的视觉中心。由此可以看出好的图形设计在生活中具有灵魂的作用。

本课正是在正负图形的特点学习的基础上，让学生运用嵌入式设计的方法，来尝试进行创意图形设计，并体会正负图形在现实生活中的应用，最终让学生进行图形的创意设计实践活动，发展学生的创意实践与美术表现的能力。在学科知识方面，本课内容正好与数学七年级下册中平移知识相吻合，能将数学平移知识运用于美术设计活动中，让学生体验从收集生活中的废旧材料，到亲手设计创作出极具美感的作品的全过程，这既是一种环保行为，又是一次艺术实践，最终培育的是学生的学科素养方面的综合能力。

5. 学情分析

学生在以前的美术课中学习过"源于自然的美丽纹样""收集与创造"和"设计与生活"等同类型的课。一方面，他们已具有一定的设计制作和环保意识，但在读懂生活中出现的一些设计语言，通过集体探究的学习方式利用材料的特性进行创意设计，形成初步的设计思维等方面还存在着一定差距。另一方面，学生不能进行跨学科知识的应用，缺乏运用多学科知识分析问题和解决问题的能力；学生小组合作能力、表达与交流能力也有待提高，而这些都需要进一步通过深入学习来丰富他们的情感体验。

（二）教学设计与实施

1. 教学目标

通过两次小组合作探究的设计活动，学生感受图形创意带来的乐趣，初步了解正负图形的概念，正形与负形之间的关系。

以任务驱动的形式，学生分小组进行合作探究学习，发挥团队协作的智慧，用嵌入式剪纸粘贴法，设计出具有一定创意的正负图形，并应用于生活实际。

通过动手设计和制作，感受创意图形设计所产生的独特魅力，培养团队协作意识和环保意识，拓展创新思维，进而能将正负图形学以致用，美化生活。

2. 材料和工具

剪刀、彩色即时贴、素描纸、废弃矿泉水瓶、T 恤衫、画框、白色布袋、废弃板材和纸袋等。

3. 重要概念

正负图形也称反转图形或图底互换图形。特点：相互借用、相互依存，作为正形的图和作为负形的底可以相互反转。

在平面内，将一个图形上的所有点都按照某个直线方向做相同距离的移动，这样的图形运动叫作图形的平移运动，简称平移。

4. 教学流程图

教学流程如图 3-70 所示。

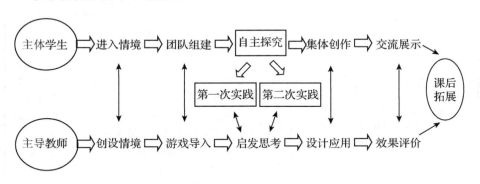

图 3-70　教学流程图

5. 教学过程

教学过程见表 3-33。

表 3-33　教学过程

环节	教师活动	学生活动	设计意图
游戏导入，引入课题	活动要求： 每组发一张纸，在纸上剪一个洞，设法围起一组所有成员。 挑战讨论： 必须要怎么做才能成功？ 你自己学到了什么？	学生分 6 个组，用 A4 纸和剪刀开始动手实践。 学生分工、讨论、实践、合作。	激发学习图形的兴趣，锻炼思维能力，形成团队合力，打破常规固定思维。
了解正负图形	1. 讲解图底互换知识。 2. 让学生说说生活中见到过的正负图形。 3. 案例分析：百货公司海报。带着学生了解正负图形在我们身边的运用和所起的作用。	得出正负图形的定义。	理解"图"与"底"的互换与共生，提高学生的图像识读能力，也为接下来的设计做铺垫。
学科融合，认识图形设计方法——嵌入式设计	引导学生认识正负图形之共生——图形间共用轮廓线。让学生结合七年级数学中的平移知识和美术中的平移知识进行嵌入式图形设计。	边看教师示范边思考作答。 进行第一次实践。	跨学科融合——美术与数学知识的结合。 初次设计正负图形，主要学习嵌入式设计图形的方法，为第二次集体创作做准备。
小组合作，创意设计	1. 介绍图形设计大师摩里茨·科奈里斯·埃舍尔的作品在生活中的运用。 2. 给出第二次集体创作的要求。	看设计大师的文字简介，倾听与思考。 第二次实践：集体创作，把全组的拼出的图案贴在可装饰物上，发现图案设计的美。	在真实学习环境中，针对设计过程中所出现的实际问题，提出问题的解决之道。
展示交流	师生共同梳理概念，交流设计与创意。	分享、交流。	引导学生更加深入地思考，锻炼学生批判性思考的能力。
小结	播放创意视错觉视频，师生共同小结。	反思、总结。	总结、提升。

6. 教学实施

(1)游戏导入，引入课题

先由教师宣布游戏规则：每组发一张纸，在纸上剪一个洞，设法围起一组的所有成员(8人)。此游戏可激发学生学习图形的兴趣，锻炼思维能力，使团队形成合力。学生分6个组，用A4纸和剪刀开始动手实践。

师：小组间开展挑战，讨论要怎么做才能成功？你自己学到了什么？

生：按照纸张大小不可能实现。分工、讨论、实践、合作很重要。打破常规固定思维，个人再优秀也敌不过集体智慧。

设计意图：激发学生学习图形的兴趣，锻炼思维能力，使团队形成合力。

(2)了解正负图形

①图底互换。

师：观察到什么了？你能说说正负图形有什么特点吗？（图3-71）

图 3-71　正负图形

生：酒杯、人侧脸、柱子、男人。

两个图形结合在一起，学生先回答什么是正负图形，教师再适时引导，共同得出正负图形定义：它们相互借用、相互依存。作为正形的图和作为负形的底可以相互反转。

②生活中的正负图形。

师：说说生活中，你见到过的正负图形。

生：太极图。

师：太极图是一个典型的正负图形，以中心曲线构成阴阳两极，寓意黑白对应，两极生生不息。（图3-72）

图 3-72　太极图

③观看海报。

师：这是一张海报，画面中有什么？如果是你，你会用它为什么公司做广告？

生：高跟鞋、皮鞋、男人、女人、男女平等、舞会、百货公司……

设计意图：结合经典图例，带着学生从整体上认知、了解什么是正负图形，了解正负图形在我们身边的运用，提高学生的图像识读能力。

(3)学科融合，认识图形设计方法——嵌入式设计

师：你还记得七年级数学中的平移是怎么讲的吗？美术中的平移又是什么样的呢？

生：物体上的每个点都集体移动、水平或垂直方向。

教师示范讲解图形的平移。（图3-73）

图3-73　教师讲解图形的平移

正负图形之共生——图形间共用轮廓线。（图3-74）

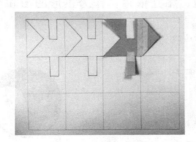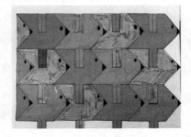

图3-74　图形间共用轮廓线

设计意图：跨学科融合，美术与数学知识的结合。

第一次实践。要求：在彩色8 cm×8 cm即时贴的正方形格子中，分割两个简易的图形，平移分割部分，设计一组嵌入式新图形，粘在8开纸上。细节：可以2张重叠一起剪，更高效！

设计意图：学生大胆尝试，初步体会平移嵌入式图案带来的美感。

教师提示学生在进行第一次作品展示时，可以用以下陈述性语句来表达。

①为了完成好作品，我组3人是这么分工的……

②我们选取了……这几种颜色，组成了……画面效果。

③我们设计的图案，运动轨迹是……（竖直/水平平移）

④我认为我组的作品是（成功/失败的），因为……

设计意图：尝试进行基本和简单的设计，学会运用知识、锻炼表达与创意思维能力。

（4）小组合作，创意设计

介绍图形设计大师摩里茨·科奈里斯·埃舍尔。

摩里茨·科奈里斯·埃舍尔的作品在生活中的运用：表盘、窗花、地毯、服饰等。（图3-75）

图3-75　设计大师的作品在生活中的运用

设计意图：通过第一次的尝试，进一步欣赏和体会摩里茨·科奈里斯·埃舍尔的作品。

第二次实践：集体创作。

师：挑出你们组大家公认的第一次造型最好看的一个设计，大家都剪同一款，最后嵌入相连拼出图案，用即时贴粘在可装饰物上。

学生分组合作进行创作。（图3-76）

图 3-76　学生进行平移图形的创意设计

设计意图：整个过程以问题和任务为导向，学生针对设计过程中所出现的实际问题，提出问题的解决之道。

（5）展示交流

梳理本节课的概念"图形"与"创意"。

图形——是一种最直观的视觉传达，并转为信息传达审美的视觉符号。

创意——不是简单地对客观事物的模仿，而是一种创造，对客观事物的再加工和改造。

教师提示学生在进行第二次作品展示时，可以使用以下陈述性语句来表达。

①我们组把图案运用到……之中，我们惊喜地发现……

②为了达到这种效果，我们组的组员是这样分工的……

③通过小组协作，我学习到了……

④我认为……组的作品好，好在……

⑤如果再给我一次重新设计的机会，我会在……方面改进。

学生对所设计的作品进行展示和介绍。（图 3-77）

图 3-77　学生对所设计的作品进行展示和介绍

设计意图：教师在小组学习当中扮演引导者的角色，引导学生更加深入地思考，锻炼学生批判性思考的能力。

（6）小结

播放创意视错觉视频。教师为学生提供设计学习资源。

设计意图：利用互联网的快捷功能，推送与课程相关的课后资源。

师生共同小结。

7. 学习效果评价设计

（1）学生评价

学生能够积极主动地参与学习与合作，能够用语言描述自己的创意和制作过程；小组合作设计的作品具有一定的审美或实用价值。

评价量规：学生评价量表。

①自评。

自评从图案设计是否新颖、色彩造型是否美观、设计是否具有一定的审美或实用价值三方面进行。

②互评。

请你说说除自己组以外哪组的作品给你留下了较深的印象？为什么？值得自己学习的有哪些地方，还有哪些好的建议？

（2）教师自身教学效果评价

课堂气氛是否融洽？学生分小组探究活动是否有效？学生课上实际获得感是否真实？学生作品设计是否具有创意？教师是否在课堂教学中做到鼓励学生、公正合理地评价学生？课程的课后拓展及延伸性是否强？

（三）教学反思

在党的十九大报告中，习近平指出，必须把教育事业放在优先位置，并强调要推进教育公平。在中国教育大力提倡素质教育的时代，提升学生核心素养和未来竞争力成为重要发展目标。因此，我们需要打破常规传统的教学模式，改变传统课堂中单一的授课方式，增强所教内容的探究性，勇于改革创新。STEAM这种以项目合作式的、学科跨界整合培养人才的方式是非常值得我们学习的。

"奇特的图形设计"一课是教师在对STEAM教育理念的不断学习和研究

的基础上，尝试打破常规传统课堂单一授课的方式，增强学生的小组合作、探究性学习，勇于改革创新的课程。

1. 教师在 STEAM 视野下创设问题情境，学生进行探究式美术学习

STEAM 是五个单词首字母的缩写：Science(科学)、Technology(技术)、Engineering(工程)、Arts(人文/艺术)、Mathematics(数学)。它由 20 世纪 80 年代美国为提升国家竞争力、劳动力、创新力而提出的 STEM 教育战略衍生而来，旨在打破学科领域边界，培养学生的科学素养。2011 年，美国弗吉尼亚科技大学的一名学者第一次在研究综合教育时提出将"A"(艺术)纳入进来，这个"A"，广义上包括美术、音乐、社会、语言等人文艺术。那我所理解的，美国这么提出，是基于把孩子从一开始培养成"社会性的创造性人才"这一方向而努力的。STEAM 教育理念在我国越来越受到广泛重视。它逐渐发展为包容性更强的跨学科综合素质教育。从这个方面来讲，在我国大力提倡素质教育的时代，STEAM 这种学科跨界整合培养人才的方式有两点值得我们学习。

第一，STEAM 就是一种思维的方式，我们在进行 STEAM 教育的过程中犯的一个错误就是总在思考要教什么样的内容，但是 STEAM 的精髓就是它是一种思维方式。

第二，STEAM 主张的不是教师教什么，而是学生学什么，怎么学。STEAM 强调学科的融合，把学生的主动权交给学生，让学生去探索，这对教师来说是一项挑战。

"奇特的图形设计"一课就是教师在 STEAM 视野下，通过不断创设课堂教学的问题情境，让学生进行探究式美术学习。本课的主线是将数学中的平移知识融合到嵌入式的图形设计之中，学生通过一个个预设的问题，在探究中获取新知，在失败中找寻规律，在合作中共享成果，最终体会到图形设计的奇特与美感。

2. 有机的学科融合，培育的是全面发展的人

本课有机融合美术与数学学科知识来设计学生活动，尤其在学生展示作品的环节，为了让每组代表发言能有效表达和陈述观点，教师进行了陈述语句的表达设计。

①我们组把图案运用到……之中，我们惊喜地发现……

②为了达到这种效果，我们组的组员是这样分工的……

③通过小组协作，我学习到了……

④我认为……组的作品好，好在……

⑤如果再给我一次重新设计的机会，我会在……方面改进。

我们发现通过这样的形式，学生的表达能力是无穷无尽的，效果非常好！这样的形式也改变了传统课堂学生词穷的局面，学生展示后获得的掌声不断。

3. 在真实任务中，学生学会合作与面对挫折

STEAM 的课堂强调学生在看似杂乱无章的学习情境中发展设计能力与问题解决能力，让学生不怕失败，最主要的是找出失败的原因。真实的问题往往是劣构、错构的问题，有了艺术审美的融入，能增强学生的设计意识，制作出"科学与艺术"结合的完美作品。通过课后给学生做后测发现，本课不管设置什么学习任务，都有一个共通性。

①在团队合作过程中，学生学到了什么？

个人再优秀也比不过集体智慧。

②在完成设计活动的过程中，学生学到了什么？

失败就是重新开始的机会，允许失败。

互联网时代，学生面临海量的信息和丰富的教育资源，社会的变化和技术的发展都在推动学生个性化学习的脚步。学生不再迷信教师，不再认为学习必须在学校和教室中发生，利用碎片化的时间可以找到最好的教师和丰富的教育资源。教师需要做的是构建一个绿色生态的课堂，给每一位学生提供思考和挑战的机会，使每个学生努力成为最好的自己！

—— 案例撰写人　冯丽(北京市文汇中学)

(四)案例点评

本案例是融合了一定数学内容的美术课。美术、数学和设计具有紧密的联系，数学学科所要探究的物体与图形的形状、大小、位置关系，建立对空间图形的认识，视图与投影，图形与变换等，也是美术学科要求学生掌握的内容；数学与美术都是设计的基础，因此数学、设计、美术以及科学相结合是培养学生 STEAM 素养的一个重要途径。

193

194

　　教学中教师设置了欣赏设计、初步设计图形、应用设计等主要教学活动。在欣赏设计部分学生欣赏了正负图形艺术作品，在此基础上引出数学中的平移和美术上的嵌入式设计，这个过程培养了学生图形识读的美术学科核心素养。在初步设计图形部分，学生练习平移嵌入式图案的设计，尝试运用平移嵌入技法，结合其他美术语言、技法进行设计。教师让学生欣赏了艺术大师运用嵌入式图形设计的各种作品，启发学生的设计与创新思维。在应用设计部分放手让学生进行创意实践，为T恤衫、购物袋、装饰画等进行装饰设计。

　　该教学用任务和活动把学生带入学习之中，使学生意识到学习的意义与价值，并愿意为之辛苦付出。很多学生在下课铃声响起后仍不肯停手，他们真的是喜欢上了设计和创作。

　　针对学生不善于在公共场合发言的情况，也针对部分学生不知道如何组织语言的问题，教师为学生提供了表达小组设计的汇报框架。学生有了汇报框架的帮助，能够非常自信和流利地汇报自己设计的工作，反思自己的学习和设计，该设计提高了学生的语言表达能力。

　　总之，该教学设计提升了学生对美术和数学的认识，提升了学生的设计能力。

——案例点评人　周玉芝

第四章　STEM教育视野下学科教学改进案例

一、光学隐形探秘

（一）教学背景

1. 与课程标准的联系

课程标准倡导"从生活走向物理，从物理走向社会"的课程理念。课程的设置应贴近学生生活，让学生从身边熟悉的生活现象中去探究并认识物理规律，同时还应将学生学习到的物理知识及科学研究方法与社会实践及其应用结合起来，让他们体会到物理在生活与生产中的实际应用。这不仅可以增加学生学习物理的乐趣，而且还将培养学生良好的思维习惯和科学探究的能力。这样的学习将会让学生终身受益，因此，生活中的物理是我们丰富的课程资源。本课创设了略带神秘色彩的"隐形"情境，深入挖掘光的传播规律与生活实际的联系，引导学生灵活地运用所学知识设计隐形装置，以加深学生对光的反射定律和平面镜成像特点的认识和应用，体验物理在生活中的应用。本课对应的初中物理课程标准要求为"通过实验，探究并了解光的反射定律"，"探究平面镜成像时像与物的关系，知道平面镜成像的特点及应用"。

2. 教学内容分析

本课内容涉及北师大版《物理》八年级上册第五章"光现象"的第一、二、三节：光的传播、光的反射和探究平面镜成像的特点。"光现象"一章主要研究光在传播过程中的一些简单现象及其规律，这些知识与生产、生活实际及自然现象的联系极为密切，学生在实际生活中也有一定的感性认识。

本课以学生探究为主，通过创设光学情境，让学生利用平面镜自主设计隐形方案，综合了物理中光的传播特点和数学中角度的知识。在教学内容中渗透了描点法画光路、对比等科学探究方法和对称的基本思想，落实物理学科核心素养。

3. 学情分析

学生已学习了光现象中的直线传播、反射定律和平面镜成像特点，对光现象有一定的认识。从认知的特点来看，学生有较强的好奇心和动手欲望，并且具有一定的观察能力和探究能力。因此，教师应引导学生利用所学知识进行实验探究，在实验探究的过程中加深对知识的理解，增强获得感。

（二）教学设计与实施

1. 教学目标

以实现光学隐形为探究任务，通过动手实验和分享讨论，加深对光的直线传播、反射、平面镜成像等规律的认识。

通过动手实验与小组讨论，提高探究能力和团队合作意识，提升解决问题的能力。

体会物理与社会的紧密联系，激发探究科学的兴趣，增强社会责任感。

2. 材料和工具

带窗口的箱子、平面镜、胶棒、电池等。

3. 重要概念

光在同种均匀介质中沿直线传播。

光的反射定律：光在发生反射时，反射光线、入射光线、法线在同一平面内，反射光线和入射光线位于法线两侧，反射角等于入射角。

平面镜成像特点：平面镜成像时，像与物大小相等，像与物到镜面的距离相等，像与物的连线垂直于平面镜。

4. 教学过程

教学过程见表 4-1。

表 4-1　教学过程

教学阶段	教师活动	学生活动	设置意图
创设情境，导入新课	提问：说一说你在生活或影片中见过的隐形。播放学生自制的隐形魔术视频，激发学生的学习兴趣。	回答。观看视频，思考隐形是如何实现的，产生强烈的探究欲望。	师生互动，让学生谈一谈对隐形的了解和好奇程度。通过播放隐形魔术视频，引发学生思考，激发学生的探究愿望，实现以解决问题为导向的主动学习。

教学阶段	教师活动	学生活动	设置意图
明确任务，小组分工	提问：视频中圣诞老人离开原来的位置了吗？ 为什么看不见圣诞老人了？ 看见的是什么？ 为什么能看见后面的背景？ 任务：通过小组分工合作设计一个隐形装置，来达到隐藏物体并显示背景的效果。	回答。明确隐形任务，设计装置。	通过一连串的问题让学生明确隐形的目的是使前面的物体凭空消失，同时看见后面的物体或背景。使学生明确分工和隐形任务，熟悉器材和辅助工具。
探究反射式隐形	请同学们观察平面镜，设计隐形方案，画出草图。教师巡视、指导，并适时展示典型方案，引导学生发现问题、改进方案，并进行组间评比。 在学生经历过几次方案的设计和改进后，播放真人隐形视频，并展示大实验装置，请同学上台感受。	观察平面镜，设计、讨论，小组合作摆放平面镜。观看，体会。	在观察平面镜的同时思考平面镜的特点，体会反射。通过动手实践寻找规律，在设计平面镜摆放过程中提高动脑、动手能力。通过分享自己的设计方案，培养用语言进行归纳和概括的能力，同时对知识有更深入的认识和思考。 通过展示视频和真实的大实验装置，感受科学技术带来的震撼。
深入思考，抽象思维	分析隐形的成因。 引导学生思考光学隐形更深层次的物理问题：光遇到镜子为什么会改变方向，怎么改变，改变多少，为什么从镜子里看到的物体左右颠倒，为什么从镜子里看到的电池好像离我们特别远。这一系列的为什么就需要在今后的物理学习中去落实。	回答。 思考，课下探究。	通过一系列问题，引导学生从光学角度分析隐形的成因，建立隐形问题与物理知识的联系，培养学生分析问题和归纳总结的能力。由现象到理论知识，激发学生自主学习的欲望。

197

续表

教学阶段	教师活动	学生活动	设置意图
拓展总结	播放视频，介绍其他方式的隐形。讨论隐形技术的应用。 激励发明、创造。	观看、思考、交流、回答。	拓宽学生视野，让学生感受科学的无限魅力。激发学生学好物理，将来服务于社会的信心。

5. 教学实施

（1）创设情境，导入新课

首先通过提问互动，了解学生对隐形的了解和好奇程度，增进对学生的了解，同时让学生对课堂内容有所期待。接着播放学生拍摄的隐形魔术视频，视频中两个学生主持人讨论了网上流传的隐身衣事件的真伪，其中一个主持人表演了隐形魔术为大家留下悬念。

设计意图：通过视频引发学生思考，激发学生的探究愿望，实现以解决问题为导向的主动学习。

（2）明确任务，小组分工

师生对话简要分析视频中的魔术。

师：刚才视频里的同学给我们变了一个隐形魔术，圣诞老人离开原来的位置了吗？

生：没有。

师：为什么看不见它了？

生：被挡住了。

师：那我们看到的是挡上它的物体吗？

生：不是，是后面的圣诞树。

师：我们看到的不是挡上它的物体，而是圣诞老人后面的圣诞树，后面的背景。这是为什么？

生：这里面有平面镜，是平面镜反射。

师：请设计出一个隐形装置，来达到隐藏物体并显示背景的效果。主要器材为平面镜，数量不限。另外有一个带观察窗口的小箱子、背景板、一节电池、一个胶棒、镜子支架等，这些作为辅助工具，可以选用。电池、胶棒和你的眼睛在一条直线上，或者利用箱子从这个窗口观察，电池被胶棒挡住了。隐形后，我们从固定的视角或者窗口观察的时候能透过胶棒看到后面的电池，还原后面的背景。视角要保持不变。请同学们试一试用我们每天照的镜子能创造出什么样的奇迹。充分发挥想象力和创造力，没有最好只有更好，看看能设计出多少种方案。最后要进行小组间评比。（图4-1）

图 4-1　隐形装置设计说明

同学们分工合作，三个同学一组，建议同学共同研讨方案，探究时明确自己的角色和职责。（表4-2）

表 4-2　探究实验中学生的角色与职责

角色	职责
观察者	确定好观察视角进行观察，根据观察现象提醒操作者调整镜子角度。
实验员	依据设计方案，摆放、调整、固定镜子角度。
记录员	在任务单上绘制方案草图，记录实验现象，根据实验调整方案。

设计意图：通过简要分析视频中的魔术，引导学生抓住视频中魔术的关键。由同学的魔术视频自然过渡到同学自己要完成的隐形任务。教师明确任务要求和成功标准；小组同学分工协作完成任务。

（3）探究反射式隐形

学生动手实践，教师巡视指导，拍摄典型方案进行分享。（图4-2）

图 4-2　学生制作隐形装置

①方案分享

方案分享1。

生：我们用了两个平面镜。一个平面镜用来挡住前面的物体，另一个用来反射。（图4-3）

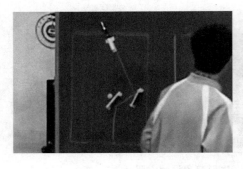

(a)学生利用激光笔展示设计　　　　(b)学案上设计的光路图

图4-3　方案1

教师将方案1的实验效果照片投影到大屏幕上。

师：大家仔细观察，有没有发现什么问题？

生：前后好像错位了。

师：为什么会错位呢？请同学解释一下。

生：用激光笔代替电池。因为电池反射的光是各个方向的，所以激光笔的方向也可以转一下。本来看到的是正面，由于这个方向被挡住了，而这里又有一个镜子可以让光出来，所以看到的是侧面。

师：请你们思考一下如何解决这个问题，再动手试试。

方案分享2。

生：我们针对两个镜子出现错位的问题，又在这里加了两个镜子，同时调整了另外两个镜子的角度。

教师将方案2的实验效果照片投影到大屏幕上。

师：大家看他们的方案存在什么问题？

生：后面的电池好像变小了。

师：这是为什么呢？

生：因为平面镜成的像距等于物距，多一个平面镜就多一段距离，离的越远看上去越小。

师：如何解决这个问题呢，大家再来试一试吧。

方案分享 3。

生：我们这个方案用了三个镜子，镜子越少成的像就越接近真实的物体。
（图 4-4）

图 4-4　学生绘制方案 3 的光路图

教师将方案 3 的实验效果照片投影到大屏幕上。

师：大家看他们的方案存在什么问题？

生：字反了，左右颠倒。

生：成的是镜像。

师：刚才两面镜子和四面镜子都没有出现这个问题，为什么三面镜子就成了镜像？

生：跟镜子个数有关系。

生：奇数成镜像，偶数成真实的像。

②方案评比

利用平面镜实现隐形有很多组合方案，虽然分享了 3 个典型方案，但同学们实际的方案不止这些，在这个环节中请同学们展示任务单，互相观摩并进行投票。

设计意图：通过集中展示和互评，促进学生发散思维的发展，并在评比中获得成就感。

③观摩"隐形"

播放《大变活人》魔术视频，视频中隐形装置由 4 个 90 cm×60 cm 的大镜子组成，视频由一位教师和一位小学生共同拍摄完成。

设计意图：通过观看视频，学生感受到了的确可以利用平面镜实现人的隐形，感受科学的力量。

（4）深入思考，抽象思维

师：我们再深入地分析一下为什么平面镜有这么神奇的隐形效果呢？首先我问问大家为什么我们能看见胶棒呢？

生：反射。

生：光的直线传播。

师：之所以能看见胶棒是因为胶棒反射的光到达我们的眼睛，为什么看不到电池呢？

生：电池的反射光被胶棒挡住了到不了我们的眼睛。

师：假设我有一件哈利·波特的魔法衣，套在胶棒上面让它消失，让电池出现，那么电池的反射光到它身上之后怎么到达我们的眼睛呢？

生：绕过去。

师：很好，绕过去，也就是改变光路的方向。这就是我们今天光学隐形的奥秘所在。小小的光学隐形蕴含了光的传播规律：光的直线传播以及反射现象。

设计意图：在学生实验探究的基础上，引导学生思考实验现象背后的道理，建立起理论和实际的联系，培养学生抽象思维能力，使学生体会到学习的乐趣。

（5）拓展总结

拓展其他隐形方式：播放折射式隐性视频。

设计意图：通过播放折射式隐形视频说明达到一个目的有很多方法和手段，鼓励学生不拘一格发挥才能，培养学生的发散思维。

最后通过讨论，师生总结隐形技术的应用。

师：隐形技术有什么用呢？仅仅是为了娱乐吗？

生：军事上，有隐形战机、隐形潜艇。

生：躲避敌人的追杀。

生：舞台表演。

生：做胃镜的内窥镜也是一种隐形。

师：非常好。隐形技术可以用于消除车辆盲区、用于外科手术中医生透过皮肤看到病人身体内部、用于室内装饰和艺术设计、用于军事隐形战机。我国自行研发的歼20就具有隐形功能，大大地提升了我国国防力量。

师：本节课通过动手设计光学隐形方案，告诉大家一个道理——先进的科学技术有时候离我们并不遥远，不一定需要昂贵的设备，高深的知识，只要你善于观察和思考，它就在你的身边，等你来发现。最后老师通过一张光纤照片作为结束寄语：光纤是一种波导，将光束缚在纤芯中传输，是改变光路的一个典型实例。光纤通信现在已应用到了千家万户，我们在享受互联网带来的便利的同时应该知道光纤的发明者华裔科学家高锟，他也因此获得了2009年诺贝尔物理学奖。希望这堂课能给大家带来一些启发，未来也能发挥自己的智慧，为社会进步做出贡献。

(三)教学反思

1. 设计思想

陶行知先生说："先生的责任不在教，而在教学，而在教学生学。"怎样才能使学生主动发现问题，并能通过实验分析、推理、归纳而获得知识呢？我想，对教师而言，应从任务或问题出发，通过创设情境，引发学生心理上的认知冲突，放权给学生，让他们自主实验，让他们经历科学探究的过程，体验科学探究的方法，从中获得知识和技能，获得情感体验，使学生感到物理是重要而有趣的课程。

本课把魔术、评比渗入课堂，引起学生强烈的好奇心和好胜心，整个课堂每个学生都参与其中、沉浸其中，课堂气氛非常热烈，直到下课学生仍感到意犹未尽，充分发挥了学生的主体地位。这节课，教师的教学任务就是创设问题，教学的核心就是引导学生解决问题，教学的艺术就是使学生成为提出问题的主体。学生自主设计隐形方案，通过对比发现问题并改进方案，在反复尝试的过程中，深入认识光的反射定律和平面镜成像特点。与传统授课内容相比，本课内容新颖，是基于真实问题的探究，学生获得的认知更为深刻。

在教学策略上实行分组教学，赋予小组内每个成员一个角色，规定角色

203

204

的职责。学生在履行好职责的同时，全程参与小组活动的每个环节，学生的活动参与度很高。在教学评价方面，采用教师评价和组间互评的方式，激励学生充分发挥创新思维，促使学生积极主动地"推销"自己的方案，加强学生间的交流。

2. 创新点分析

本课由网上流传的隐形视频引发灵感，将光学隐形和光的直线传播、反射、平面镜成像等知识相结合整合开发而成。创新之处如下。

（1）自主开发教学资源

光现象在生活中非常普遍，学生对这方面的感性认识也非常丰富，但将所学知识通过动脑动手设计应用到实际生活中却较为缺乏，理论和实际脱节。本课创设了光学隐形的情境，略带神秘色彩的隐形充分激发了学生的好奇心和探究欲望。学生通过设计、摆放平面镜，在动手动脑中加深对光反射的认识。利用平面镜实现隐形有很多组合方案，不设限制的问题给了学生无限的发挥空间，有助于学生充分发挥想象力和创造力，相比传统的教学，学生更能实现真探究。本课以学生动手设计、交流为主，真正做到了学生主体、教师主导。尽管课程内容是全新的，但没有脱离课本教学内容，将 STEAM 元素不着痕迹地融入课堂教学中。

（2）自行研发教学用具

本课中 2/3 的时间都是学生自主动手活动，教具（图 4-5）是本课的重点和关键所在。教具的研发也是本课的一个突出亮点。为更好地呈现隐形效果，在教具的选取上进行了多次改进：考虑到教室空间，所选教具的尺寸应大小合适；考虑到观察效果，教具的颜色应对比鲜明、标志应清晰简单、寓意应易懂深刻；考虑到方便学生课下继续探究，教具的选择应随处可用。经过反复对比和考量，最终选择了固体胶和方电池作为参考物体，由数学、物理图像组成的"PHYSICS"字样为参考背景。固体胶和方电池在生活中非常常见且大小适中；固体胶主色为黄色、方电池主色为黑色，颜色对比明显；两者上的字也较为清晰易辨识，在观察镜像时易于发现问题。参考背景结合了数学和物理图像，将物理英文单词蕴含其中，作为背景起到确定位置和辨别镜像的作用。另外，还设计制作了 A4 纸大小的开有小窗口的铁皮盒子，一方面方便学生明确任务、观察现象；另一方面方便利用带磁铁的支架固定平面镜的位置。表面上看，教具设计非常简单，甚至还有些粗糙，实际上是为了消除学生以为隐形实验高大上的心理障碍，透露给学生一个信号：不需要精密仪器、不需要高深知识，善于观察和动手就能创新。

图 4-5　学生探究"隐形"的实验教具

（3）充分利用信息技术手段

在进行教学设计的过程中，我搜索了大量的网络资源，并自行拍摄了大量不方便现场演示的照片、视频等，穿插在教学课件中。在引入新课和隐形拓展环节播放视频和照片，不仅使学生更易理解任务，而且还给学生带来视觉、听觉上的冲击，引发了学生的兴趣。在课程实施过程中，借助多媒体设备实时分享学生的方案也是本课的一个亮点。由于观察的角度有限，为更好地让全体学生分享交流，利用手机拍摄学生方案后实时发送到多媒体屏幕上展示，如同每个同学身临其境观察到的一样。这样的处理方式大大地提高了交流的成效。（图 4-6 至图 4-8）

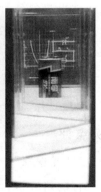

图 4-6　不同隐形方案实现的效果

图4-7　"大变活人"魔术　　　　　　图4-8　折射式隐形

3. 评价

本课在我校"发现教育"教科研年会上作为现场课展示,受到师生广泛好评。物理、化学、生物、数学、信息技术学科的学科主任从"问、思、论、察、效"五个方面进行了评价,认为课堂提问机智层进、师生互动充分、学生自主探究充分、教学设计落实核心素养。从学生问卷调查来看,学生很喜欢这样的课堂,从这节课我们也发现给学生机会,学生会给我们惊喜。

4. 启示

将学生作为课堂的主体,教师在课堂上退居幕后,但对教师的要求较之以往更高。教学内容的选取、教学环节的设计、教学用具的准备、教学过程的预估、教学评价的把握,需要教师有足够的专业知识、付出更多的心血。因此提升自身知识储备和专业能力、提升课堂把控能力更为重要。本课预设的情况是学生设计出两个镜子方案,改进到三个镜子方案最后到四个镜子方案,而学生在课堂上真实操作的过程是从两个镜子到四个镜子,设计出三个镜子方案的较为困难,因此教师还需准备得更加充分,考虑更多可能的情况,以应对突发状况。

——案例撰写人　马晓欣(北京理工大学附属中学)

(四)案例点评

本案例是针对"光现象"中光的传播、光的反射和探究平面镜成像的特点三部分内容所进行的研究课,目的是促进学生对科学概念的理解和应用,提高分析问题和解决问题的能力。教学设计有以下优点。

1. 创设了能够激起学习热情的教学情境——如何隐形？

这是每个人都会心向往之的事情：如果能够把自己隐形起来，将是多么有趣的一件事！所以这个情境能够激发学生的参与热情。

2. 学生在真实任务中尝试、发现和学习

利用镜子实现物体的隐形是教师交给学生的任务，学生要动手探索以达到教师提出的任务要求。为了完成这个任务，学生需要进行装置的设计，他们要运用之前所学的光的直线传播定律、光的反射定律，在学案上绘制光路图，要协调入射角、反射角以及镜子的位置，确保从电池反射的光线经过镜子的反射后能够进入观察者的眼睛，这里也暗含了数学的知识以及视觉原理。

学生根据设计的图纸组装成装置，再调整装置得到满意的结果，这个过程是具有挑战性的，他们也从中体会了从科学原理到技术实现需要考虑多方面因素，涉及多方面知识的运用。

3. 教具的开发和使用促进了学生的学习与探究

首先，学生动手进行隐形探索的教具简单、方便操作，使全班学生都有条件进行探索和发现。其次，利用激光笔模拟物体对光的反射，呈现光的反射路径，使原理和设计直观、可见。最后，教师利用大的四面镜子实现了人的隐形，这个自制教具的效果虽然是通过视频让学生观看的，但也对教学起到了很好的促进作用，让学生认识到他们设计的方案是可行的。

4. 信息技术手段的运用提高了课堂教学效率

由于每组的方案实施效果需通过一个特定的小观察口观看，这就使得每组的实验效果只有本组成员或教师可以看到。教师运用手机及时拍下各组的实验效果，投影到大屏幕上，这样班级的所有同学就可以分享每一组的方案，观看和评价他们的隐形效果，提高了教学效率。

5. 开拓了学生的科技视野

教师引导学生认识隐形技术的重要应用，如隐形飞机、医用内窥镜等，还让学生知道光纤的原理也是光的反射，光纤利用光的反射实现了信息的传递。这些都有利于在学生心中埋下科技创新的种子，激发他们科技创新的意识。

——案例点评人　周玉芝

207

二、探究玩具电动机转动的奥秘

STEM 教育是科技教育改革的新方向。开发 STEM 案例，在校内外开展 STEM 教育活动，成为很多科学教师及科技工作者所关注的问题。而如何避免将 STEM 教育浮于表面和空有课堂的热闹，将 STEM 教学有效实施，从而促进学生的深度学习，是我们应该思考的问题。本文通过研究并展示"探究玩具电动机转动的奥秘"这一节有关通电导体在磁场中受力转动的课程，能够为教师开发 STEM 课程资源提供借鉴。

（一）教学分析

1. 挖掘"电动机"教学背景下的 STEM 元素

这节课从教学内容的分析来看，涉及物理、数学、技术。

从物理角度分析：力和能量是贯穿整个物理学的两条主线。这两个观点在本课中都有所涉及。从运动和相互作用观来说，电动机转动是通电导体在磁场中受安培力转动的结果；从能量观来说，电动机转动是通过电流做功将电能转化为机械能的结果。

从数学角度分析：从一段通电导体到一个通电线圈的分析，从通电线圈在一个位置的分析到通电线圈在整个空间关键位置的分析，提高学生的空间想象能力。

从技术角度分析：线圈的持续转动是一个技术问题，电刷、换向器、转子的多组线圈、多组换向器的使用都是技术突破的"关键点"。

科学与技术结合解决问题的范例：通电线圈在磁场中会受力转动，是一个科学发现，换向器这是一项技术发明。如果没有科学原理，线圈不会转；如果没有技术支持，线圈不会持续的转动。科学家的发现很伟大，发明家的创造同样伟大。科学与技术的完美结合，更能造福于人类。

2. 常规教学存在的难点问题

在初中物理教学阶段，教师在讲授"电动机"这一节时，通常情况下先介绍电动机的原理、能量转化，再通过课本图片，利用左手定则，分析电动机持续转动的原因，让学生了解换向器的作用。这样的教学实现了知识目标，但是错失了"电动机"这一节所包含的教育价值。这样的教学存在以下问题。

①学生不能体会左手定则、受力分析等物理知识对解决线圈持续转动所发挥的重要作用。

②学生不容易理解换向器的作用。

③学生对线圈持续转起来的难度体会不深，不能体会换向器这一技术的巧妙，不能体会技术的重要性。

④对通电导体在磁场中受力转动等物理知识如何转化为电动机的实际应用的过程缺乏了解，从而不能体会科学与技术的结合。

⑤不从实际问题出发，始终学习的是电动机的模型。

⑥动手体验少，难以调动学习热情。

3. 突破难点的教学策略分析

(1)从实际问题出发

电动机作为动力机械，能满足不同的需要，生活中到处都是电动机的身影，电动机的教学不应该从模型入手。本教学从实际问题出发，让学生直接拆取玩具汽车中的电动机。通过将电动机直接连入电路进行实验，学生研究电动机的结构、原理、能量转化、转动条件、转速控制方法、转向控制方法，增加体验。这种方式符合初中学生的能力水平，调动了学生的学习热情。

(2)经历真实探究过程中的关键问题

首先，教师演示处在磁场中的通电线圈不能持续转动，引发学生的认知冲突。其次，利用简图板演受力分析，让学生体会左手定则、受力分析等物理知识对解决线圈持续转动所发挥的重要作用；让学生动手实现线圈的转动，发现线圈不能稳定、持续地转动；让学生了解换向器的作用，发现线圈在平衡位置时不能启动。最后，引导学生探究玩具电动机的换向器、多组线圈的结构在解决以上难题所发挥的作用。通过经历这一系列实现电动机持续转动的关键问题，学生体验如何用物理知识实现电动机的转动，体会知识应用的难度，体会到换向器这一技术的巧妙，体会科学与技术的结合。

209

(3)重视模型的使用，化抽象为具体

教师用自制线框(图 4-9)加简图板演的方式引导学生进行受力分析，让学生突破受力分析的难点，找到线圈不能持续转动的原因。学生用自制线圈换向器(图 4-10)在学案平面图(图 4-11)上操作模型，体会换向器改变电流方向的作用，再结合简图板演，理解换向器让线圈实现持续转动的原理。

  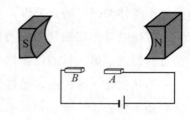

图 4-9　自制线框　　图 4-10　自制线圈换向器　　图 4-11　学案平面图

(二)教学目标

知道电动机是把电能转化为机械能的装置，是根据通电导体在磁场中受力转动的原理制成的，进一步理解力的作用效果。

基于电动机关键位置的受力情况分析，分析线圈的摆动原因，从而分析让线圈持续转动的方法。

了解平衡位置就是磁感线垂直穿过线圈平面的位置。

体会物理知识对解决实际问题的重要作用，提高学习物理知识的兴趣。

体会换向器这一技术的巧妙，体会技术的重要性。

(三)教学过程

1. 从实际问题出发，明确主题

此环节的教学过程见表 4-3。

表 4-3　教学过程 1

教学环节	教师活动	学生活动	设计意图
情境引入	1. 教师播放自录视频。 2. 提出问题：玩具车为什么会动？它的能量从哪里来？	学生说出自己想法：电动机(结构)、电能转化而来(能量)、通电导体在磁场中受力(力)。	提取学生已有知识，调动学生学习的积极性。

2. 创设情境， 引导学生自主构建新知

此环节的教学过程见表4-4。

表4-4　教学过程2

教学环节	教师活动	学生活动	设计意图
三级电动机的组成部分	1. 教师播放自录视频。 2. 提出问题：玩具电动机由哪几部分组成？ 3. 教师板书，补充定子、转子。	学生梳理视频信息；说出电动机的组成部分：线圈、磁铁、电刷（代表电源正负极）。	拆电动机是一个真实问题，让学生对电动机有更多的直观和具体认识，从生活走向物理。
玩具电动机的工作原理、能量转化、转动条件	1. 教师演示三级转子通电后于磁场中转动。 2. 电动机动起来的条件是什么？原理是什么？能量怎样转化？ 3. 教师板书，补充电流热效应，做功转化为内能。	学生分析： 条件：电流、磁场。 原理：通电导体在磁场中受力转动。 能量：电能—机械能—内能。	分析原理。
影响电动机转速、转向的因素	1. 如何改变电动机的转速和转向？ 2. 师生制订实验方案。 3. 教师板书，补充线圈的匝数、阻力的大小。	学生分组实验： 通过滑动变阻器、磁铁远近改变转速；通过改变电源正负极接触点、磁铁磁极改变转向。	增加直观感受，利用已有知识解决问题。

3. 创设情境， 引导学生动手实验

此环节的教学过程见表4-5。

表4-5　教学过程3

教学环节	教师活动	学生活动	设计意图
线圈转动的条件：安培力是动力（非阻力、非平衡力）	1. 线圈会不会动？ 2. 教师演示实验：线圈摆动。 3. 教师板画，师生画受力分析简图，分析线圈动和静止的原因。 4. 要想让线圈持续转动，就要去除阻力，如何实现？ 5. 断电方法：线圈一端引出线只刮平衡位置为分界的半边的绝缘漆。 6. 教师演示实验：人工改变电流接触点，线圈持续转动。 7. 教师板书，补充条件安培力是动力。	学生根据电动机转动条件判断。 学生跟着教师在纸上分析。 分析当安培力成为阻力时要断电。 分组实验：自制电动机。 学生分析线圈持续转动的原因：改变电流方向，使得阻力变动力，线圈持续转动。	利用自制线圈、简图化抽象为具体，抓住关键，分析受力，化繁为简，突破难点。 通过自制小电动机活动，促进对电动机原理的理解。

211

4. 引导学生观察模型，动手操作模型，理解新知

此环节的教学过程见表4-6。

表4-6　教学过程4

教学环节	教师活动	学生活动	设计意图
电动机的组成部分：换向器	1. 师生共同分析：两种使得线圈持续转动的方法的优点和缺点，提出新的解决方案。 2. 教师播放视频。 3. 引导学生观察换向器模型。（随着线圈的转动，换向器的两个铜半环与电刷交替接触。） 4. 提问：换向器的有效位置是铜环部分还是两片铜半环？ 5. 指导学生贴换向器模型。 6. 教师在原图基础上更改补充板画，师生画受力分析简图，分析换向器如何改变电流方向。 7. 教师板书，补充电动机的组成部分——换向器。	了解换向器的结构，标出结构，体会换向器的作用。 粘贴换向器模型的两个铜半环，并且在纸上体会。	了解换向器的发明创造性地解决了实际问题。

5. 知识迁移，巩固新知

此环节的教学过程见表4-7。

表4-7　教学过程5

教学环节	教师活动	学生活动	设计意图
电动机的组成部分：三级线圈	1. 播放换向器的动画。 2. 提出问题：如果线圈停在平衡位置，线圈能不能自行启动？ 3. 玩具电动机靠什么结构实现在任意位置的自行启动？ 4. 教师板书，补充三级转子、三片换向器。	观看、分析。 观察电动机三级转子，体会三级线圈在实现电动机在任意位置自行启动的作用。 动手操作玩具车的电动机，体会转动条件，改变转速、转向等。	知识迁移，在动手体验中巩固本节课所学知识。

6. 总结所学，升华课堂

此环节的教学过程见表4-8。

表 4-8　教学过程 6

教学环节	教师活动	学生活动	设计意图
小结	1. 回到课前的问题，玩具电动车为什么会动？ 2. 补充结构、作用和条件的板书。 3. 点题：科学很伟大、技术同样伟大。	回答。 总结换向器的结构和作用。	前后呼应，逐渐补充板书，形成本节课的知识框架。

（四）教学反思

在本教学中教师充分整合了演示实验、分组实验、模型、课件、视频、仿真软件等优质的资源，让学生从一个真实问题出发，经历真实探究中的关键问题。教师合理利用简图板演受力分析，利用线圈模型等化抽象为具体，帮助学生掌握分析问题的方法。根据 STEM 教学模式，教师以让学生深度学习为目的，围绕"做中教、做中学"展开教学。

为了了解学生的收获和感受，教师对个别学生进行了访谈，以下展示的是有代表性的访谈内容。

师：老师在这节课做了一些改变和尝试，相信大家都感受到了。能说说这些改变带给你的收获和感受吗？

生1：课堂的切入点不再是课本上的课题，而是通过拆卸玩具车这样一个生活中特别有趣的课题展开的，觉得这节课的课堂是一个有趣知识的载体。

生2：将抽象的理论知识转化为对线圈受力分析的具体知识，用圈、点这些符号，增加理解，加深记忆，让理论学习不再那么枯燥。

生3：师生互动更多，课堂气氛活跃，拉近了师生间的距离。

生4：不再被动的学习，通过动手实验解决问题，亲自动手制作实验器材，感受原来觉得遥不可及的物理发明。

从学生的反馈中，我深深地感受到了学生对安全、有趣、有料课堂的渴望。而 STEM 教学模式在实施过程中能把多学科知识融于有趣、有挑战性、与学生生活相关的情境中，能激发学生学习的动机，让其获得学习成就感。采用 STEM 教学不仅仅可以帮助学生掌握物理概念与知识，而且还能够让学生将所学知识加以应用，培养学生的学科核心素养，实现深度学习。

——案例撰写人　李敏（北京理工大学附属中学）

（五）案例点评

正如李老师在案例中所说，以往教师在讲授"电动机"这一节时，常先介绍电动机的原理、能量转化，再通过课本图片，利用左手定则，分析电动机持续转动的原因，让学生了解换向器的作用。通过这种方式教学，学生真的理解了电动机吗？很多学生在面对一个真的电动机时会手足无措，因为他头脑里有的就是课本上电动机的图片和模型，他具有的仅是可以用来解题的知识。

在本教学中，教师首先让学生分析了玩具电动车为什么可以运动，学生知道玩具电动车里面有一个把电能转换成机械能的设备——电动机。真实的电动机构造是什么样呢？教师亲自录制了一个从自家玩具电动车上拆解电动机的视频，教师一边拆解，一边讲解，并辅以小磁针等工具加以分析，让学生眼见为实，根据实物认识电动机的结构。当然这个过程如果能够让学生分小组体验更好（收集一些废旧玩具电动车供学生使用）。

教师把电动机连接上扇叶，演示通电后通过改变正负极使电扇的转动方向发生变化，据此分析电动机的工作原理。教师又通过实验让学生看到通电线圈在磁场中可以动，但是是摆动，从而引出通电线圈在磁场中的受力分析以及如何使线圈连续转动的问题。

学生动手实验让连接线圈的导线一半绝缘一半非绝缘从而实现电动机的持续转动。学生都沉浸在该活动中，笔者也参与了该过程，当看到线圈在不停地转动的时候，我高兴极了。作为成人如此，何况学生！

有了前面的实践活动，学生再理解换向器就容易得多。教师通过模型、视频演示等多种方式让学生体会换向器所发挥的作用。

通过分析可以看到，教学通过一个个活动和任务层层推进，让学生由表及里、由浅入深逐渐认识电动机的原理。学生不仅知道电动机工作的基本原理，还从技术层面认识电动机的结构、换向器的设计等，学生体会科学、技术和工程之间的联系。学生在这节课中有了关于电动机的原理和技术的亲身体验和经验，这种体验和经验有助于转化为真正的分析问题和解决问题的能力。

——案例点评人　周玉芝

三、变压器的结构与工作原理

（一）教学背景

1. 与课程标准的联系

本教学内容能较突出地反映物理原理在技术与工程设计上的应用，反映物理原理对实际生活与生产的变革意义。普通高中物理课程标准指出，物理教学要让学生在围绕着物理问题进行深入探索的基础上，理解物理理论与现实间的联系，了解科技对人类生活和社会发展的影响，体会基础科学的重大发现在工业革命和社会发展中的作用。同时，本课学生参与探究的实验——变压器原、副线圈电压与匝数的关系，也是课程标准中选择性必修的物理实验。

2. 教学内容分析

变压器在生产和生活中有着十分广泛的应用，是交变电路中常见的一种电器设备，也是远距离输送交变电流不可缺少的装置，在交变电流整章的教学中起到承上启下的作用。在传统的"变压器"教学中，教师经常仅仅关注学生对理想变压器公式的记忆和应用，忽视对现实问题的关注。本教学旨在帮助学生在实验探究中加深对变压器结构的认识，通过具体的任务让学生经历探究变压器工作原理的过程，以体会实验探究、理想化模型等方法的应用，拓展学生思维，让学生从能量的传递与转化的角度进一步强化对电磁感应现象的认识。通过本教学，学生能够提升分析问题和解决问题的能力，以及团队合作、信息获取、表达交流等能力。

3. 学习者特征分析

学生为本校高中二年级学生，他们已经在高中物理选修 3-2 中学习了电磁感应理论和互感现象，但对以上原理还停留在理论分析阶段，对于较复杂的电磁感应现象的分析还存在一定的困难，对具体的应用缺乏直观的感受，同时欠缺建立理想模型的能力。因此通过对变压器的结构和工作原理的学习，学生可在电磁感应理论的基础上进一步理解互感现象，再次体会交变电流与恒定电流的区别，以及交变电流的优点。

215

(二)教学计划

教学计划见表 4-9。

表 4-9 教学计划

变压器的结构与工作原理			
教学内容	变压器的结构	变压器的工作原理	自制变压器
课时	1	1	课后活动

(三)教学设计与实施

第 1 课时 变压器的结构

1. 教学目标

通过观察常见的变压器，知道变压器的基本构造。

自主设计变压器铁芯的形状，通过实验理解变压器每部分结构的功能。

初步理解互感现象在变压器中的应用。

2. 材料和工具

漆包线线圈、学生电源、小灯泡、导线、变压器铁芯、白纸、直尺。

3. 教学过程

教学过程见表 4-10。

表 4-10 教学过程

环节	教师活动	学生活动	设计意图
情境引入	演示实验：互感现象。 展示手机充电器中变压器的内部结构。	观察与思考：变压器中互感现象的应用。 观看视频，了解变压器的基本结构。	激发学习的兴趣，初步了解变压器结构。
认识变压器的结构	引导问题： 问题一：变压器主要由几部分构成？各自的作用是什么？ 演示铁芯对互感现象的影响。 问题二：铁芯的作用是什么？什么形状的铁芯效果更好？为什么使用硅钢？ 指导学生阅读关于硅钢片的材料。	回答。 观察铁芯对互感现象的影响。 阅读材料，并回答问题。	以问题串和演示实验相结合来激发学生思考。

环节	教师活动	学生活动	设计意图
体会闭合铁芯的作用	任务：设计变压器铁芯的结构。通过演示实验帮助学生再次体会闭合铁芯的作用。展示实际生产中闭合铁芯的设计。引导学生思考硅钢片的叠放问题。	学生动手设计并画出铁芯的形状，展示。学生观察灯泡的亮度，体会闭合铁芯的作用。观察并体会。	展示学生的思维过程。认识闭合铁芯的设计。
总结	利用图形总结变压器结构。	思考、总结。	培养总结与反思的习惯。

4. 教学实施

（1）情境引入

师：我们以一个实验开始今天的研究。一个线圈和交流电源相连，另一个线圈和小灯泡相连，我将两个线圈相互靠近，请大家观察实验现象。（图 4-12）

图 4-12　教师演示实验

生：小灯泡亮了。

师：这是什么现象？

生：互感现象。

师：我们今天就研究一种利用互感现象工作的电器设备。

教师展示图片。（图 4-13）

图 4-13

师：这是什么？

生：变压器。

师：这是我的手机充电器，上面写着：输入 $100\sim240$ V，输出 5 V。这里实现了变压的功能。下面我们就研究手机充电器的内部，看看变压器的结构。

教师播放录像（学生拆手机充电器），学生观看并思考。

教师展示手机充电器的电路板（图 4-14）和电路图。

图 4-14　手机充电器的电路板

师：大家能否在电路图中找到变压器的符号？

学生观察并寻找。

（2）认识变压器的结构

师：大家看了手机变压器的结构，请问变压器主要由几部分构成？各自的作用是什么？

生：主要由两个线圈和铁芯构成。

师：这里其中一个线圈和交变电流相连，我们把这个线圈叫作原线圈（初级线圈），匝数用 n_1 表示；另一个线圈和用电器相连，我们把这个线圈叫作副线圈（次级线圈），匝数用 n_2 表示。

师：铁芯的作用是什么？什么形状的铁芯效果更好？为什么使用硅钢？请大家阅读下面这段小材料。

铁芯一般由高导磁材料制作，相比空气，其磁阻小，正如电流总是尽可能从电阻比较小的支路通过，磁场也总是从磁阻比较小的地方通过，即铁芯具有聚集磁场、增强磁性的作用。

生：铁芯有聚磁的作用。

师：大家观察演示实验——将一个条状的铁芯放入刚才互感实验的线圈

中，观察到什么现象？

生：灯泡变亮。

（3）体会闭合铁芯的作用

师：你认为什么形状的铁芯聚磁的效果更好？请完成以下任务。

任务：在学案中画出你认为合适的铁芯的形状。

学生动手设计变压器铁芯的形状，教师用多媒体采集并展示。（图4-15）

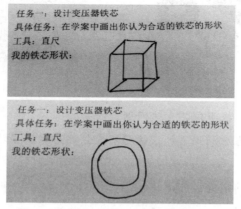

图4-15　学生设计的变压器铁芯的形状

师：大家画出的变压器铁芯的形状不同，我们可以把大家设计的铁芯分为闭合和不闭合两种情况，大家认为哪种形状的铁芯聚磁效果更好？

生：闭合铁芯。

师：为什么是闭合铁芯呢？初级线圈和副级线圈并不直接相连，电能是如何传递的？

生：初级线圈磁通量的变化引起副级线圈磁通量的变化，产生交变电流。

师：这里闭合铁芯中磁场的分布很重要，起到传递磁场的作用，而不闭合铁芯有漏磁的现象。

师：我们再来观察一个实验，看铁芯是否闭合对变压器工作的影响。

演示实验：铁芯左移过程中，观察灯的亮度变化。（图4-16）

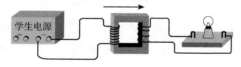

图4-16

220

师：无磁损现象——铁芯封闭性好，无（少）漏磁现象，即穿过原、副线圈两绕组每匝的磁通量Φ都一样。

师：实际的铁芯是用硅钢片叠放而成的，如图4-17所示，这是为什么？

图4-17　实际铁芯

生：减小涡流，减小铁芯生热问题。

师：铁芯中的感应涡流不计，铁芯不发热，为无铁损现象。

（4）总结

我们对变压器的结构做如下总结。（图4-18）

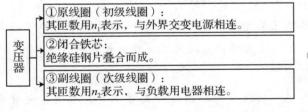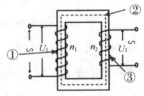

图4-18　对变压器结构的总结

第2课时　变压器的工作原理

1. 教学目标

理解变压器的工作原理。

推导变压器中路端电压与线圈匝数比的关系。

通过实验探究，体验理想变压器模型的建立过程。

2. 材料和工具

漆包线两卷（直径为 0.5 mm、长度为 10 m），学生电源，数字多用电表，额定电压为 2.5 V 的小灯泡，导线，铁芯，剪刀，砂纸。

3. 教学过程

教学过程见表4-11。

表 4-11　教学过程

环节	教师活动	学生活动	设计意图
导入新课	复习变压器的结构，布置任务一：自制变压器，通过互感现象让小灯泡发光，设计并记录实验数据。	动手实验，自己设计并制作变压器，用万用电表测量并记录实验数据。	在制作与探究的过程中熟悉变压器的结构与功能。
理解变压器的工作原理与规律	提出问题： 问题一：初级线圈是如何把电能传递给副级线圈的？ 启发学生总结变压器的工作原理——电磁感应中的互感。 提出问题： 问题二：两个线圈的感应电动势有什么对应的数学关系？ 问题三：原（副）线圈的感应电动势是否等于我们测量的路端电压？实验过程中是否有人触摸了线圈？ 布置任务：引导学生理解无铜损问题。 任务二：在原（副）线圈匝数、输入电压等相同的情况下，副线圈接入小灯泡与不接小灯泡，直接接入交流电压表，输出电压分别是多少？	思考、回答。 思考、总结。 理论推导。 思考、回答。 动手实验，用万用电表测量并记录实验数据。	认识变压器的工作原理，体会变压器中的能量转化过程。 理解变压器的规律。 感受线圈生热导致的能量损失。

222

环节	教师活动	学生活动	设计意图
建立理想变压器模型	通过实验测量数据引导学生分析变压器的能量问题。 问题四：什么情况下 $P_1 = P_2$（无能量的损失）？	总结理想变压器模型成立的条件。	建立理想变压器模型。
小结及课后活动	讲解变压器的发明史和各种现代应用。 布置课后活动：自制变压器。	思考、回答。 课后收集材料，自制变压器。	体验科学家的发明过程，认识科学原理在工业设计和生产生活中的应用。

4. 教学实施

（1）导入新课

师：大家既然知道了变压器的主要结构，我们就来利用提供给大家的器材和工具制作一个变压器。

任务一：自制变压器，通过互感现象让小灯泡发光，设计并记录实验数据。

器材：漆包线两卷（直径为 0.5 mm、长度为 10 m），学生电源，数字多用电表，额定电压为 2.5 V 的小灯泡，导线，铁芯。

工具：剪刀，砂纸。

师：在正式开始制作之前我们先讨论一下实验需要记录哪些数据。

生：记录输入的电压和输出的电压，证明实现了变压的功能。

师：现在给大家的线圈的规格是一样的，我们在制作时只有线圈的什么是不一样的？

生：匝数。

师：所以我们也需要记录一下线圈的匝数。请大家注意实验中的要求。

①输入电压不超过 4 V，线圈匝数超过 20 匝（防止学生交流电源的电流过载问题）。

②注意绕线时的安全。

③使用万用表时用交流电压 200 V 档。

学生动手制作，并记录实验数据。

（2）理解变压器的工作原理与规律

师：通过自制变压器我们可以总结变压器的工作原理——通过闭合铁芯，利用互感现象实现了电能——➤磁场能——➤电能的转化。（图4-19）

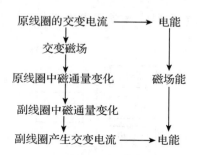

图4-19 变压器的工作原理

师：变压器是否能接入直流电路工作？为什么？

生：不能，因为没有磁通量的变化。

师：所以磁通量变化产生的感应电动势是变压器工作的关键。请问两个线圈的感应电动势有什么对应的数学关系？

学生思考并推导。

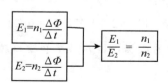

师：原（副）线圈的感应电动势是否等于我们测量的路端电压？实验过程中是否有人触摸了线圈？

生：线圈发热。路端电压应小于感应电动势。

师：为什么？

生：线圈内阻分压了。

师：我们用实验数据来证明，线圈的分压及生热的问题。实验的操作和实验结果如下。

负载接入小灯泡，用多用电表测量灯泡两端的电压。实验结果：n_1（原线圈）$=25$，$U_1=2.10$ V；n_2（副线圈）$=50$，$U_2=2.91$ V。

不接负载，直接接入电压表测量。实验结果：n_1（原线圈）$=25$，$U_1=2.10$ V；n_2（副线圈）$=50$，$U_2=3.53$ V。

师：这是什么原因？

生：直接接入电压表测量相当于接入了一个阻值极大的电阻，此时通过线圈的电流很小，线圈的分压很小，路端电压接近感应电动势。

师：若忽略两线圈的内阻，或线圈内电流很小，则线圈不生热，我们称为无铜损，则有以下结论。

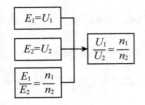

(3)建立理想变压器模型

师：以上线圈的生热问题是能量损失的问题，对于变压器我们若想比较输入的能量和输出能量的关系，除了需要测量电压，还需测量什么物理量？来计算什么物理量？

生：测量电流，计算电功率。

教师展示实验数据：n_1(原线圈)$=25$，$U_1=2.10$ V，$I_1=1.06$ A，$P_1=2.23$ W；n_2(副线圈)$=50$，$U_2=2.91$ V，$I_2=0.24$ A，$P_2=0.70$ W。

师：以上是我们测量的数据，输入功率和输出功率的关系是什么？

生：输出功率小于输入功率。

师：根据能量守恒定律，有哪些能量的损失？

生：有磁损、铁损、铜损。

师：我们认为若变压器没有铁损、磁损和铜损，也就是没有能量的损失，为理想变压器。大型变压器能量损失都很小，可看作理想变压器，本章研究的变压器可做理想变压器处理。（图 4-20）

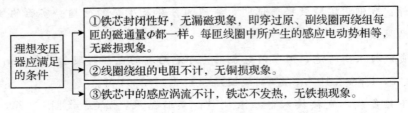

图 4-20　理想变压器应满足的条件

（4）小结及课后活动

师：我们本节课研究了变压器的结构、工作原理和理想变压器模型的建构，谁知道历史上第一台变压器是哪位物理学家发明的？

生：法拉第。

教师展示法拉第线圈和实验电路图。（图4-21和图4-22）

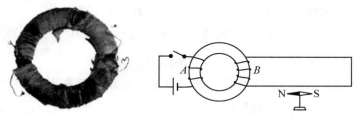

图4-21　线圈　　　　　　　　图4-22　实验电路图

师：法拉第发明的变压器什么时候能正常工作？

生：开关接通和闭合的瞬间。

师：法拉第的脉冲变压器在生活和生产中是没有现实意义的，但从法拉第的研究开始，科学家和工程师经过不断的发明创造，制造出了各种变压器，开发了变压器的各种应用，在远距离输电中变压器成为不可或缺的设备。法拉第在实验中只是抱着——电生磁，磁生电的信念，没有想到由此衍生的变压器会有如此广泛的应用，所以生活中还有很多的问题，等着我们去解决，去发明和创造。

师：上完今天的课程有一个任务布置给大家，请大家课后自制一个变压器，铁芯可以用铁质的饮料罐制成，如图4-23所示。

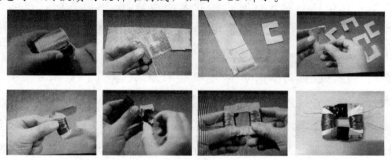

图4-23　自制变压器

226

师：大家也可以发挥聪明才智，自己研发变压器。
（图4-24为学生制作的自耦式变压器的模型。）

图4-24 学生制作的自耦式变压器的模型

课后活动 自制变压器

（略）

（四）教学反思

变压器在实际生活中有着非常广泛的应用，本课的设计力图贴近学生真实的生活情境，由拆手机充电器中的变压器引入，引导学生了解变压器的结构。在学生没有将互感现象和变压器的工作原理建立联系时，教师首先布置学生设计铁芯的形状，进行实验探究自制变压器，并记录实验中变压的数据，让学生在"做中学"，逐步思考变压器闭合铁芯的重要作用和其工作原理。在实际情境中，学生通过对不理想变压器的分析逐步建立理想变压器的模型。学生在科学探究和理论推导的过程中，经历科学家孜孜不倦的研究过程，体验将科学原理应用于工业设计和生产生活中的巨大跨度。

我们期望本课实验探究中问题设置的情境更贴近实际。在自制变压器的任务中，布置给学生的任务是：自制变压器，实现变压的功能，让小灯泡发光。比较理想的情境是实现家庭用电电压（220 V）和常用电器电压（如手机）的变压。但考虑到实验操作的安全性，没能设计成功。

实验器材导致实验探究的不易操作性。在学生自制变压器的过程中，由于一些学生交流电源有防过载（控制电流过大）功能，导致一部分人可以实现变压的功能，让小灯泡发光，但实验现象的短暂性（电流大时，自动断电），导致学生无法用多用电压表测量输出电压，影响实验数据的得出及对实验数据的分析，可以将其改进为更理想的学生电源，方便学生测量。

在课后，授课教师对本班学生（随机抽取20人）做了问卷调查。关于上课内容掌握程度的调查统计结果见图4-25。

由图4-25可见学生对变压器的主要结构、变压器的工作原理以及什么是理想变压器模型掌握程度较好。对闭合铁芯的作用理解和回答还不够准确。由此反思在教学环节中对于铁芯的作用，主要以教师讲解和演示实验为主，学生的自主探究不够充分，学生只是设计了铁芯的模型，并没有对闭合铁芯

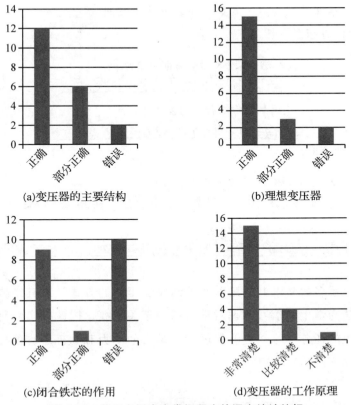

(a)变压器的主要结构   (b)理想变压器

(c)闭合铁芯的作用   (d)变压器的工作原理

图 4-25   关于上课内容掌握程度的调查统计结棍

作用的实际体验，接下来可以设计更为合理的学生活动，帮助学生真正理解闭合铁芯对于减小漏磁的作用。

关于学生希望的上课方式的调查结果见图 4-26。

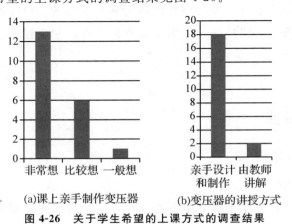

(a)课上亲手制作变压器   (b)变压器的讲授方式

图 4-26   关于学生希望的上课方式的调查结果

学生对本课的兴趣点主要集中在以下几个方面。

(1)制作方面。

7. 这节课你对什么方面更感兴趣?

如何制作一个手机充电器

7. 这节课你对什么方面更感兴趣?

亲自动手制作变压器

(2)原理方面。

7. 这节课你对什么方面更感兴趣?

对电压升降,并大幅度升降更有兴趣

7. 这节课你对什么方面更感兴趣?

答:线圈在原和副绕圈匝数的缠绕,对电流的产生大小的影响。

调查显示多数学生更愿意以亲手制作变压器的方式学习其结构和工作原理。本人认为学生的学习兴趣对学习活动至关重要,因此以实际物理问题情境为出发点的任务学习,更能促进学生学习的动力和物理思维的建构,促进其对变压器原理的深入理解。

——案例撰写人　赵欣(北京理工大学附属中学)

(五)案例点评

本课尝试将 STEM 的教育方式引入高中实际课堂教学,将物理原理与工业产品设计相结合,以自主探究的方式,让学生在"做"中学习变压器的结构和原理。本课设置了六个关键性的问题引领学生思考,很好地将实验探究与数学推理相结合。本课较好地把握了课堂的节奏,学生探究实验的设计具有一定的发散性。

——案例点评人　赵欣

四、变阻器

(一)教学背景

1. 教学要求

教学要求:让学生了解变阻器的原理,了解滑动变阻器结构并会应用滑动变阻器。本课以开发能调控灯亮暗程度的器件为主题，在 STEM 课程理念的指导下设计内容。教学过程中教师结合学生的实际情况，明确教学重难点，把理论知识与动手实践结合起来，让学生根据自己的需求一步步改进自己制作的变阻器。

2. 学习者特征分析

学习者为北京理工大学附属中学九年级学生，他们已经具备了一定的观察、分析、研究、归纳和概括物理现象以及总结物理规律的能力，但在探究操作的细节方面还不够严谨，需要教师的指导。

(二)教学设计与实施

1. 教学目标

知道滑动变阻器的构造、原理；会画滑动变阻器的结构图、电路符号；会用滑动变阻器。

能够制作并优化简易的变阻器。

体验科学、技术、生活的紧密联系。

2. 材料和工具

小灯泡、导线、开关、鳄鱼夹、电池、铅笔芯、镍铬丝、铜丝、铁丝、绝缘管、支架、胶带。

3. 重要概念

滑动变阻器是调节电阻大小的装置，它的工作原理是通过改变接入电路部分电阻线的长度来改变电阻，从而改变电路中的电流大小。滑动变阻器的电阻丝一般是熔点高、电阻大的镍铬合金。

4. 教学过程

教学过程见表 4-12。

表 4-12　教学过程

环节	教师活动	学生活动	设计意图
导入	创设情境：夜晚想把自己的普通台灯由亮变暗，可以如何做？	给出方案，包括提出可以接入外接电阻，改变电阻控制灯的明暗。	创设生活情境，给出本节课的主题。

229

环节	教师活动	学生活动	设计意图
初步认识变阻器	1. 提供实验器材(小灯泡、导线、开关、电池、铅笔芯、镍铬丝、铜丝、铁丝、绝缘管等),学生连接电路,达到改变灯的明暗程度的目的。 2. 请各组同学到前面展示成果,分享做法。 3. 总结。	实验探究。 展示成果,可通过改变材料、长度、横截面积来改变连入电路的电阻,实现调节目的。 经过讨论发现,改变镍铬丝的长度来调节灯光是最方便的。	以学生为主体地位,让其探究和发现。
制作及深入认识滑动变阻器	组织学生讨论不同材料的优缺点,并提出改进计划。 让学生想办法解决镍铬丝太长的问题。 指导学生把镍铬丝缠在绝缘橡胶管上。 提出如何解决短路的问题? 思考:包绝缘皮与图绝缘漆之后,发现了什么问题? 教师演示用刻刀把绝缘漆刮掉一部分。 请同学们应用自己制作的变阻器改变灯泡亮度。	讨论、交流。 回答问题。 动手缠绕线圈。 给出解决问题的方法。 思考、交流。 把绝缘漆刮掉。 应用变阻器改变灯泡亮度。	学生通过思维碰撞,探寻最优的答案。 思考、尝试,逐步完成滑动变阻器的设计和制作。 自制滑动电阻器。
滑动变阻器的使用	指导学生观察实验室的滑动变阻器的结构与自己制作的滑动变阻器有哪些地方是相同的,并一一对应;同时观察有哪些不同点。 引导学生认识滑动变阻器的结构、结构示意图、符号及使用方法。	观察、分析、交流。 发现有几种连接不能改变电阻,只有一上一下才可以改变电阻。 尝试画出滑动变阻器连入电路的方法。	认识滑动变阻器的使用方法。

5. 教学实施

(1)导入

师：夜晚想把自己的普通台灯由亮变暗，请同学想想办法如何做到？

生1：可以接入外接电阻，改变电阻控制灯的明暗。

生2：可以改变灯泡两端电压。

(2)初步认识变阻器

师：请同学们根据老师提供的实验器材（小灯泡、导线、开关、电池、铅笔芯、镍铬丝、铜丝、铁丝、绝缘管），自选器材连接电路，达到改变灯的明暗程度的目的。

学生进行探究实验。（图4-27）

图4-27　学生进行探究实验

师：请各组同学到前面展示成果，分享一下你是怎么做的。

学生上台展示实验成果，用自己的方案来改变灯泡的亮暗，并交流。

师：同学们已经设计出来一个产品，可以改变电阻大小，进而影响到灯泡的亮度，大家所设计的就是变阻器。

(3)制作及深入认识滑动变阻器

师：请同学们评议，前面所展示的方案，哪一种方法是最优的？

生：改变电阻丝的长度。

师：铅笔芯与镍铬丝，你发现选用哪一种材料更合适？

生1：我认为铅笔芯，因为它改变很小的长度就可以明显地改变灯的亮度。

生2：我认为镍铬丝，因为铅笔芯易断裂，不适合做成产品，但镍铬丝需要的长度要长一些。

232

师：你们有办法解决镍铬丝太长的问题吗？如何才能节省空间？

生：可以像毛线团一样把它缠起来，以节省空间。

师：请大家把镍铬丝缠在绝缘橡胶管上。

师：你有没有发现新的问题？

生：两个线圈靠在一起出现短路现象。镍铬合金丝没有被利用上。

师：你有没有办法解决这个短路的问题？

生：可以包上绝缘皮，或者涂上绝缘漆。

教师展示涂了绝缘漆后的镍铬丝。

师：这是老师帮助大家涂绝缘漆之后的镍铬丝，你又发现了什么问题？

生：涂绝缘漆之后只能在两端接入电路，不能改变长度。可以利用砂纸把一部分绝缘漆刮掉。

师：请同学们按照老师的演示处理镍铬丝，然后把你的滑动变阻器制作出来，并应用自己制作的变阻器改变灯泡亮度。（图 4-28）

图 4-28　学生自制滑动变阻器

学生展示制作成果，利用自制变阻器改变灯泡的亮度。（图 4-29）

图 4-29　学生展示自制滑动变阻器

（4）滑动变阻器的使用

师：请同学们观察实验室的滑动变阻器的结构与我们开发的产品有哪些地方是相同的，还有哪些不同点？（图4-30）

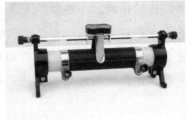

图4-30　自制滑动变阻器与实验室滑动变阻器对比

生1：相同点有两处。一是原理都是利用改变导体长度改变电阻；二是都利用滑片在合金丝上滑动改变导体长度。

生2：不同点为实验室的滑动变阻器有4个接线柱，我们制作的产品有3个接线柱。

教师引导学生根据滑动变阻器结构一步步画出其结构示意图、符号等。（图4-31）

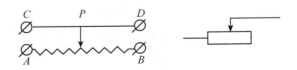

图4-31　滑动变阻器的结构示意图及符号

学生尝试画出滑动变阻器连入电路的正确方法。（图4-32）

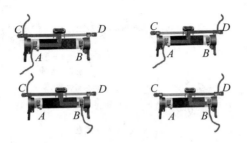

图4-32　滑动变阻器连入电路的正确方法

234

总结：只有滑动变阻器一上一下接线柱连入电路才能改变电阻大小。

（三）教学反思

本课为一节讲授仪器的课程，传统方式仅仅由教师介绍仪器的结构，并介绍原理，比较枯燥。一些学生上课不能集中精力，学生学过以后很快忘记，对仪器的原理理解不到位，不会使用仪器，学生学业成绩不理想。

本教学把传统的由教师讲授变阻器结构的授课方式，改进为让学生动手制作变阻器。在教师的层层引导下，学生制作变阻器，实现调节灯泡亮度的效果。

在课后，教师对本班学生做了问卷调查，发现学生们非常喜欢本课程。本课的主要特点集中在以下方面：①通过让学生动手制作变阻器，可以培养其动手能力；②动手操作有助于学生加深对知识的印象；③比较符合学生动手爱好，课堂不无聊。

为了检测学生的学习效果，教师进行了过程性评价，图4-33是部分学生做的思维导图。分析发现学生通过自己开发并优化滑动变阻器，对滑动变阻器的原理、结构及用法有了更为系统地掌握。

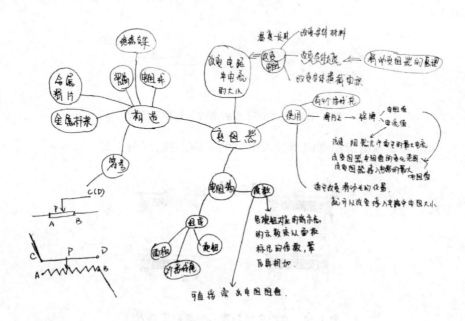

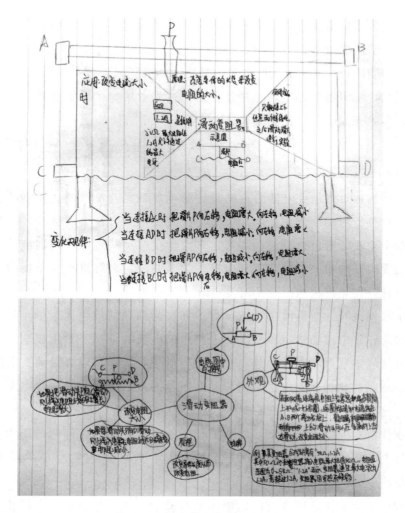

图 4-33 部分学生做的思维导图

STEM 教育在实施中，要求学生应用科学、技术、工程、数学、社会等知识来解决生活中遇到的实际问题，旨在培养了解社会，懂科学技术，善于将科学技术应用于社会的高素质人才。本 STEM 教学就是在教师的不断探究、不断思索中设计而成的。日常社会生产中有很多类型的变阻器，其经历了怎样的发明创造过程，具体用到了哪些科学知识，本课就是要将这些内容放大，嵌入到物理课中。如何让台灯由亮变暗是一个生活中常见的问题。在教师的引导下，学生提出方案策略，解决了前面的问题，又发现新问题，继续寻找方案，直到探究出一个合理的解决问题的方案。这样环环相扣，降低了探索难度，为学生搭建起问题支架，他们在不知不觉中建构了滑动变阻器模型，像真正的创造者般经历了发明创造的过程，体会到只要多动脑筋、善于探究、勇于探究，发明创造并不难，并且在这个过程中培养了动手能力、交流合作能力、实验探究能力以及坚持不懈的科学态度。

——案例撰写人　杨舟（北京理工大学附属中学）

(四)案例点评

一些教师对滑动变阻器的教学是让学生观看实验室滑动变阻器的演示实验，然后分析滑动变阻器的作用、工作原理、接入方法、规格等，学生的主要活动是观看、听讲、思考和练习。多数学生经过一定的习题训练后能够应对滑动变阻器的相关考题，但其中有些学生并没有理解滑动变阻器的构造和工作原理，而是机械地记住了相关知识。

本案例以开发变阻器实现调节灯泡亮度为问题情境引入教学，让学生真正地去制作一个滑动变阻器来改变电路中的电流和电压。学生在这个有意义的学习情境中通过尝试、制作、分析、研讨等，认识和理解滑动变阻器的结构、原理，在此基础上学生学习滑动变阻器的接入方法、规格等都变得非常容易，这些知识形成了有机的整体。

制作滑动变阻器的活动，培养了学生学以致用和分析问题的能力，也让学生体会了从已知原理到转化为产品的过程中要考虑的多方面问题，提高了学生解决实际问题的能力。

教学后对学生的调查反映出学生参与教学的积极性很高，本课获得了比较好的教学效果。

——案例点评人　周玉芝

五、有趣的透镜

(一)教学背景

本课通过课上的实验探究及小制作，让学生体验探究过程，学习科学探究的方法，发展探究能力，激发好奇心、想象力和创造力。学生通过展示制作成果，体验成功带来的喜悦，激发学习物理的热情。

1. 与课程标准的联系

通过实验，探究并了解光的折射现象及其特点。

通过实验，探究平面镜成像时像与物的关系。知道平面镜成像的特点及应用。

认识凸透镜的会聚作用和凹透镜的发散作用。

探究并知道凸透镜成像的规律，了解凸透镜成像规律的应用。

2. 学情分析

七年级的学生对透镜是很有兴趣的，在教学过程中学生的学习热情很高，在小学科学课和一些课外科普读物中，学生对于透镜已经有所了解。但是，这种了解是不系统不全面的，甚至有些认识是错误的。通过前面的学习，学生已有一定光学知识基础，已做过光的反射和折射的探究实验，具有一定的实验探究能力。

（二）教学计划

教学计划见表 4-13。

表 4-13　教学计划

有趣的透镜			
教学内容	认识透镜	探究凸透镜 成像规律	制作简易照 相机和望远镜	拓展阅读： 望远镜的发展史
课时	1	1	1	课后自主学习

（三）教学设计与实施

第 1 课时　认识透镜

1. 教学目标

认识凸透镜和凹透镜，了解透镜的焦点、焦距。

通过观察，认识凸透镜对光有会聚作用，凹透镜对光有发散作用。

能初步领略透镜对光的神奇作用，激发求知欲。

2. 材料和工具

凸透镜（每个同学一个）、凹透镜（每个同学一个）、平行光源、近视眼镜、远视眼镜。

3. 重要概念

凸透镜对光有会聚作用，凹透镜对光有发散作用。

237

238

4. 教学过程

教学过程见表 4-14。

表 4-14　教学过程

环节	教师活动	学生活动	设计意图
导入	教师展示图片。 师：树叶上的露珠把叶脉放大了；雨后树枝挂着水珠，透过水滴看到绿草的倒影。这是什么原因呢？原来这与透镜有关，下面我们就来学习有关透镜的知识。	观看图片并思考。	利用生活中的自然现象引发学生思考，激发求知欲，贯彻从生活走向物理的基本理念。
认识透镜的作用	1. 请同学观察近视镜片和远视镜片中间和边缘的厚薄有什么不同。	观察并回答。	使学生初步认识凸透镜和凹透镜在某些方面的性质是不同的，为后面的研究做铺垫。
	2. 给出任务：分别通过凸透镜和凹透镜观察书上的文字，你会发现什么？	实验观察并说出自己的发现。	
	3. 一束平行光（如太阳光）通过凸透镜将会发生什么现象？如果把凸透镜换成凹透镜，结果又会怎样？请在图中画出你的猜想。	猜想并画图。	让学生根据事实、已有经验、知识进行猜想，为探究指明方向。
	4. 指导学生设计简易的方法，辨别某一透镜是凸透镜还是凹透镜。	设计辨别的方案，思考、交流。	
	5. 演示实验，认识焦点与焦距。教师首先介绍什么叫光心，什么叫主光轴，并利用平行光源演示凸透镜能使平行于主光轴的光会聚于一点，进而介绍焦点和焦距。	观察演示实验，认识焦点和焦距。	利用直观的实验现象来帮助学生了解焦点和焦距的概念。
	6. 演示平行光经过凹透镜后变成发散光线。		
小结	总结本节课重要的知识和方法。	交流本节课的收获。	知识总结。

5. 教学实施

(1)导入

师：树叶上的露珠把叶脉放大了；雨后树枝挂着水珠，透过水滴看到绿草的倒影。(图 4-34)这是什么原因呢？通过下面的学习，大家就能解释其中的奥秘了。

图 4-34　教师展示图片

设计意图：利用生活中的自然现象引发学生思考，激发学生求知欲，贯彻从生活走向物理的基本理念。

(2)认识透镜的作用

师：请同学们观察近视镜片和远视镜片中间和边缘的厚薄有什么不同？

学生认真观察，有的学生垫着纸巾用手摸镜片。

生：观察两种镜片发现，近视镜片中间薄、边缘厚，远视镜片中间厚、边缘薄。

师：我们把中间厚、边缘薄的称为凸透镜；把中间薄、边缘厚的称为凹透镜。教师展示图片。(图 4-35)

图 4-35　凸透镜与凹透镜

师：你能说出哪些是凸透镜，哪些是凹透镜吗？

生：根据中间和边缘的厚薄可以看出，前三个是凸透镜，后三个是凹透镜。

师：请大家做一做，分别通过凸透镜和凹透镜观察书上的文字（透镜距书较近），你会发现什么？

学生实验观察。

生：通过凸透镜看到的字被放大了，通过凹透镜看到的字被缩小了。

设计意图：利用学生熟悉的近视镜片和远视镜片进行实验观察，贴近学生生活，拉近生活与物理的联系，激发学生的学习兴趣。通过做一做，学生初步认识到凸透镜和凹透镜在某些方面的性质是不同的，为进一步研究两种透镜对光的作用做了准备。

师：一束平行光(如太阳光)通过凸透镜将会发生什么现象？如果把凸透镜换成凹透镜，结果又会怎样？请在图中画出你的猜想。（图4-36）

学生猜想通过凸透镜的光变得会聚，通过凹透镜的光变得发散。

师：下面通过实验来验证你的猜想。

学生实验：在地上放一张白纸，让凸透镜正对太阳光，调节凸透镜的位置，观察白纸上的光斑。换成凹透镜再实验。

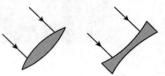

图4-36　透镜对光的作用

生：实验表明，凸透镜对光起会聚作用，凹透镜对光起发散作用。

设计意图：根据事实、已有经验、知识进行猜想，为探究透镜对光的作用指明方向。利用太阳光，通过简单实验得出重要结论，复杂问题简单化，是我们所追求的做法。

师：请你设计简易的方法，辨别某一透镜是凸透镜还是凹透镜。

生1：看中间和边缘的厚薄，中间厚、边缘薄的是凸透镜，中间薄、边缘厚的是凹透镜。

生2：垫面巾纸用手摸一摸，中间厚、边缘薄的是凸透镜，中间薄、边缘厚的是凹透镜。

生3：把透镜正对太阳光，能在地面上会聚成小亮光斑的是凸透镜，否则是凹透镜。

师：还有哪些辨别凸透镜和凹透镜的方法？你认为哪种方法好？生活中的放大镜是凸透镜还是凹透镜？

生4：通过透镜看桌子上的笔，若放大了就是凸透镜，缩小了就是凹透镜。

在"你认为哪种方法好?"这个问题上,同学们讨论得很热烈。有的说方法1好,简单;有的说方法2好,摸一摸比看一看可靠;有的说方法3好,人的感觉有时是不可靠的,通过实验现象得出的结论才是准确的。

师:大家说得很好,只是站在了不同角度看问题,好的标准是什么,这是关键。

师:我们已经知道了凸透镜对光起会聚作用,凹透镜对光起发散作用。但是,透镜上有一个点,通过这点的光线传播方向不变,这个点叫光心,透镜的中心和光心重合;通过两球面球心的直线叫主光轴。

学生实验:利用激光笔、透镜验证通过光心的光线传播方向不变。

演示实验:从平行光源发出的平行于主光轴的光经凸透镜折射后会聚于主光轴上一点,这个点叫焦点。从焦点到光心的距离叫焦距。

设计意图:教师利用开放性的问题引发学生深度思考,充分落实学生的主体地位,帮助学生巩固所学知识,提升思维能力及评估能力。学生通过实验观察认识光心、主光轴、焦点和焦距,进一步加深凸透镜对光起会聚作用的理解。

(3)小结

(略)

第 2 课时　探究凸透镜成像规律

1. 教学目标

通过实验探究,知道凸透镜成像的规律。

经历探究过程,提升对证据的分析和论证能力。

通过探究活动,体会实验探究活动在认识事物过程中的意义。

2. 材料和工具

凸透镜、蜡烛、光屏、光具座、火柴、LED 灯(两名同学一组)。

3. 重要概念

当物距大于二倍焦距时,凸透镜成倒立、缩小的实像;当物距小于一倍焦距时,凸透镜成正立、放大的虚像。

4. 教学过程

教学过程见表4-15。

表 4-15 教学过程

环节	教师活动	学生活动	设计意图
引入	演示实验：一名同学手举 F 形 LED 灯站在地面不动，教师拿着放大镜（凸透镜），当凸透镜距灯较近时，让几名同学通过透镜观察，说出看到了什么现象；适当增加透镜与灯之间的距离，让同学们观察在墙上看到了什么现象；再增加透镜与灯之间的距离，在墙上又能看到什么现象？ 根据刚才的实验现象，你想进一步了解什么呢？	观察实验并说出现象。 思考、交流。	利用实验的趣味性，激发学习兴趣，也为接下来的探究奠定了基础。
探究凸透镜成像规律	1. 引导学生提出问题：凸透镜所成像的大小、正倒跟物体的位置有什么关系？	提出问题。	培养提出问题和猜想的能力。
	2. 启发学生对所提出的问题做出猜想。	思考、猜想。	
	3. 介绍实验器材及物距和像距，提供两种不同焦距的凸透镜。	观察实验器材，了解各元件的用途。	
	4. 指导学生设计实验和收集证据，形成结论。	实验操作，观察现象，分析记录表中的信息，归纳总结凸透镜成像的规律。 各小组汇报实验结果。	体验探究过程，学习探究方法，培养探究能力。
小结	总结本节课重要的知识和方法。	总结、交流。	知识与方法总结。

5. 教学实施

（1）引入

演示实验：一名同学手举 F 形 LED 灯站在地面不动，教师拿着放大镜（凸透镜），当凸透镜距灯较近时，让几名同学通过透镜观察，说出看到了什么现象；适当增加透镜与灯之间的距离，让同学们观察在墙上看到了什么现象；再增加透镜与灯之间的距离，在墙上又能看到什么现象？

生1：通过观察，看到了正立、放大的像。

生2：在墙上看到了倒立、放大的像。

生3：在墙上看到了倒立、缩小的像。

师：根据刚才的实验现象，你们想进一步了解什么呢？

生：想知道"凸透镜所成像的大小、正倒跟物体的位置有什么关系"。

设计意图：利用实验的趣味性，激发学生学习兴趣，也为接下来的探究奠定了基础。引导学生在实验观察的基础上提出问题。

（2）探究凸透镜成像规律

师：请同学们针对提出的问题进行猜想。

生：根据实验现象可以看出，灯到凸透镜的距离小于墙到凸透镜的距离时，墙上的像是放大的；灯到凸透镜的距离大于墙到凸透镜的距离时，墙上的像是缩小的。看来像是放大的还是缩小的，跟物体和像相对凸透镜的距离有关。像和物体在凸透镜同侧时，像是正立的；像和物体在凸透镜异侧时，像是倒立的。像的正倒可能跟它与物体是否在同侧有关。

设计意图：根据实验现象，通过推理进行猜想，为探究指明方向。

师：为了验证大家的猜想，老师给大家准备了以下实验器材（图4-37），大家可以调节蜡烛、凸透镜、光屏的位置。请各组设计实验方法并进行探究。

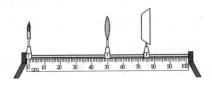

图4-37　实验器材

学生观察实验器材，了解各元件的用途，设计实验方案。

师：为什么要调节烛焰、凸透镜、光屏三者中心在同一高度上？

生：使烛焰的像成在光屏中央。

学生进行实验操作。

当烛焰在光屏上成倒立、缩小的像时，测量并记录这时的物距和像距。（表4-16）

当烛焰在光屏上成倒立、放大的像时，测量并记录这时的物距和像距。（表4-16）

表 4-16　实验记录表

像的性质	实验序号	物距/cm	像距/cm
倒立、缩小、实像	1		
	2		
倒立、放大、实像	1		
	2		

师：请同学们猜想一下，在什么情况下可以得到等大的像？

生：物距等于二倍焦距。

师：科学家通过理论和实践的研究指出，当物距是焦距的二倍时，像和物等大。请你用实验验证一下，这个条件是否正确，将观测情况记录在表中。（表 4-17）

学生实验并记录。

表 4-17　实验记录表

实验序号	物距 $u(=2f)$/cm	像距 v/cm	像的性质
1			
2			

师：把物距调到小于焦距时，你能在光屏上找到它的像吗？取下光屏，透过凸透镜观察烛焰，你能看到它的像吗？这个像是放大的还是缩小的？是正立的还是倒立的？是实像还是虚像？

学生在实验的基础上发现，物距小于焦距时，能在光屏上找到它的像；透过凸透镜观察烛焰，能看到一个正立、放大的虚像。

师：实像是由实际光线会聚而成的，能成在光屏上；虚像是实际光线的反向延长线会聚而成的，不能成在光屏上。

设计意图：让学生体验探究过程，学习探究方法，培养探究能力。

（3）小结

学生分析实验记录表中的信息，归纳总结凸透镜成像的规律。各小组同学汇报实验结果。

设计意图：培养学生的分析概括能力及交流与合作能力。

第 3 课时　制作简易照相机和望远镜

1. 教学目标

通过制作简易照相机和望远镜，经历制作过程，了解它们的成像原理。

提高动手动脑能力。

在制作过程中，感受利用物理原理进行制作的乐趣。

2. 材料和工具

硬纸板、两个大小不同的凸透镜、透明胶带、双面胶、半透明膜、剪刀。

3. 重要概念

当物距大于二倍焦距时，凸透镜成倒立、缩小的实像；当物距小于一倍焦距时，凸透镜成正立、放大的虚像。

4. 教学过程

教学过程如表 4-18。

表 4-18　教学过程

环节	教师活动	学生活动	设计意图
引入	透镜在生活中有着广泛的应用。 展示各种应用图片。 你想制作简易照相机和望远镜吗？ 下面我们就来做一做。	观看。 跃跃欲试。	激发制作兴趣。
制作简易照相机和望远镜	1. 制作简易照相机 引导学生讨论简易照相机的设计并进行制作。 请各组派一名代表谈谈制作过程中的感受和发现。 2. 制作简易望远镜 引导学生讨论简易照相机的设计并进行制作。 请各组派一名代表谈谈制作过程中的感受和发现。	设计、制作。 展示交流汇报。	学以致用，加深概念理解，培养动手能力。 激发创作欲望。
小结	总结本节课重要的知识和方法。	思考、交流。	总结、反思。

5. 教学实施

（1）引入

师：透镜在生活中有着广泛的应用，远视眼镜的镜片、放大镜，以及照

245

相机、望远镜、显微镜的镜头都是凸透镜，近视眼镜的镜片是凹透镜。

展示各种应用图片。（图4-38）

图4-38　透镜在生活中的应用

师：你们想制作简易照相机和望远镜吗？

生：想！（异口同声）

设计意图：设置制作学生熟悉的照相机和望远镜的任务，激发学习兴趣。

（2）制作简易照相机和望远镜

①制作简易照相机

师：老师给同学们准备了以下材料。焦距为10 cm的凸透镜、半透明塑料薄膜、硬纸板、透明胶带、双面胶、剪刀。请大家想一想，怎么制作简易照相机？

生1：用硬纸板做一个纸筒，把凸透镜固定在一端，作为照相机的镜头，纸筒的另一端蒙上一层半透明塑料薄膜，作为照相机的光屏。根据凸透镜成像特点，当物距大于二倍焦距时，成倒立、缩小的实像，这就做成了一个照相机。

师：其他同学还有没有要补充的内容？

生2：在他的设计中光屏是不能动的，根据凸透镜成像实验可知，在物体和凸透镜位置固定时，需要移动光屏找到清晰的像。因此，我们认为应该用硬纸板做两个粗细相差很少的纸筒，使一个纸筒能够套入另一个中，两个纸筒可伸缩，在较粗纸筒的一端嵌上凸透镜，在细纸筒的一端蒙上一层半透明塑料薄膜。

师：说得很好！请大家先画出制作简易照相机的设计图，然后按照设计进行制作。大家在使用剪刀时要注意安全！

学生分组制作，教师巡视指导。

师：请同学们展示一下自己的作品，谈谈制作过程中的感受和发现。

②制作简易望远镜

师：同学们已经尝试制作了简易照相机，各组展示都很精彩。下面请同学设计并制作一个简易的望远镜。

生：我们组的设计是用硬纸板做两个粗细相差很少的纸筒，使一个纸筒能够套入另一个中，两个纸筒可伸缩，在较粗纸筒的一端固定一个大的凸透镜，在细纸筒的一端固定另一个小的凸透镜，把纸筒来回拉收，调节视镜的效果，就作成了简易的望远镜。

师：说说这样设计的理由。

生：利用望远镜是想看清远处的物体，远处的物体通过前面的凸透镜成倒立、缩小的实像，后面挨着人眼的凸透镜把这个实像放大，我们就能看清远处的物体了。

师：下面同学们就按照自己的设计来制作望远镜，在制作过中程要注意安全。（图 4-39）

图 4-39　学生制作简易望远镜

设计意图：学生通过设计和制作简易照相机和望远镜，加深对照相机和望远镜成像原理的认识，提高知识的运用和实践能力。制作成果给学生带来成功的喜悦，提高学生学习兴趣。

（3）小结

（略）

课后自主学习　拓展阅读：望远镜的发展史

（略）

（四）教学反思

本课在内容安排上具有很强的连续性、渐进性，前面学习的内容成为后面学习的基础，后面的学习又是前面学习的发展和提高。

利用趣味实验、精美图片、知识应用等引入新课，调动了学生的学习热情，激发了学生学习的兴趣。

在教学中，学生经历提出问题、猜想、设计实验、进行实验和收集证据、分析与论证、评估、交流与合作等实验探究的过程。学生学习到了凸透镜对光起会聚作用，凹透镜对光起发散作用及凸透镜成倒立（正立）、放大（缩小）、实像（虚像）的条件等科学知识，学习到了观察、实验、推理、分析概括等科学方法。学生设计实验方案及步骤，思考产生实验现象的原因，解决实验及制作过程中遇到的新问题，回答教师提出的系列问题等，提高了分析问题及解决问题的能力。

教学中选择的制作活动、实例、学具等，贴近学生生活，学生感到亲切，感觉物理就在身边，物理很有趣，很有用。

在制作简易照相机和望远镜的过程中，学生边做边交流，剪裁、粘贴、组装、调试等，有的同学主动当起了小老师，给别人指导，整个教室里没有了闲人，都投入到了活动之中。制作完成的同学，主动地给老师展示，争先恐后地讲自己的作品怎么操作，像多么清楚，成像原理是什么，还互相评价对方的作品，有的同学听了别人的建议后马上整改。学生说着笑着，沉浸在学习、快乐之中。

课下学生说，希望老师以后多组织这样的课，让他们在"做中学"，在这样的课堂上他们既学到了知识，又能动手动脑，还能创作出自己的作品，学习轻松愉快，对所学的知识印象深刻。

——案例撰写人　孙世芳（北京市大兴区第七中学）

（五）案例点评

认识凸透镜的会聚作用、探究并知道凸透镜成像的规律以及了解凸透镜成像规律的应用是初中物理课程标准要求的重要教学内容。本案例设计了认识透镜、探究凸透镜成像规律及制作简易照相机和望远镜三个层层递进的教学内容，帮助学生学习相关的概念和规律，了解透镜的应用。

教学中教师能够基于"做中学"的原则，通过一个个学生动手体验和探究的活动来让学生获得相关的认识。例如，对凸、凹透镜的感知，对透镜的发散和会聚作用的观察、对光心及焦距的认识，都设计了相应的学生活动。

教学中还有意识地培养了学生的科学探究能力和科学实践能力。例如，在探究凸透镜成像规律的教学中，有意识地培养学生基于观察提出问题、设计方案、收集数据、分析数据等科学探究能力；在制作简易照相机和望远镜的教学环节，能够放手让学生应用所学去系统考虑和设计实验，有效地促进了学生科学实践能力的发展，也促进了学生对凸透镜成像规律的认识。

在制作简易照相机和望远镜的教学中充分发挥学生的主体作用，让学生自主设计和制作，既培养了学生综合应用知识的能力，也让学生体会了制作的快乐。

——案例点评人　周玉芝

六、物体的稳定性与重心位置的关系

(一)教学背景

1. 与课程标准的联系

本课属于初中物理课程标准一级主题运动和相互作用，二级主题机械运动和力中的内容。课程标准对此内容的具体要求是，通过常见事例或实验，了解重力、弹力、摩擦力，认识力的作用效果。

2. 教学内容分析

本课是八年级学生学习重力这节课后的拓展内容和延伸，与生活实际联系密切，充分体现了初中物理课程"从生活走向物理，从物理走向社会"的基本理念。本课的内容贴近学生生活，符合学生的认知特点，能激发并保持学生的学习兴趣。通过本课的学习，学生能掌握物理学的基础知识和基本技能，并能将其应用于实践，为以后的学习、生活和工作打下基础。

3. 学情分析

知识基础：知道重力的概念，知道力可以改变物体的运动状态。

能力基础：学生具备了基本的实验设计能力、分析归纳能力，通过观察实验现象和收集实验证据可以解释相关物理现象，以上各因素对本课的学习十分有利。

(二)教学设计与实施

1. 教学目标

通过动手制作不倒翁、敂器、竹签陀螺，认识重心越低，物体的稳定性越好，认识相关知识在生活实际中的应用，提高分析问题、动手制作、协作创新等能力。

2. 材料和工具

实验1：彩纸1张、半球形塑料底壳1个、螺母1个、剪刀1把、双面胶若干。

实验2：空饮料瓶、剪刀、铁丝、塑料盒、自行车条、小钳子。

实验3：竹签4根、皮筋若干、橡皮塞2个、水瓶1个。

3. 重要概念

重心位置的高低会影响结构的稳定性。物体的重心位置越低，其稳定性越好；反之，稳定性越差。处于不稳定状态的物体都有向稳定状态运动的趋势。

重心所在点的垂线落在结构底面的范围内，则结构稳定，反之就会不稳定。

4. 教学过程

教学过程见表4-19。

表 4-19　教学过程

环节	教师活动	学生活动	设计意图
引入	教师演示：两个外形完全相同的不倒翁：一个怎样都按不倒，一个按下就不能恢复。引导学生探究其中的奥秘。	观察实验，并思考。	创设情境，让学生在愉悦新奇的情境中去思考、去发现，激发学生学习兴趣。
认识重心位置对物体稳定性的影响	1. 请同学小组合作，一起制作出一个不倒翁。提出问题：不倒翁能够不倒，关键在于什么？你是怎样操作的？	小组合作：制作不倒翁。回答问题：不倒翁不倒的秘密是最下方放有一枚质量较大的螺母，使不倒翁的重心大大降低。	通过动手合作，提高学生的小组合作能力、分工能力、小组交流能力，勇于发现问题、解决问题的能力。
	2. 教师演示双圆锥体上滚实验，引发学生认知冲突：物体为什么可以从低处运动到高处？引导学生找出双圆锥体的重心位置，并且和其所运动的轨道进行比较，从而得出：物体的重心实际是向下运动。播放中国科学技术馆的空中自行车视频，结合锥体上滚实验分析其中的道理。	观看实验，进行思考，小组讨论分析。	
	3. 介绍古代计时用具：欹器。了解欹器的结构，并引导学生分析：欹器中的水量加到什么位置时欹器会翻覆？欹器的转轴应该在什么位置？请同学们小组合作，制作欹器。	了解欹器并思考。在制作过程中体会水量的多少和转轴的位置共同影响欹器的平衡。	

续表

环节	教师活动	学生活动	设计意图
总结与反思	引导学生总结本节课所学知识，反思在小组合作过程中遇到的问题。	回顾前面研究问题的过程和方法，梳理已学知识，总结知识点，交流学习收获。	锻炼学生的表达、反思和交流能力。

5. 教学实施

（1）引入

教师演示：两个外形完全相同的不倒翁，一个是怎样都按不倒，一个是按下就不能恢复。

师：这两个不倒翁的区别是什么？请各位同学也制作两个这样的不倒翁，并进行解释。

（2）认识重心位置对物体稳定性的影响

①制作不倒翁。

学生利用所给材料制，小组合作制作不倒翁；小组展示并解释不倒翁"倒"与"不倒"的原因。

生：不倒翁的底部加了一个螺母，使得不倒翁的重心降低。当不倒翁被推动的时候，不倒翁里面的螺母位置升高了，也就是重心变高了，但这个位置不稳定，它还要回到重心最低点。（图4-40）

师：同学分析得很好！上轻下重的物体比较稳定，也就是说重心越低越稳定。当不倒翁在竖立状态处于平衡时，重心和接触点的距离最小，即重心最低。偏离平衡位置后，重心总是升高的，这时不倒翁要回到稳定的平衡位置，所以不倒翁无论如何摇摆，总是不倒的。

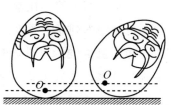

图4-40 不倒翁

②分析、解释相关现象。

教师演示双圆锥体上滚实验。

师：双圆锥体从低处向高处滚动，你能解释原因吗？

该实验强烈地引发了学生的认知冲突：物体受重力作用，会自动地从高处运动到低处，而双圆锥体却自动向上滚动。

251

生：双圆锥体不会自由地从低处向高处运动。双圆锥体在运动的过程中重心位置肯定是降低了，以获得平衡。

师：大家的分析是对的。请同学观察双圆锥体重心的位置变化（参考图4-41中横线），实际上，双圆锥体的重心向低处运动，以达到平衡态。

图 4-41　双圆锥体上滚

学生观看视频：空中自行车。小组讨论，分析自行车稳定的原因。

生：因为在自行车下方有一个配重，使整体重心降到支点以下，所以自行车很稳定，不会翻倒。

师：请举出生活中降低重心提高物体稳定性的实例。

生：落地扇和衣帽架在最下方有很重很大的底，跑车的底盘很低。

③感受传统文化魅力。

教师介绍欹器，让学生了解我国古代学者的聪明智慧，弘扬中国传统文化，也从中学到做人道理。

师：图示（图4-42）是古代的一种器皿，名叫欹器。它是一种计时器，类似沙漏。它的设计有以下特点：有双耳可穿绳悬挂，底厚而收尖，利于空瓶时向下垂直；口薄而敞开，利于盛满大量的水时而倾倒。其上放置匀速滴水的装置，则形成周期性自动滴入水、倾倒水、空瓶立正，循环往复。

图 4-42　欹器

关于欹器的最早的有关记载，可见于战国时《荀子》一书《宥坐》篇。"孔子观于鲁桓公之庙，有欹器焉。孔子问于守庙者曰：此为何器？守庙者曰：此盖为宥坐之器。孔子曰：吾闻宥坐之器，虚则欹，中则正，满则覆。孔子顾弟子曰：注水焉。弟子挹水而注之，果中而正，满而覆，虚而欹。孔子喟然而叹曰：吁！恶有满而不覆者哉！"

制作欹器。

学生按照以下步骤制作简易欹器。

第1步，用小钳子将铁丝做成一个有凹槽的支架，将塑料盒放入支架底部。

第2步，用剪刀将空塑料瓶剪成两半，取出顶部的那一半，设法找到空杯子的重心位置，在其水平面上方一点的杯壁上钻2个孔，孔径与自行车车条的直径等大，并且使两孔的连线稍稍偏离孔所在的杯面的圆心。

第3步，用小钳子取一段自行车的车条，紧紧地插入杯壁的两个小孔中，作为容器的转轴，把杯子的转轴架在支架顶端的凹槽内。

制作好后，学生通过尝试向杯中倒水，观察其翻倒的时刻，小组讨论分析，归纳出以下内容。

在未盛水时，其重心不在对称轴上，而是处于稍稍偏向于容器几何中心的一侧，且低于转动轴的位置，致使静止时容器向一边倾斜。

向里灌水，当杯内水位达到一定高度时，由于水杯的非对称结构使其重心升高而发生倾斜，杯子倾覆，水流出水杯。

师：通过体验欹器，你有什么感悟？

生：水装的太多了，杯子就又会翻倒了。我们做人就像这只杯子，自满就会摔跟头，前功尽弃。

师：谦虚使人进步，骄傲使人落后。

④制作竹签陀螺。（图 4-43）

师：请各位同学利用以下器材制作一个竹签陀螺。四根竹签，皮筋若干，两个橡皮塞，一个水瓶。要求通过调整竹签陀螺的重心，使其直立静止在水瓶盖上。

253

图 4-43　学生制作竹签陀螺

学生首先进行竹签陀螺的设计，在制作中调整竹签及配重，制作出符合要求的作品并进行成果展示。学生回顾制作过程，归纳总结。

（3）总结与反思

（略）

（三）教学反思

本课主要采用科学探究的教学方法，学生通过分组实验和观看多媒体演示进行探究，这样既可以激发学生的学习兴趣，又能培养和提高学生的实践能力。在实验探究的过程中，小组成员既有分工又有合作，共同完成本课的探究任务，这个过程培养了学生从实验探究中归纳科学规律的能力，增强学生团结协作的意识。

在实验探究过程中，学生充分发挥主观能动性、创造力和想象力，体验科学家实事求是的科学态度。在教学过程中，教师利用每一个契机，切实落实"从生活走向物理，从物理走向社会"的教学理念。

通过本课的学习，学生了解了中国的传统文化。传统文化的教学更加提升了本课的高度。

——案例撰写人　郭然（首都师范大学附属丽泽中学）

（四）案例点评

本课是八年级学生学习重力这节课后的拓展教学，由于八年级学生对重力、重心等知识具有一定的基础，所以教师在教学中更多地让学生自己探究发现问题并解释，引导学生分析物体受力以及与物体稳定性的关系，培养学生分析问题的能力。

教学活动密切联系学生的生活实际，让学生感知物理学科对生活的分析解释作用，激发学生的物理学习兴趣。有学生说："学习完这节课后，我对力学有了兴趣。一个小小的力可以使这个世界变得如此丰富而多彩！"

让学生设计和制作简易敧器和竹签陀螺的活动极大地激发了学生的参与热情。虽然有的学生之前见过这两样物品，但他们并没有自己动手制作过。在制作过程中，学生既要考虑物理原理，还要考虑如何整体组织和协调，制作过程促进了学生对物理知识的理解，锻炼了学生综合运用知识和设计与制作的能力。

教学中教师能够有意识地进行传统文化教育，让学生品味做人的道理。

有学生说："不倒翁和竹签陀螺，它们都是利用重物降低重心，而做到某种程度上的屹立不倒。做人亦是如此，要放低身段、不忘初心，才能不论受到怎样的外力都能回到最初的模样。"

——案例点评人　周玉芝

七、用统计方法探究花生果实大小的变异

（一）教学背景

1. 与课程标准的联系

生物7~9年级关于变异与遗传的要求：

举例说出生物的变异，观察某种生物的变异现象。

初步学会科学探究的一般方法，发展提出问题、做出假设、制订计划、实施计划、得出结论、表达和交流的科学探究能力。在科学探究中发展合作能力、实践能力和创新能力。

数学7~9年级关于统计的要求：

经历收集、整理、描述和分析数据的活动，了解数据处理的过程；能用计算器处理较为复杂的数据。

体会抽样的必要性，通过实例了解简单随机抽样。

会制作扇形统计图，能用统计图直观、有效的描述数据。

理解平均数的意义，能计算中位数、众数、加权平均数，了解它们是数据集中趋势的描述。

体会刻画数据离散程度的意义，会计算简单数据的方差。

通过实例，了解频数和频数分布的意义，能画频数直方图，能利用频数直方图解释数据中蕴含的信息。

体会样本与总体的关系，知道可以通过样本平均数、样本方差推断总体平均数和总体方差。

能解释统计结果，根据结果做出简单的判断和预测并能进行交流。

通过表格、折线图、趋势图等，感受随机现象的变化趋势。

2. 教学内容分析

这节课的主题是人教版《生物学》七年级下册教材中的一个探究问题。生

255

256

物教材中有一项内容为通过统计的方法让学生理解如何探究一种生命现象。利用统计的方法研究一个问题正是7～9年级数学课程标准中的基本要求，是自2012年以来中考中重点改革的题目之一。其原因是经过相关调研，学生能够简单进行统计量的运算操作，但是对于统计量的分析能力还有待提高。从生物学角度来说，学生大多能够通过课程学习来了解、记忆一些生命现象，但是对于从统计的角度理解生物学科对生命现象的解释的水平还有待提高。

3. 学情分析

（1）知识基础

从生物学的角度，学生已经了解了基本的遗传与变异的知识。

从数学的角度，学生已经了解了统计的基本过程、基本原则和基本方法。

（2）能力基础

从生物学的角度，学生能够根据一种生命现象提出具体的要利用统计学研究的问题。

从数学的角度，学生具备基本的测量、整理、描述和分析数据的能力。

通过前测，我们发现学生在探究一个科学问题时，不了解研究问题的一般方法，不能设计出实验的一般步骤。在面对实验数据时，有时会对数据产生怀疑，不会整理和描述数据，不能运用数据分析问题以及得出结果，不能运用标准、规范的语言描述结论、解释现象。

结合上面的分析，我们选择设计这样的一节课，既能够在统计的过程中，使同学们对统计的方法及价值有深刻的理解，也能够使学生理解生物学是怎样利用数学方法对生命现象进行研究和解释的。也就是说，生物学通过统计的方法，通过统计量的分析给出了对现象的解释。我们不仅从表象证明变异是普遍存在的，而且能够从理性的角度，让学生体会在生物学研究中，研究者通过大量的样本数据的分析，得出变异普遍存在的这一生物学原理。对于生物和数学学科来说，这节课不仅要让学生收获考试中要求的知识与技能问题，更重要的是让学生感受生物学这个学科的研究方法和数学的基础性价值。

（二）教学设计与实施

1. 教学目标

结合实际情境，经历设计解决具体问题的方案并加以实施的过程，体验建立模型、解决问题的过程，并在此过程中尝试发现和提出问题。

利用表格、折线图、趋势图、频数分布直方图整理和描述花生种子大小的测量数据，感受花生种子大小的变化趋势。

计算花生种子大小的测量数据的平均数、中位数和众数，解释数据的集中趋势。

计算花生种子大小的测量数据的方差、极差，分析数据的离散程度。

根据对数据的整理与描述，结合统计量解释统计结果，根据结果做出简单的判断和预测，解释生物现象，并能进行交流。

2. 材料和工具

花生、盒子、游标卡尺、铅笔、刻度尺、计算器等。

3. 重要概念

变异：亲子间及子代个体间的差异。

统计方法：研究随机现象的统计规律性的方法。

4. 教学过程

教学过程见表4-20。

表4-20　教学过程

环节	教师活动	学生活动	设计意图
回顾旧知，引入课题	在生物课上，同学们已经学过了变异，变异是指亲子之间及子代个体之间的差异。请你说说你对变异的认识。	学生回忆与变异相关的知识，互相补充。	唤起学生对变异的认识，为接下来运用统计方法探究"变异是普遍存在的"这一问题做好铺垫。
问题探究，设计方案	变异是普遍存在的，你们认可这件事情吗？能否拿出具体的数据理性地解释这件事情？以小组为单位，请你设计一个实验，并展示。	以小组为单位，相互交流、讨论，设计实验方案。相互交流，共同完善实验方案。	让学生经历设计具体问题方案的过程，使学生理解如何通过数学方法对生物学中的生命现象进行研究和解释。学生在相互交流的过程中，共同完善实验方案。

257

续表

环节	教师活动	学生活动	设计意图
利用工具，获取数据	每个小组分发大小两个品种的花生种子各 50 枚，请你按照我们刚才设计的实验方案，利用游标卡尺，测量花生种子的长轴长度。	以小组为单位，利用游标卡尺测量大小两个品种的花生种子长轴的长度，并记录数据。	培养利用工具获取数据的能力。
用统计方法，分析数据	你采用什么方法整理和描述数据？ 你采用哪些统计量分析数据？	小组交流分享数据整理和描述的方法，比较、判断、选择最能代表该小组想法的数据整理和描述的方法；准确计算数据的统计量，结合所选择的统计量进行数据分析，分享数据分析的过程。	组内交流和分享，有助于学生做出比较和判断，选择最合适的整理和描述数据的方法表达自己对这组数据的分析。
	根据数据的统计，得到了哪些结果？	利用图表和统计量综合分析花生种子大小的数据，获得统计结果（每个学生独立完成）。	从统计学角度分析数据，得到数据的统计学意义，为统计推断做准备，该环节要求学生结合图表信息综合考虑多个统计量对数据进行分析，获得统计结果。
结合生物知识，做出统计推断	数据分析的结果能解释什么样的生物现象？	根据数据分析的结果，结合生物学知识，解释变异现象（每个学生独立完成）。	根据样本统计结果推测总体的情况，体会数学方法在研究生物现象中的基础性作用及对科学研究的支撑性价值。
反思总结	1. 你在本节课中学到了什么？ 2. 你还有什么地方没有特别明白？你遇到了什么学习障碍？ 3. 你还想继续学习什么？你还有什么新想法？	回顾本节课学习的过程和方法，反思收获，明确障碍，发现新问题。	这样的反思有助于教师全面了解学生的课堂收获与困惑，发现学生的问题和发展点，对后续的课程设计有很大的参考价值。

5．教学实施

（1）回顾旧知，引入课题

师：在生物课上，同学们已经学过了变异，变异是指亲子之间及子代个体之间的差异。请说说你对变异的认识？

生：变异是普遍存在的。

师：你们认可这件事情吗？能否拿出具体的数据理性地解释这件事情呢？

生：可以通过做实验来说明。首先选择一个生物体作为实验材料，选取它的某一性状，测量这个性状的某一方面的数据。

师：选择什么样的生物体作为实验材料？

生：选择易获得、易保存、性状保持稳定的生物体，比如花生种子。

师：选取花生种子的哪一性状作为研究对象？

生：花生种子的大小。

师：测量哪个物理量来描述花生种子的大小？是长度？质量？还是体积？……

生：测量花生种子的长轴长度，因为测量花生种子的长轴长度易操作，误差小。

设计意图：变异是生物学中一个非常重要的概念，"变异是普遍存在的"是一个非常重要的生命现象，教师通过提问首先唤起学生对变异这一概念的认识。通过本环节，学生能够从表象上对变异有一个基本的认识，对"变异是普遍存在的"有所感知，但是没有经历过从数学的角度对这一生命现象进行解释的过程。因此本节课旨在通过测量花生种子的长轴长度，描述并分析数据，让学生经历从理性的角度，设计解决具体问题的方案并加以实施的过程，利用具体的数据来解释这一现象，培养学生发现问题和提出问题的能力。

（2）问题探究，设计方案

学生以小组为单位，设计一个实验方案。

实验设计完成后，小组进行分享和展示，其他小组做补充。

在小组展示的过程中，教师适时引导学生解决以下五个问题。

师：如何取样？

生：将花生种子放到盒子里摇匀，随机选取 20～50 枚花生种子作为样本。

师：用什么工具进行测量？

生：游标卡尺。

师：如何记录并整理数据？

生：利用统计表帮助我们记录并整理数据。

师：如何描述数据？

生：利用统计图描述数据，如散点图、折线图、条形图、扇形图、直方图。

师：一般我们可通过什么统计量来分析数据？

生：平均数、中位数、众数、方差、极差。

在理解上述问题的基础上，总结设计实验方案的一般步骤：随机取样、测量并记录数据、整理描述数据、分析数据、得出结论。

①随机取样。之所以要随机，是为了去除主观因素的干扰，使实验更具有科学性。②测量并记录数据。进行测量前，学生要思考选择何种工具进行测量。③整理描述数据。学生要思考运用何种统计图表来整理描述数据。④分析数据。学生要思考统计量可以刻画什么。⑤得出结论。得出结果后，要思考统计结果能够解释什么生物现象。

设计意图：通过自主设计实验这一环节，学生经历这一过程，学生在展示、相互交流的过程中，互相补充，共同完善，共同制订出一个科学合理的实验方案，培养实验方案设计能力。

（3）利用工具，获取数据

学生制订好方案后，利用游标卡尺测量花生种子的长轴长度，获得刻画花生种子大小的数据。每组有 20～50 个大花生大小的数据和 20～50 个小花生大小的数据，完成了数据的整理和描述，并根据自己的需要计算了基本统计量——平均数、中位数、众数、方差、最大值、最小值或极差，进行了简单的数据分析。（图 4-44、图 4-45）

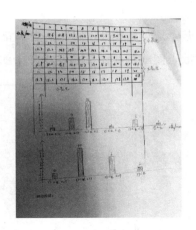

图 4-44　学生利用游标卡尺测量　　　　图 4-45　学生记录和整理的花生

花生种子的长轴长度　　　　　　　　种子长轴长度数据

设计意图：由于花生种子近似为柱形，因此选择用游标卡尺来测量花生种子的长轴长度，方便操作，所获得的数据也更加精确，培养了利用工具获取数据的能力。

（4）用统计方法，分析数据

师：请同学们组内交流花生种子大小的数据整理和描述的方法，并说说你计算了哪些统计量。

学生有以下几种整理和描述数据的方法。

①将数据按照从小到大的顺序排列，为后续寻找众数和中位数做准备。

记录原始数据 1。（表 4-21）

表 4-21　原始数据记录表

花生序号	1	2	3	4	5	6	7	8	9	10
长轴长度/mm	16.4	15.1	13.0	13.3	14.3	14.3	11.2	12.5	12.4	10.2
花生序号	11	12	13	14	15	16	17	18	19	20
长轴长度/mm	12.9	15.5	10.9	14.3	13.1	12.3	18.1	11.9	13.1	17.6

整理原始数据 1。（表 4-22）

表 4-22　数据整理表

长轴长度/mm	10.2	10.9	11.2	11.9	12.3	12.4	12.5	12.9	13.0	13.1
长轴长度/mm	13.1	13.3	14.3	14.3	14.3	15.1	15.5	16.4	17.6	18.1

基于原始数据1，用横轴表示花生的序号，纵轴表示花生种子的长轴长，利用散点图或折线图刻画花生种子的大小变化。（图4-46、图4-47）

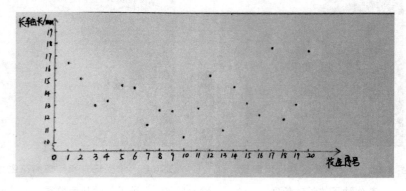

图4-46　散点图

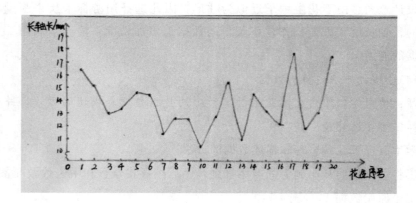

图4-47　折线图

②记录并整理得到数据2。（表4-23）

表4-23　数据整理表

长轴长度/mm	10.2	10.5	11.2	11.4	11.4	11.7	11.8	12.2	12.4	12.5
长轴长度/mm	12.8	13.1	13.2	13.3	13.3	13.4	13.5	13.5	14.1	14.5
长轴长度/mm	14.8	14.9	15.3	15.5	15.6	15.7	15.9	16.3	16.4	

基于数据2，将组距定为1 mm，列表整理数据，得到频率分布直方图。（图4-48）

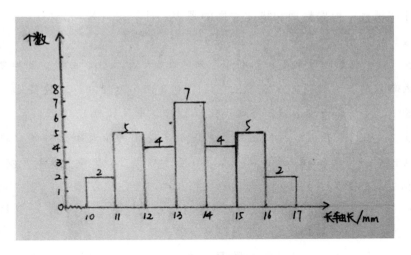

图 4-48　频率分布直方图

③记录并整理得到数据 3。（表 4-24）

表 4-24　数据整理表

长轴长度/mm	10.1	10.5	10.6	11.3	11.5	11.6	12.1	12.2	12.5	12.7
长轴长度/mm	12.9	13.1	13.2	13.5	13.5	13.7	13.8	14.1	14.3	14.4
长轴长度/mm	14.5	14.5	14.5	14.7	15.2	15.3	15.6	16.1	17.3	17.6

基于数据 3，将组距定为 1 mm，列表整理数据后，画条形图呈现变化趋势，个别学生取条形图的中点并连接，获得折线图。（图 4-49）

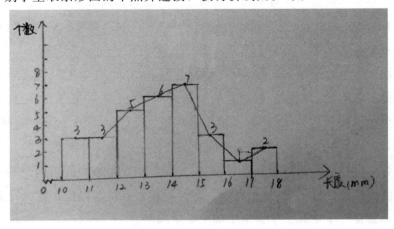

图 4-49　折线图

小组活动：根据整理和描述数据的图表，计算统计量，分析数据，写出统计结果，小组分享。

生 1：根据数据的大小排列顺序，确定众数和中位数，由于众数和中位数都代表数据的集中程度，以众数上下浮动 0.3 mm 为标准，比较其他数据与之是否有差异。基于数据 1，得到众数为 14.3，中位数为 13.1。

生 2：根据散点图、折线图或条形图确定花生种子大小相对集中的数据段，其他数据与此相比，是否具有差异。基于数据 2，在频率分布直方图中，数据相对集中在 13～14 mm，与其他数据相比，差异较为明显。

生 3：计算方差和极差，说明数据的波动情况。基于数据 1，计算极差为7.9，方差为 4.2，说明数据存在波动情况。

设计意图：面对测量获得的数据，学生需要在整理前回顾所学的统计方法，选择合适的图表整理和描述数据，并结合相应的统计量分析数据，得出统计结果。

(5)结合生物知识，做出统计推断

师：请你利用上述数据分析的结果，结合生物学知识，做出统计推断。

生 1：基于数据 1，众数为 14.3，以众数 14.3 上下浮动 0.3 mm 为标准，其他数据均与之有差异，表明在这一范围内的属于正常，其他均发生变异。

生 2：基于数据 2，在频率分布直方图中，数据相对集中在 13～14 mm，与其他数据相比，差异较为明显。说明花生种子大小发生变异。

生 3：基于数据 1，计算极差为 7.9，方差为 4.2，数据波动明显，表明花生种子大小发生变异。

上述三种统计推断中，前两种出现的特别多，表明学生对于变异这一概念理解的不够清楚，教师予以适时的剖析，解释"变异是相对的"，只要两颗种子的大小不同就称之为变异，而不是确定一个标准，满足标准的是"正常的"，不符合标准的才称为变异。请同学们修正自己的统计推断。

在分享过程中，希望学生关注到第三种表述与前两种的不同之处——没有标准值，只是计算了方差的大小，观察了波动的明显程度，据此推断花生种子大小是否发生变异。于是学生提出如下问题。

生：既然只要花生种子的大小不同就称为变异，那么只要观察一下就可以做出判断了，为什么还要测量呢？

师：观察法受主观因素的影响较大，不准确，说服力弱，而通过测量获得数据、分析数据，是用证据说明问题，是理性分析。

设计意图：学生结合生物学中变异的概念，根据统计结果做出统计推断，体会数学方法在研究生物现象中的基础性作用及对科学研究的支撑性价值。在这一过程中，学生对变异概念的理解是否准确，直接影响了统计推断的结论。通过讨论解释学生的困惑，观察法受主观因素的影响较大，不准确，说服力弱，而通过测量获得数据、分析数据，是用证据说明问题，是理性分析。

（6）反思总结

（略）

（三）教学反思

本课学生通过提出科学问题、设计方案、实施研究、获取实验数据、用统计方法分析数据、解释生物现象，经历了用数学方法研究生物问题的全过程。通过对样本数据的分析，验证"变异是普遍存在的"这一生物学原理，完成了课程目标，初步体会科学性问题的研究方法和数学的工具性、基础性作用；在数据分析过程中讨论和分享了不同的统计方法的优点及得到的数据分析结果，经历了数据收集、整理、分析的全过程，完成了统计方法的应用；在解释现象过程中重新解释了变异含义，结合数据分析是否发生变异，从理性的角度深刻认识了变异这一现象。

本课是基于STEM理念和模式来进行跨学科整合的尝试。教学过程中将数学、生物等学科进行巧妙融合。相比传统教学方式，学生的兴趣和参与度更高，获得知识和技能的层次更丰富。本课以解决实际问题为目的，通过学生亲自实践来获得知识和技能，增进对科学概念的理解。通过本课，学生在知识方面有如下收获：①对变异这一概念有了更加深刻地认识；②学会了设计实验方案的一般方法；③对选择何种统计量来分析数据有了新的体会，学会了更多的数据分析方法；④学会了用标准、规范的语言描述统计结果和统计推断。学生在能力方面也有所提升：①培养了设计实验方案的能力；②培养了获取数据和证据的能力；③用数学眼光分析更多的生物学现象，从生物学角度分析引起变异的原因；④培养了发现问题、提出问题、分析问题和解决问题的能力。

266

本课为学生打开了一扇窗，带着学生通过理性的思考、严谨的分析解决科学问题，激发了学生深入学习数学知识、研究科学问题的欲望。

——案例撰写人　李静静，徐玲玲（北京理工大学附属中学）

（四）案例点评

用统计方法探究花生种子大小的变异是人教版《生物学》七年级下册教材中的一个探究问题，而统计方法也是初中数学所要求的重要内容，所以生物教师和数学教师共同备课形成了此教学案例。该教学培养了学生设计生物实验方案、获取实验数据和对数据进行整理和分析的能力。

在教师提出如何利用实验证明变异是普遍存在的问题后，学生提出对花生的大小这一性状进行测试的实验方案。学生在制订方案时讨论了如何从操作层面界定变异是普遍存在的，如何界定普遍，分析了实验中的变量与变量控制问题。

针对花生不够规则的外形特点，学生能够利用游标卡尺对种子的长轴长度进行方便和比较精确地测量，知道寻求适当工具获取数据。学生能够运用已有数学和生物知识对花生种子进行随机取样；对获得的花生种子的长度数据进行整理，知道把数据整理成图表，并运用数学和生物知识对数据进行分析和解释。

该教学也促进了学生对相关概念和方法的深入认识。例如，有同学在对数据进行整理分析时以众数14.3上下浮动0.3 mm为标准，发现多数花生种子长度不在此范围内，因而得出变异并非普遍存在的结论，教师据此纠正学生对变异概念理解的偏差。该过程既促进了学生对变异概念的认识，也使学生知道不恰当的数据分析会得出错误的结论。该过程能够促进学生对中位数、众数、方差、极差等概念的再认识。

比较遗憾的是，对两个品种花生长度平均值的对比分析、对花生种子大小变异原因的讨论等没有在案例中呈现。

——案例点评人　周玉芝

八、某些立体图形的展开图

(一)教学背景

1. 与课程标准的联系

了解直棱柱、圆锥的侧面展开图，能根据展开图想象和制作实物模型；通过实例，了解展开图在现实生活中的应用；根据几何图形想象出所描述的实际物体，依据描述画出图形。

2. 教学内容分析

"某些立体图形的展开图"是北京出版社出版的《数学》七年级上册中的内容，本单元位于"平面图形与立体图形"与"从不同方向观察立体图形"之间，起着承上启下的作用。通过"某些立体图形的展开图"，学生经历和体验图形变化的过程。因此这节课目的是使学生进一步认识立体图形与平面图形的关系，培养学生的空间思维能力，积累数学活动经验，为后续的数学学习打下基础。

3. 学情分析

学生在小学学过简单立体图形及其侧面展开图，上节又学习了"平面图形和立体图形"的有关知识，对立体图形已有一定的认识。七年级五班的学生，从认知的特点来看，学生爱问好动，求知欲强，想象力比较丰富，对"某些立体图形的展开图"的实践探究活动参与热情较高，但是他们的空间思维能力还较弱，动手能力不够强，观察、归纳、概括的能力还比较差。因此，一方面，要充分发挥学生在教学中的主体作用，让学生经历知识的形成过程；另一方面，要组织好学生活动，倡导合作学习、共同探讨，让学生在独立思考的基础上，开展小组合作学习，以期实现有效教学的目的。

(二)教学设计与实施

1. 教学目标

通过动手操作，知道正方体按不同方式展开可得到多种展开图，能运用旋转、轴对称变换排除重复情况。

通过观察、思考、动手探索、分组讨论，归纳正方体展开图的特点和规律，并进行合理的分类。

经历展开与折叠活动的过程，在想象、动手操作中感知平面图形与立体图形的关系，发展几何直观能力，积累活动经验。

在活动中培养合作意识，激发学习数学的兴趣。

2. 材料和工具

剪刀、彩笔、方格纸、胶棒、彩纸。

3. 重要概念

多面体是由平面图形围成的立体图形，沿着多面体的一些棱将它剪开，可以把多面体的表面展开成一个平面图形，这就是多面体的表面展开图。一个立体图形按不同方式展开可以得到不同的平面展开图形。

4. 教学过程

教学过程见表 4-25。

表 4-25　教学过程

环节	教师活动	学生活动	设计意图
创设情境，引入课题	播放视频《房屋版变形金刚》，引导学生思考货柜屋是如何设计出来的以及变形中蕴含了哪些数学知识，从而引出本节课题。	观看视频、思考。	通过情境引入，激发学生的学习兴趣。
动手操作，探索新知	引导学生探究正方体的展开图有哪些？在活动开始之前提出活动要求，在合作学习过程中教师时刻关注学生的学习状态，是否参与学习活动，是否能够认真倾听别人的思路等。在小组活动过程中，逐步引导学生归纳得到正方体展开图的规律，并进一步探究不同的展开图之间的关系，最后播放视频《正方体的展开图》。	小组分工合作，设计、讨论、总结、展示。观看视频，感受正方体和它的展开图如何转化。	通过探究活动明白为什么立体图形可以展开成平面图形，如何展开，展开方式不同得到的展开图也不同，通过观察、思考、讨论体会其中存在的规律，提升空间想象能力。同时体会不同展开图间的关系。最后再次整体感受正方体和它的展开图之间的关系。

环节	教师活动	学生活动	设计意图
深入学习，探究其他立体图形的展开图	出示长方体、圆柱、圆锥、三棱柱、五棱柱、四棱锥的展开图，引导学生解决以下问题：是什么立体图形的展开图；该立体图形展开图有什么特点。	小组讨论后思考回答。	类比正方体展开图的研究方法来探究其他立体图形的展开图，进一步体会平面图形和立体图形的关系。
动手制作，应用新知	给出任务：根据所给材料，设计并制作立体图形。	小组合作完成后展示。	提高应用意识，通过展示作品提高学生成就感。
总结与反思	以问题串的形式，引导学生总结本节课所学知识及所用到的数学思想方法，反思在小组合作过程中遇到的问题及解决方法。	回顾前面研究问题的过程和方法，交流本节课的收获，互相补充。	培养学生用语言进行归纳和概括的能力，同时让学生对知识有更深入的认识和思考。

5. 教学实施

(1)创设情境，引入课题

播放《房屋版变形金刚》，视频介绍了英国一家企业研发的各种货柜屋，货柜屋就像变形金刚一样，一层层的依序展开，变成一栋豪华的房子，同样依序折叠后就可以轻松将整栋房子搬走了。（图 4-50）教师通过视频，让学生感受到科技进步给人类生活带来的变化，引导学生思考货柜屋是如何设计出来的以及变形中蕴含了哪些数学知识，让学生初步感受平面图形与立体图形相互转化的过程，从而引出本节课课题：某些立体图形的展开图。通过创设情境，激发学生的学习兴趣和研究欲望。

图 4-50 货柜屋

270

(2)动手操作，探索新知

①引发猜想。

引导学生回顾已经学习到的立体图形与平面图形的知识，给出展开图的概念：多面体是由平面图形围成的立体图形，沿着多面体的一些棱将它剪开，可以把多面体的表面展开成一个平面图形，这就是多面体的表面展开图。一个立体图形按不同方式展开可以得到不同的平面展开图形。提出接下来的学习内容：研究正方体的展开图。

师：同学们，正方体展开之后会是什么样子呢？

生：是连在一起的 6 个正方形。（回答的同时展示他们所剪开的展开图）

师：像这样有 6 个连在一起的正方形都是正方体的展开图吗？有办法验证吗？

生：折一下试试。

师：那下面就让我们动手操作，验证猜想。

②验证猜想。

提出任务：小组合作完成任务单上的活动一，同时提醒学生使用剪刀时注意安全。

a. 先在方格纸上画出设计图，不要重复，同时保证每个面的完整。

b. 将画出的设计图剪下来，验证是否能折叠成一个正方体，将能和不能的分开。

c. 一共得到_____种正方体的展开图，对它们进行分类，并将分类情况写下来。

d. 观察不能折叠成正方体的设计图，它们有什么特点。

e. 正方体的相对位置上的两个面（对面）在展开图中具有怎样的位置关系？有什么规律？

提示：可以在相对面上做上相同的记号或者涂上相同的颜色。

f. 完成之后举手示意，完成的小组将你们的成果在黑板上展示，其他小组进行补充。

在小组活动过程中，教师适时引导学生解决以下问题：

问题 1：为什么同一个正方体会有不同的展开图？

问题 2：这些展开图有什么共同点？是如何展开的？

问题 3：黑板上看似不一样的展开图为什么是一样的？

问题 4：为什么有些不是正方体的展开图？

问题 5：为什么正方体的展开图只有 11 种？

问题 6：各个展开图之间有什么样的关系？

在理解上述问题的基础上，得到正方体展开图的特点。（图 4-51）

一、正方体的展开图共11种：	二、正方体展开图的规律：
按每层正方形的个数分类：	1. 一线不过四。
1. 1—4—1型6种：	2. "田""凹""7"应弃之。
2. 2—3—1型3种：	3. 一字相连间隔是对面。
3. 2—2—2型1种：	4. Z字两头是对面。
4. 3—3型1种：	

图 4-51　正方体展开图的特点

问题 5 和问题 6 的难度较大，1—4—1 型是学生容易理解的几种展开图，并且也能解释为什么 1—4—1 型展开图有 6 种，其他几个类型教师可以借助几何画板演示说明，由于展开时相邻 3 面展开后的相对位置情况有 3 种，所以会出现除了 1—4—1 之外的几个类型，其他的几个类型也都可以通过 1—4—1 变形得到。（图 4-52）因此我们研究立体图形展开图可以从最简单的展开方式入手，再研究其他展开方式。

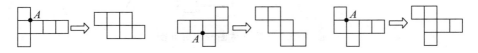

图 4-52　绕点 A 顺时针旋转 90°

此环节要给学生充足的时间进行小组合作探究，让每个人都能亲自动手折叠，体会为什么含"田""凹"的不是正方体的展开图，每一个展开图是如何折叠成正方体的。学生通过观察、思考、讨论，体会其中存在的规律，提升空间想象能力。另外，正方体展开图的规律学生说的意思对即可，最后借助多媒体技术把正方体展开图的规律演示一遍。

③整体感知。

播放视频《正方体的展开图》，让学生整体感知一下 11 种正方体的折叠与展开过程。因为通过前面的学习，学生对正方体的展开图已经有了清晰的认识，也积累了一定的活动经验，有了一定的空间想象能力，所以此处应鼓励学生在观看视频时，在动画展示每一种过程的间隙动脑想象折叠过程和展开过程，如果有个别无法确认的或者错误的，记录下来，课后再动手亲自折一折验证一下。这样就由"先动手操作，再借助想象"过渡到"先借助想象，再操作验证"，使学生空间想象能力的发展实现质的飞跃。

（3）深入学习，探究其他立体图形的展开图

出示长方体、圆柱、圆锥、三棱柱、五棱柱、四棱锥的展开图，学生小组合作，交流讨论后解决以下问题。

问题1：下面是一些立体图形的展开图，你能想象出它们可以围成什么样的立体图形吗？（图4-53）

问题2：该立体图形的展开图有什么特点？

问题3：所有的立体图形都有展开图吗？

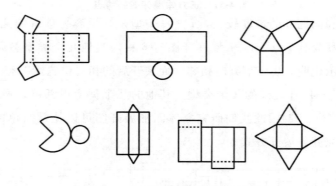

图4-53　一些立体图形的展开图

有了上个环节的学习活动经验，此环节学生可以类比正方体展开图的研究方法来探究其他立体图形的展开图，同时引导学生总结出与正方体展开图的不同之处：这些立体图形的展开图中各面之间除了要满足一定的位置关系，各面的边长或者周长等还要满足一定的数量关系。并不是所有立体图形都有平面展开图，如球就没有平面展开图。

（4）动手制作，应用新知

给每一组学生提供一张彩纸，要求小组利用该彩纸做出有创意的立体图形。小组展示时要说明图形的创意，同时说明该模型如何最大限度地利用了

所给纸张。

生活中到处有数学，但是很多学生却感觉数学在生活中应用不多，没有什么用处。要改变学生错误的数学观念，我们就要使数学教学生活化。所以设计此环节就是要提高学生用数学知识解决生活中的实际问题的意识。同时与开头呼应，让学生体会到数学来源于生活，也服务于生活。

（5）总结与反思

课堂小结是整个课堂教学的有机组成部分，既可以使学生所学的知识得以巩固，将知识系统化，又可以培养和提高学生的独立思考能力、分析问题能力以及口头表达能力，使学生养成良好的学习习惯，对整堂课起到了画龙点睛、深化主题的作用。此环节以问题串的形式，让学生对本节课所学知识进行梳理。

问题1：本节课你学习了哪些知识？在探究过程中我们运用了哪些数学思想方法？

问题2：在小组合作探究过程中你们组遇到了哪些问题？是如何解决的？

问题3：你还有什么疑惑和进一步要解决的问题吗？

在学生的总结过程中，教师除了要关注知识总结的是否全面外，还要对探究过程中好的做法进行肯定和鼓励，让学生体验到合作学习的成功，进而激发学生合作学习的动力。

（三）教学反思

1. 注重知识的形成过程

过去的教学，我们更多的注重"是什么"，教师在学生数学知识的形成和发展过程中，往往只注重结论，让学生花大量时间来做练习，知识形成的过程被简单化，学生很难理解知识的来龙去脉。忽视知识的形成过程的后果是学生学习了正方体的展开图后，做题时往往还会采用动手折叠验证的方法，或者不能根据展开图相对面的特征进行排除，或者学生根本就不知道为什么正方体的展开图有11种，只是单纯记忆结论。而STEM视野下的"做中学""学中做"强调让学生在动手操作探索的过程中学会发现、学会提问、学会讨论、学会表达，知其然且知其所以然。所以本课通过《房屋版变形金刚》引入，激发学生的学习兴趣和探究欲望，接着设计一系列活动，给学生充足的时间，

273

让学生反复经历"由立体向平面""由平面向立体"的转化过程，在动手操作和合作交流中了解平面图形和立体图形之间的关系，发展空间观念，同时能运用所学的知识去解决实际问题。

不足之处在于前期研究学情时，了解到学生小学时通过动手剪或者计算机研究过正方体的展开图，所以本课没有给学生太长的时间去剪设计图。但在上课的过程中发现，有部分学生并没有建立起平面与立体的观念。所以在实际操作中还应该给学生足够的时间去动手操作。

2. 注重应用意识的培养

数学来源于生活，生活中到处有数学。但是很多学生却感觉数学在生活中应用不多，没有什么用处。要改变学生的错误观念，我们要使数学教学生活化。本课从实际问题引入，以实际问题结束，让学生从单纯的数学解题中解放出来，认识到数学是活生生的，是与生活密切相关的。

不足的地方是，这里要求学生完成的几个立体模型是教师给出的，改成让学生动手制作生活中见到的像包装盒、灯笼、立体小挂件等会更好一些。

3. 注重总结反思意识的培养

反思，是针对解决问题的过程，从不同角度进行考察、分析和思考。总结反思不能只流于形式，学生简单将知识叙述罗列一遍，而应该是多方位的。本课通过三个问题让学生不仅对知识进行总结，也让学生对学习过程中遇到的问题进行了反思总结。下面是从学生小结中摘选出来的内容。

"上完课后，我不仅明白了书本上的知识，还知道了小组活动中沟通的重要性，我们小组今天就在沟通上出现了问题，导致活动的进度很慢。"

"在我看来，每个知识点都是一个小铁环，它们环环相扣，构成了数学世界。在这里竟可以由一个最基本的图形使数学知识像滚雪球般越滚越大。"

"这节课不仅让我学习到了知识，还让我认识到了分工合作和看清要求的重要性，我们组虽然分工合作得很好，快速完成了任务，但是没有看清要求，任务单不是第一个完成的。"

"通过这次学习，我对模型以及建筑充满了兴趣，而这些需要空间想象能力，所以之后我要好好学习数学。"

不难看出，学生们的收获很多，不仅仅是知识上的。不足的地方，小结时虽然让学生反思了探究过程中遇到的问题，但没有让学生想一想如何改进，所以添加一个问题 4：如果再给你一个机会，你会怎么改进？

从学生问卷调查来看，学生很喜欢这样的课堂，通过这节课我们也发现给学生机会，学生会给我们惊喜。STEM 道路虽艰辛，但是确实很美好，且行且思。

——案例撰写人　李艳阳（首都师范大学附属丽泽中学）

（四）案例点评

"某些立体图形的展开图"是初中数学中的一个重要教学内容，该内容的学习有利于提高学生的空间想象和思维能力，在空间立体图形与展开图的相互变换中培养学生借助图形、空间进行分析、推理和论证的能力。

该教学播放的《房屋版变形金刚》视频是一个非常好的引入资料，展现了立体图形与平面图形的关联以及立体图形展开图的工程价值。该视频能够激发学生探究立体图形展开图的学习兴趣。

在探究正方体展开图的活动中，教师给了学生比较充分的动手实践的机会，学生在大白纸上设计、裁剪和折叠；在小组展示的时候让学生讲解设计的思路、发现的规律；教师通过问题引导学生思考为什么看似不一样的展开图其实质是一样的？为什么有些不是正方体的展开图？在这个过程中发现，有的学生记过"1—4—1""2—3—1"之类的口诀，但他们仅是记住这些规律用来做题。而让学生动手实践并展开分析的活动促使学生去理解而不是简单记忆。在空间立体图形与其展开图的相互变换的活动中培养了学生的图形和空间的分析、推理和论证能力。在动手制作环节，教师给了学生一个有挑战性的模型设计与制作任务，要求学生应用立体图形展开图的知识绘制出该模型的展开图，计算需要多少材料来制作该模型等，让学生更进一步应用所学知识体会平面展开图的实际应用价值，培养学生的想象力和动手制作的能力，也与教学的引入相呼应。

——案例点评人　周玉芝

九、走近能源

（一）教学背景

1. 理论基础

在中国教育大力提倡素质教育的时代，提升学生核心素养和未来竞争力成为学生发展的目标，因此我们需要打破常规传统的教学方式，勇于改革创新。

STEM 是科学（Science）、技术（Technology）、工程（Engineering）和数学（Mathematics）四门学科的简称，强调多学科的交叉融合。科学是认识世界、解释自然界的客观规律，技术和工程则是在尊重自然规律的基础上改造世界，实现对自然界的控制和利用，解决社会发展过程中遇到的难题，数学则作为科学、技术与工程学科的基础工具。生活中发生的大多数问题需要应用多种学科的知识来共同解决，因此近年来 STEM 教育的重要性在我国逐渐成为各界的共识。

随着社会的发展，能源问题越来越受到关注，本课内容将化学学科知识与社会知识紧密联系，内容涉及能源、环境等社会问题，与地理、物理、信息技术等学科关系密切，因此，利用学科融合，以大量的实例和丰富的活动引发学生们的头脑风暴，积极调动学生学习的积极性，突出体现学习的应用价值。

本课与化学、地理、物理的联系如下：

初中化学：

①知道化石燃料是人类社会重要的自然资源，能说出化石燃料主要是指煤、石油、天然气，了解海洋中蕴藏着丰富的资源。

②了解使用氢气、天然气（或沼气）、液化石油气、煤气、酒精、汽油和煤等燃料对环境的影响，懂得选择对环境污染最小的燃料。

③了解我国能源与资源短缺的国情，认识资源综合利用和新能源开发的重要意义。

④调查当地燃料的来源和使用情况，提出合理使用燃料的建议。

初中地理：

①运用资料，说出我国水资源时空分布的特点及其对社会经济发展的影响。

②通过资料，说出我国土地资源的主要特点，理解我国的土地国情。

③运用资料，说出我国工业分布特点，了解我国高新技术产业的发展状况。

④根据资料，了解区域环境保护与资源开发利用的成功经验。

初中物理：

①能量守恒定律：能量既不会凭空产生，也不会凭空消失，只能从一个

物体传递给另一个物体，而且能量的形式也可以互相转换。

②有持续电流的条件：有电源和闭合电路。会连接电路。

③干电池把化学能转化成电能。

2. 学习者分析

在教学设计的过程中，我们不仅要知道学生认知发展的起点，还要知道学生认知发展的终点，更要清楚学生认知发展的路径，以及学生的认知发展从起点到终点会经过哪几个重要的阶段，在每个阶段会有哪些障碍点。其中，如何确定学生认知发展的终点是至关重要的。

这节课与以往教学的不同之处在于，首先，我们设计教学时确定的认知终点，不是知识与技能所达到的目标，而是对学生的化学学习会产生重大影响的过程与方法。其次，课前在和学生的访谈中发现，学生已经知道自然界存在的很多能源，知道三大化石能源是煤、石油和天然气以及燃烧化石燃料对环境会造成一定的影响，这是学生的认知起点。学生这节课的认知障碍在于并不清楚学习这些知识如何解决实际问题。所以设计这节课时，情境素材的选取、学生活动的设计、关键问题的提出都围绕学生的认知障碍点来设置。最后，对学生学习化学能力的培养落点在学生的实际问题解决上，利用大量的信息提炼出考虑问题、解决问题的一般思路，学以致用。

(二)教学设计与实施

1. 教学目标

认识能源，知道不同形式能量之间可以互相转化。

知道能源发展现状。

利用信息、整合信息、推理分析，得出解决能源问题的一般思路。

在实验和研讨交流的活动中，培养科学精神和科学思维能力；培养保护能源、开发新能源的观念。

在小组活动中培养交流、合作的意识和能力，养成严谨的科学态度。

2. 材料和工具

平板电脑、卡纸、彩笔、水果、材料包、多媒体、太阳能小车、接线板、烤灯、桌子。

3. 重要概念

能量既不会凭空产生，也不会凭空消失，只能从一个物体传递给另一个物体，而且能量的形式也可以互相转换。

煤、石油、天然气是常见的化石能源，它们不可再生。

人类社会的发展需要能源作为支撑。

4. 教学流程图

教学流程见图 4-54。

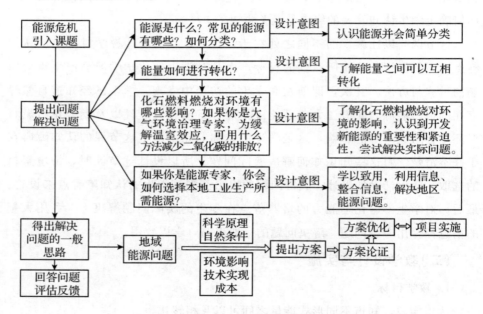

图 4-54　教学流程图

5. 教学过程

教学过程见表 4-26。

表 4-26　教学过程

环节	教师活动	学生活动	设计意图
用视频引入，认识能源并分类	视频引入：人类的进化发展史，是一部不断向自然界索取和利用能源的历史，同学们，我们生产生活中常用的能源有哪些？请简单进行分类。	列举所有已知能源。初步分类：可再生、不可再生能源。	回忆已知能源，引导学生了解能源分类的标准。

环节	教师活动	学生活动	设计意图
以实验为载体，了解不同形式能量的转化	提问：能源是含有能量的资源，使用能源的过程存在能量的转化。以上同学们所说的能源中哪些可以相互转化？	举例说明。	了解不同形式能量之间的转化。
	演示实验：太阳能小车不动，用光照太阳能小车，小车向前移动。在这个实验中哪些能量发生了转化？	思考，回答问题。	体会太阳能转化为电能，电能转化为机械能。
	人类所使用的能源中，有一类重要的能量转化涉及燃料的燃烧，这类化学变化所释放出的能量称之为化学能，化学能可转化为很多我们需要的能量，如热能、光能、电能等。请同学们举例。	与生活相联系，举例说明。 水果电池实验，用平板电脑拍照分享。	体会化学能转化为电能的神奇，感受科学的魅力。
讨论化石燃料对环境的影响，认识开发新能源的意义	提问：随着社会的发展，能源需求剧增，我国逐渐成为化石燃料的进口大国，这些能源的使用带给我们所需求的能量的同时，还带给了我们什么？为什么？如果你是大气环境治理专家，为缓解温室效应，可用什么方法减少二氧化碳的排放？	思考回答化石燃料的燃烧对环境的影响。从元素的角度回答燃烧产物。从吸收和转化产物的角度、从源头减少或消除的角度研讨减少二氧化碳排放的方法。提出要开发新能源。	引导学生认识到要开发新能源，走可持续发展之路。
	视频：我国制成世界上最大的风力发电机，我国可燃冰试采成功。	观看视频。	感受我国在开发新能源方面取得的成就，增强民族自豪感。

续表

环节	教师活动	学生活动	设计意图
尝试解决地区能源问题	提问：我们现在可以利用的能源有化石能源和多种新能源，如果你是能源专家，你会如何选择本地工业生产所需的能源？要想解决这个实际问题，你想提前了解哪些信息？介绍我国不同地域资源、能源分布等。	认真倾听地理老师的信息介绍。设计不同地区能源使用方案。绘制小报，用平板电脑拍照并分享交流，得出解决能源问题的一般思路。	小组讨论选择能源的主要考虑因素，绘制小报，用平板电脑拍照并分享交流，得出解决能源问题的一般思路。
评估反馈	利用平板电脑的抢答功能，设计问题，考查学生对知识和能力的掌握情况，及时反馈。	抢答、评估。	利用信息技术激发学生的学习积极性，高效反馈学生的掌握情况。

6. 教学实施

（1）用视频引入，认识能源并分类

通过观看一小段视频，引导学生了解人类的进化发展史，是一部不断向自然界索取和利用能源的历史，从而引出问题。

师：同学们，我们生产生活中常用的能源有哪些？

生：电能、风能、潮汐能、太阳能、核能、地热能、煤、石油、天然气……

师：能源种类繁多，为了更好地认识能源，我们可以将以上能源进行怎样的分类？

生：可再生能源和不可再生能源。

设计意图：能源分类的标准有很多，而学生了解得比较少，教师引导学生依据不同分类标准进行分类，而不仅仅是用一种分类标准，从而让学生对能源有更多的认识。

（2）以实验为载体，了解不同形式能量的转化

师：能源是含有能量的资源，以上同学们所说的能源中哪些可以相互转化？

生：太阳能发电、风能发电、潮汐能发电、核能也能转化成电能……

师：现在老师做几个演示实验，大家感受一下能量转化的奇妙！（图 4-55）

图 4-55　教师演示光照小车实验

生：哇……

师：太阳能小车不动，用光照太阳能小车，小车向前移动。在这个实验中哪些能量发生了转化？

生：太阳能（光能）转化为电能、电能转化为小车的动能（机械能）。

师：同学们说得好极了！那自热盒饭这个实验中哪些能量发生了转化？

生：化学能转化为热能。

师：化学变化所释放出的能量称之为化学能，化学能可转化为很多我们生产生活中所需要的能量，如热能、光能、电能等。现在，请同学们拿出自备的水果和材料包，自己动手实验，亲自体验化学能转化为电能的奇妙之处。

学生开始水果电池实验，接通电路后，看到表芯显示时间，听到音乐芯片发出声音。（图 4-56）

图 4-56　学生做水果电池实验

设计意图：了解不同形式能量之间可以转化，能量的转化与生活实际相联系，化学与生活、能源与生活都是息息相关的。

(3)讨论化石燃料对环境的影响，认识开发新能源的意义

师：随着社会的发展，能源需求剧增，我国逐渐成为化石燃料的进口大国，这些能源的使用带给我们所需求的能量的同时，还带给了我们什么？为什么？

学生观看视频，从元素的角度回答燃烧产物，进而顺利回答化石燃料的燃烧对环境的影响。

师：如果你是大气环境治理专家，为缓解温室效应，可用什么方法减少二氧化碳的排放？

学生在平板电脑上各抒己见，纷纷从吸收和转化产物的角度、从源头减少或消除的角度提出方法，还有学生提出要开发新能源。

师：同学们回答得非常精彩！有关新能源的开发工作一直在进行着，最近有新闻报道我国制成世界上最大的风力发电机，而且我国可燃冰试采也取得了成功，非常了不起！我们一起观看视频了解一下。

学生认真观看视频。

设计意图：通过前测了解到学生对于化石燃料的燃烧对环境造成的影响并不清楚，因此通过视频资料，为学生提供较充足的信息并提出问题，引导学生认识到要开发新能源走可持续发展之路。通过观看视频感受我国在开发新能源方面取得的成就，增强学生的民族自豪感和自信心。

(4)尝试解决地区能源问题

学生根据上课入座情况和桌上的标签自然分成不同小组：湖北、山西、上海、西藏、新疆、浙江。

师：我们现在可以利用的能源有化石能源和多种新能源，如果你是能源专家，你会如何选择本地工业生产所需的能源？要想解决这个实际问题，你想提前了解哪些信息？

生：该地区的能源分布、自然条件、经济发展水平。

师：我们荣幸地邀请到地理学科的侯老师为大家详细介绍相关信息，供大家参考。

侯老师为学生提供了丰富的图文资料：中国主要矿产分布、中国新能源

分布、中国各水系水能资源比重分布、中国主要电站及"西气东送"和"三峡水电站"等工程介绍、中国主要气候类型及分布，还有六个省市地区的具体信息，以及学生各组都可以利用的公共资料，如多种能源的价格对比、不同能源对环境的影响和能源相关政策等。

学生认真倾听地理教师的信息介绍，各小组学生自主获得本组所在地区现有能源结构的信息，讨论结合经济发展水平、成本、所处地理条件以及对环境的影响等方面因素，提出选择本地工业生产所需能源的初步策略，绘制小报，用平板电脑拍照上传并分享交流。向其他组阐述理由，得到认可。（图 4-57）

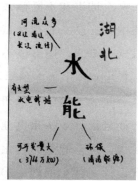

图 4-57 学生提出的不同地域的能源方案

设计意图：学生基于任务利用资料，提取整合重要信息，提出解决问题的方案，学以致用，同时能从中享受小组合作的快乐和解决问题的成就感。

283

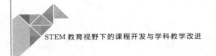

（5）评估反馈

学生利用平板电脑做课堂练习题，教师利用平板电脑统计学生回答问题的情况，考查评估学生对知识的掌握情况。（图 4-58）

图 4-58　利用平板电脑进行学习评价

设计意图：设计问题，考查学生对知识和能力的掌握情况，及时反馈。个别问题用平板电脑设置抢答，活跃了课堂氛围，提高了学生学习的积极性和主动性。

（三）教学反思

九年级化学"走近能源"一课的设计，我从最初的迷茫到绞尽脑汁查资料想思路，经过一次次试讲和不断修改，一次次大胆放手让学生去做，终于成功完成。这节课中有自己一直想尝试的信息技术的应用，有与地理、物理等学科融合的 STEAM 理念，还有核心素养的重要体现！这是我第一次尝试用平板电脑教学，学生利用平板电脑学习的积极性很高，听课效率也大大提高。本课提供的信息容量大，给学生的研讨空间也大，使学生思维更加开阔，交流也更加顺畅，而且设计了水果电池实验，这个实验与生活密切相关，学生动手实验欲望更强，对于能量的转化理解也更加深刻。为了让学生对能源问题更感兴趣，我设计了两个问题：①如果你是大气环境治理专家，为缓解温室效应，可用什么方法减少二氧化碳的排放？②如果你是能源专家，你会如何选择本地工业生产所需的能源？学生自己提出需要哪些信息来解决问题，教师再适时提供信息。学生根据地区分组，有本地区可用的信息，也有所有组可以共用的信息，学生通过小组讨论提炼出关键信息来解决实际问题，将方案绘制在纸上并拍照展示和交流。虽然学生解决问题的方案不一定完全合理，但这一过程培养了学生主动思考的能力，促进了学生创新性思维的发展。

本课的设计在时间的把控、提供信息的量和针对性以及平板电脑的使用时机上设计的刚刚好，这种设计我以后也会继续在教学中尝试，使学生之学变得更加便捷高效和有趣。经过为期一年的 STEAM 培训，这种理念已经由最初的质疑慢慢地被我接受并多次应用于课堂教学，学生的听课效率更高，思维更开阔，动手实验欲望更强，交流也更顺畅。这节课最终赢得了东城区所有前来听课的教师的一致好评。我以后会进行更加大胆的尝试，积极地将STEAM 理念运用于教育教学当中，我和学生必将一起受益。

——案例撰写人　陈萍(北京市文汇中学)

（四）案例点评

本案例将初中化学与初中地理进行了融合。从化学和地理的课程标准中可以看到，化学与地理学科在有关能源方面的教学有着直接的联系。例如，化学课程标准中的"了解我国能源与资源短缺的国情，认识资源综合利用和新能源开发的重要意义""调查当地燃料的来源和使用情况，提出合理使用燃料的建议"，与地理课程标准中的"说出我国水资源等资源分布的特点及其对社会经济发展的影响"的要求紧密相关，这些支持了化学教师与地理教师的联合教学。

教学中把学生定位成专家角色，让学生提出问题解决方案，调动学生参与的热情与社会责任感，提升学生综合分析问题的能力。例如，教师提出，如果你是大气环境治理专家，为缓解温室效应，可用什么方法减少二氧化碳的排放？如果你是能源专家，你会如何选择本地工业生产所需的能源？要想解决这个实际问题，你想提前了解哪些信息？教师把学生分成有代表性的湖北、山西、上海、西藏、新疆、浙江组，调动学生学习和运用我国不同地域环境特点、工业特点、资料分布特点等多方面知识提出问题解决的方案，让地理学习有机融合于化学课堂教学之中，使学生感到地理和化学学习都是有意义的，调动了学生学习的积极性，促进了学生对知识的理解和运用。

教师能够积极运用现代信息技术来促进学生的参与与交流，促进教学评价。

——案例点评人　周玉芝

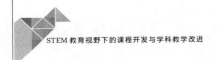
286

十、动画制作

(一)教学背景

1. 教学内容分析

动画制作是信息技术中的内容。本课主要介绍制作简单动画的基本流程和基本方法。学生在学习之后能掌握创作简单动画作品的基本方法，从而表达思想和情感，提高表达能力。

本课旨在引导学生观察和探究一些身边常见的视觉暂留现象，并通过动手制作动画片帮助学生理解动画产生的原理，之后熟悉 Flash 工作环境，了解舞台、时间轴、帧、帧频并掌握其作用，学会在 Flash 中制作一个简单的动画。通过制作动画作品，梳理动画创作的基本流程和要求，最终发展用动画表达思想、情感、创意的能力。整个学习过程培养了学生的阅读能力、小组合作能力、分析问题和解决问题的能力，以及团队合作、信息获取、表达交流等能力。本课的教学内容涉及信息技术、美术等学科教学内容，教学内容与课程标准的联系如下。

①理解动画产生的原理。

②知道帧是构成动画的基本元素，能区别关键帧、普通帧、空白关键帧。

③掌握动画制作的基本流程。

④学会用动画叙述故事，表达思想和情感。

2. 学习者分析

学生对动画都很感兴趣，只是他们的认识大多停留在看"动画片"，对动画的原理和 Flash 动画制作方法等内容知之甚少。部分学生有学习动画制作的兴趣，但也有很多学生认为自己制作动画太难。七年级学生已经具备了一定的分析问题和解决问题的能力，敢于挑战，但不善于思考，阅读能力、动手能力不够强，归纳概括能力也比较差，因此，在教学中提供给学生学习网站，通过自主学习和开展小组协作完成课堂任务，发挥学生在教学中的主体作用，培养学生独立思考、合作探究的学习能力。

（二）教学计划

教学计划见表 4-27。

表 4-27　教学计划

动画制作		
教学内容	初识动画原理	制作简单动画	拓展阅读：视觉暂留与电影
教学时长	50 min	60 min	课后自主学习

（三）教学设计与实施

第 1 课时　初识动画原理

1. 教学目标

认识视觉暂留原理。

能根据视觉暂留原理制作小动画。

理解动画原理。

知道帧、帧频的作用。

2. 材料和工具

剪刀、皮筋、卡纸、圆规、彩笔。

3. 重要概念

视觉暂留现象是光对视网膜所产生的视觉在光停止作用后，仍保留一段时间的现象，是动画、电影等视觉媒体形成和传播的根据。

视觉实际上是靠眼睛的晶状体成像，感光细胞感光，并且将光信号转换为神经电流，传回大脑引起人体视觉。感光细胞的感光是靠一些感光色素，感光色素的形成是需要一定时间的，这就形成了视觉暂停的机理。医学证明人类具有"视觉暂留"的特性，人的眼睛看到一幅画或一个物体后，在极短的时间（约 0.34 s）内不会消失。利用这一原理，在一幅画还没有消失前播放下一幅画，就会给人一种视觉变化很流畅的感觉。

动画原理是通过把人物的表情、动作、变化等分解后制成许多动作瞬间的画幅，再用摄影机连续拍摄成一系列画面，给视觉造成连续变化的图画。它的基本原理与电影、电视一样，都是视觉暂留原理。

287

4. 教学过程

教学过程见表 4-28。

表 4-28　教学过程

环节	教师活动	学生活动	设计意图
实验导入，激发兴趣	指导学生完成两个趣味小实验，初步体验视觉暂留。	活动，体验。	激发学生兴趣，体验视觉暂留。
自制动画片，感受动画原理	实践要求：根据视觉暂留原理自制动画片。 ①翻书动画：走动/跑动的小人、表情的变化、植物生长等。 ②小黄人/小鸟进笼子。 根据自制的动画片总结动画原理。	学生小组协作完成作品，展示和交流。 归纳总结动画原理。	通过实际动手操作，体会到视觉暂留与动画原理的关系，从而探究出动画原理。
初步学习Flash 动画	试一试：打开动画文件"小人走路.fla""小猫变脸.fla""植物开花.fla"，修改帧频(播放速度)，帧频是多少才能感觉到画面动起来了，帧频低于多少感觉画面有一些卡？ 介绍帧频的含义。	实践操作、思考、回答问题。 认识动画的帧频。	感受 Flash 动画，在知识迁移的作用下，学生很自然的认识到 Flash 动画原理。
小结	简述动画原理。	总结、交流。	培养学生用语言进行归纳和概括的能力，同时对今天的知识进行梳理。

5. 教学实施

(1)实验导入，激发兴趣

师：老师请同学们做两个小实验。实验1，有三个步骤，在老师读完步骤之前，同学们先不要看图。(图 4-59)

①注视下图中心四个黑点 15～30 s。(不要看整个图片，而是只看中间的4 个点!)

图 4-59　实验 1 所用图

②然后朝自己身边的墙壁看（白色的墙或白色的背景）或者看此页面的白色部分。

③看的同时快速眨几下眼睛，看看你能看到什么。

生：能看到一个人，并且图中原本白色的部分变成黑色，黑色的部分变成白色。

师：实验 2，注视左图大约 30 s，30 s 之后看右图，你有什么发现？（图 4-60）

图 4-60　实验 2 所用图

师：能看到什么现象？

生：框里多了一个发光的豹子。

师：同学们能说一说生活中还有哪些类似的现象吗？

生：突然望一下太阳/灯光，然后将目光转向别处，太阳的影像还会暂留一会儿。当我们在室内目视窗外明亮的景色时，瞬间闭上眼睛，会发现窗外景色仍会短暂留在视觉中。

师：我们看到的流星带着一条长长的尾巴，其实那尾巴并不存在，是由于流星的运动速度太快了，人的眼睛来不及反应，它就滑到下一个位置，所以造成我们看到的流星有一条长长的尾巴。哪位同学能解释这些现象产生的原因？

生：视觉暂留。

师：视觉暂留这是人眼具有的一种性质。人眼观看物体时，成像于视网膜上，并由视神经输入人脑，感觉到物体的像。但当物体被移去时，视神经对物体的印象不会立即消失，而要延续 0.1～0.4 s 的时间，人眼的这种性质被称为"眼睛的视觉暂留"。

师：正是因为人眼的这个特性，才让我们看到很多有趣的现象，比如电影、动画片，接下来，我们来根据视觉暂留原理自制动画片。

设计意图：动画的基本原理采用的就是视觉暂留原理，为了让学生明白动画原理，先从学生生活上遇到的一些现象入手，让学生明白这些现象不是无法解释的，为后面的学习做好铺垫。

（2）自制动画片，感受动画原理

教师布置任务：根据视觉暂留原理自制动画片，每组两个同学制作翻书动画，另外两个同学制作小鸟进笼并写下实验结果和实验结论。

①翻书动画。（图 4-61）

实验材料：一张纸、剪刀、订书机。

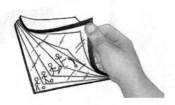

图 4-61　翻书动画

实验步骤：

步骤一：用剪刀把纸剪成 10 张同样大小的纸片，用订书机订成一个小本。

步骤二：在每张纸片上绘制一幅动作分解画面，按动作的先后次序排列好。

步骤三：由前往后快速地翻动纸片，看有什么情景。（图 4-61）

②小鸟进笼。（图 4-62）

图 4-62　小鸟进笼

实验材料：一张纸、剪刀、订书机。

实验步骤：

步骤一：画圆。用圆规在白色硬纸板上画一个大小合适的圆。

步骤二：剪下圆。用剪刀沿着刚才画出来的圆的边沿慢慢地剪下来。

步骤三：挖孔。在两边离边 1 cm 的地方各画出一个点来，用牙签把刚才画出来的两边的点穿出洞来，穿的时候要小心一点，不要弄伤手。

步骤四：画图案。接着在硬纸板的两面分别画出笼子和小鸟，当然也可以画其他的人物或动物。但要注意的是画的时候要尽量将笼子画大一点，人物或动物画小一点，否则看不出人物或动物被关的效果了。

步骤五：穿橡皮筋。找两根橡皮筋，借用牙签的力量将橡皮筋放入孔里，然后套着拉出来。只要将橡皮筋套在手里，然后翻转图片，放手后就可以看到小鸟进到笼子里了。

学生自制动画片，分组展示动画作品并说明实验结果和实验结论。（图 4-63）

图 4-63　学生演示动画效果

(3)初步学习 Flash 动画

师：动画就是利用人的视觉暂留形成的，在一帧静态画面消失的同时，另一帧画面又很快显示，这时人的视觉器官就会将两帧画面合二为一，感觉画面"动"了起来。请打开动画文件"小人走路 . fla""小猫变脸 . fla""植物开花 . fla"，修改帧频(播放速度)，帧频是多少才能感觉到画面动起来了，帧频低于多少感觉画面有一些卡？

学生在 Flash 操作界面更改帧频，观看动画效果。

生：当帧频低于 10 fps 后，画面就有些卡。

师：帧频是 Flash 中一秒钟播放的帧数，为了保证画面的流畅性，通常电影采用 24 fps 的速度进行拍摄和放映，电视为 25 fps 或 30 fps，Flash 软件中默认的帧频为 24 fps。也可以适当降低，但不宜低于 8 fps。帧频过低画面看起来不流畅。

设计意图：通过制作手翻书动画和小鸟进笼动画，学生可以直观地看到动画产生的原因，从而自己探究出动画原理。

(4)小结

下一节课我们学习在 Flash 软件中制作动画，Flash 软件功能强大、操作简单，受到广大动画爱好者的喜爱。希望同学们通过一段时间的学习也能制作出有趣的动画。

第 2 课时　制作简单动画

1. 教学目标

熟悉 Flash 工作界面。

了解帧的类型及作用。

学会常用绘图工具(选择工具、线条工具、椭圆工具)的使用。

掌握插入帧、关键帧、空白关键帧技术。

学会制作简单的逐帧动画。

2. 重要概念

逐帧动画是一种常见的动画形式，其原理是在"连续的关键帧"中分解动画动作，也就是在时间轴的每帧上逐帧绘制不同的内容，使其连续播放而成动画。

3. 教学过程

教学过程见表 4-29。

表 4-29　教学过程

环节	教师活动	学生活动	设计意图
复习导入	布置课前任务 提问：1. 我们知道电影上的画面是存放在一格一格的胶片上的，观察 Flash 动画中的画面是存放在哪里的。 2. 在 Flash 中动画的播放速度是多少？ 3. 回忆一下上节课学过的动画原理。	打开"小丑走路 . fla""谁吃了我的糖葫芦 . fla"文件，通过单击"控制"菜单→测试影片或快捷键 Ctrl＋Enter播放动画。 思考并回答问题。	联系实际动画，激发学生回忆与思考，加深对动画制作原理的理解，认识 Flash 中的帧、帧频作用，根据动画原理自然引入逐帧动画。
制作简单逐帧动画	一、认识逐帧动画 分析逐帧动画的制作方法。	思考分析并回答。	通过分析归纳逐帧动画的制作方法，提升学生分析问题的能力。对于学生自己能探究的地方放手让学生自主完成，提升学习效果。
	二、制作简单逐帧动画 布置学习任务一：学习制作逐帧动画。 方法一：用手工绘制的动作分解画面制作逐帧动画。 布置课堂实践一：用方法一制作第一个逐帧动画。	观看视频《小丑走路动画制作》，通过自主学习和小组互助、讨论的方式学习逐帧动画的制作方法。根据教师提供的图像序列制作一个简单的逐帧动画。	学会将手工绘制的动作分解画面制作成逐帧动画，体验制作动画的乐趣。
	展示学生作品。 布置学习任务二：自主学习制作逐帧动画。 方法二：在 Flash 中直接绘制动作分解画面制作逐帧动画。	观看。 观看视频《谁吃了我的糖葫芦》动画，学习逐帧动画的制作方法。	让学生真正理解帧、关键帧、逐帧动画的概念，并进一步熟悉工具的使用，增加学习的热情。
	播放逐帧动画优秀作品。	观看作品，获取灵感。	
	布置课堂实践二：制作第二个逐帧动画。	动手实践操作：自主创作逐帧动画。	学会在 Flash 中直接绘制动作分解画面制作逐帧动画。鼓励学生充分发挥自己的想象力，创作动画作品。

293

续表

环节	教师活动	学生活动	设计意图
展示与评价	让每组选择部分有代表性的作品进行展示。充分肯定学生的创新精神、动画中使用的方法和技巧，对优秀作品给予表扬，对不足的作品给予鼓励。	分别从动画创意、使用技术、动画效果等方面对作品进行评价。	通过作品的展示，学生互相交流，互评互进，取长补短。
小结	总结逐帧动画的原理和制作方法并鼓励学生创作更多更有趣的动画作品。	总结、交流。	培养总结与反思的习惯。

4. 教学实施

（1）复习导入

师：同学们打开教学网页，找到课前练习，并按要求完成。

学生打开"小丑走路.fla""谁吃了我的糖葫芦.fla"文件，通过单击"控制"菜单→测试影片或快捷键 Ctrl＋Enter 播放动画。

师：我们知道电影上的画面是存放在一格一格的胶片上的，观察 Flash 动画中的画面是存放在哪里的。

生：帧。

师：从图中我们可以知道在 Flash 中动画的播放速度是多少？（图 4-64）

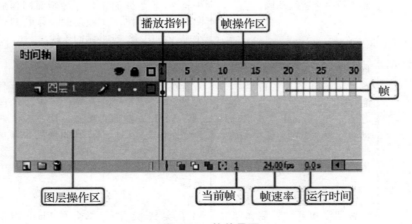

图 4-64　软件界面

生：24 fps。

师：同学们刚才有没有仔细观察小丑走路动画的每一帧的画面，是静止的还是动态的？（图 4-65）

图 4-65　小丑走路动画的每一帧画面

生：静止的画面。

师：那么为什么我们在播放的时候会看到小丑动了起来。

生：因为人眼的视觉暂留原理。

师：上节课我们根据视觉暂留原理制作了手翻书动画，同学们根据制作的手翻书动画还得出了动画原理，说一说动画原理。

生：动画原理就是采用的视觉暂留原理，在一帧静态画面消失的同时，另一帧画面又很快显示，这时人的视觉器官就会将两帧画面合二为一，让人感觉画面"动"了起来。

师：那咱们看看小丑走路动画的时间轴，是不是就是一帧接一帧的逐帧绘制不同的内容，使其连续播放而成动画，像这样的动画也叫逐帧动画。（图 4-66）

图 4-66　小丑走路动画的时间轴

（2）制作简单逐帧动画

师：制作逐帧动画主要有两种常用的方法，用手工绘制的动作分解画面制作逐帧动画和在 Flash 中直接绘制动作分解画面制作逐帧动画。我们先来看方法一：用手工绘制的动作分解画面制作逐帧动画。那如何将咱们绘制好的手工分解画面制作成逐帧动画呢？同学们先观看视频《小丑走路动画制作》，通过自主学习和小组互助、讨论的方式学习逐帧动画的制作方法。

学生观看视频，学习逐帧动画的制作方法。

师：用手工绘制的动作分解画面制作逐帧动画的步骤是什么？

生：①将外部图像导入到库。②打开库（Ctrl＋L）。③在时间轴上单击第一帧（默认第一帧是空白关键帧）将库中的图片拖到舞台。④在时间轴上插入空白关键帧，继续将库中的图片拖到舞台合适位置。⑤重复第 4 步的操作，直到把所有的图片都插入到时间轴上。

学生用手工绘制的动作分解画面制作逐帧动画。根据教师提供的图像序列制作一个简单的逐帧动画。

分组展示动画作品。

教师展示《谁吃了我的糖葫芦》动画，说明这是制作逐帧动画的第二种方法，通过在 Flash 中直接绘制动作分解画面制作逐帧动画。

师：请自主创作逐帧动画，如表情的变化、植物生长过程、火柴人动画，等等。要求主题明确，内容积极向上，有创意、有个性，8 个关键帧以上，恰当调整动画的播放速度。

学生打开学习网站，自主学习选择工具、线条工具、椭圆工具、上色工具的功能和使用方法，利用工具面板绘制动画元素，创作第二个动画作品。

（3）展示与评价

每组选择部分有代表性的作品进行展示。对学生作品分别从动画创意、使用技术、动画效果等方面进行评价，充分肯定学生的创新精神、动画中使用的方法和技巧，对优秀作品给予表扬，对不足的作品给予鼓励。

（4）小结

（略）

课后自主学习　拓展阅读：视觉暂留与电影

（略）

（四）教学反思

学生对动画都很感兴趣，只是他们的认识大多停留在看"动画片"，对动画的原理和 Flash 动画制作方法等内容知之甚少。"初识动画原理"一课中利用视觉暂留原理自制动画片，让学生对动画的原理有了更加清晰的认识，对动画的制作有了初步认识。之后的课学生在理解了动画原理的基础上，结合上节课学习的内容，可以建立起新旧知识之间的内在联系，很容易就理解了在 Flash 中制作动画的方法，不会再认为 Flash 动画制作软件的学习是一件很困难的事情。下面展现学生手工创作的动画作品以及 Flash 动画作品（目录）。
（图 4-67 至图 4-69）

图 4-67　学生手工制作的动画作品 1

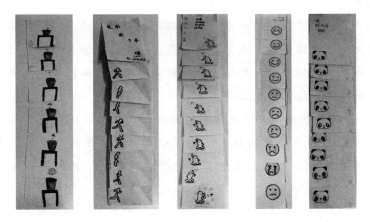

图 4-68　学生手工制作的动画作品 2

电量变化崔静媛	2018/5/14 11:23	Flash 文档	11 KB
放烟花 李佳怡	2018/5/16 13:52	Flash 文档	52 KB
火柴人爬楼梯 石文旭	2018/5/14 14:05	Flash 文档	14 KB
开花 陈奕秋	2018/5/14 15:08	Flash 文档	32 KB
开花——李响	2018/5/14 11:24	Flash 文档	21 KB
马轶楠大白爱心	2018/5/16 14:00	Flash 文档	16 KB
乔艺雯 时间飞逝	2018/5/17 10:03	Flash 文档	16 KB
乔宇轩 打雷大雨	2018/5/16 13:50	Flash 文档	17 KB
盛开的花朵 王靖仪	2018/5/16 14:46	Flash 文档	15 KB
谁吃了我的铜锣烧 赵宇阳	2018/5/16 13:23	Flash 文档	258 KB
跳动的篮球 刘坤	2018/5/14 15:07	Flash 文档	414 KB
跳跃的小球 宋秭程	2018/5/14 15:08	Flash 文档	21 KB
文字的书写 张子胤	2018/5/9 14:02	Flash 文档	236 KB
小猫出箱 张子悦	2018/5/14 14:02	Flash 文档	413 KB
尹诺德　建房子	2018/5/14 11:24	Flash 文档	137 KB
赵宇阳 小猫做鬼脸	2018/5/14 14:43	Flash 文档	52 KB
指针走动 乔艺雯	2018/5/14 15:49	Flash 文档	15 KB
周雯 愤怒的小鸟	2018/5/14 13:06	Flash 文档	24 KB

图 4-69　学生制作的 Flash 动画作品（目录）

学生也在学习这节课之后表达了他们的最深感受。

"通过这节课，我知道了当物体移动时，视神经对物体的印象不会立即消失，而要延续 0.1~0.4 s 的时间，人眼的这种特性被称为眼睛的视觉暂留。视觉暂留现象让我感受到了眼睛的奇妙，而现在的动画、电影产生的原理就是因为人眼的视觉暂留。我希望学习用 Flash 制作更多有趣的动画。"

"这节课我体会到了亲手制作动画的乐趣，我在课上做了手翻书动画，从中也感受到动画制作者的不易，因为同一个动画同一个人物在不同页上画得都必须相同，这样才能使每一个画面衔接得更流畅，最后，看到自己画得小人成功动起来，我很开心，我想，这也是每一个动画制作者的感受吧。通过这节课，我对国产动画和国外动漫产生巨大的好奇，我想知道用哪些软件可以使画面和声音一起同步起来。"

"动画是将静态的画面变成动态的画面，依靠了人眼的视觉暂留。我的体会是在制作手翻书动画的时候，要注意人物的动作幅度不宜太大，这样才能使动画更连贯。这节课激发了我对动画的兴趣，并想进一步学习动画制作。"

"学习了'初识动画原理'后，我知道了人眼的视觉暂留可以带来如此神奇的视觉效果，也明白了动画制作的原理。我还知道了 Flash 这个软件是用来做动画的，动画是由一帧一帧图片组成的，帧频越高，动画播放的速度就越快。通过观察，我发现 Flash 中默认帧频为 24 fps，低于 8 fps 后，整个动画播放起来比较卡，这节课上完之后我想学习如何制作动画，让一幅幅静态的画面变得生动起来。"

"学习了'初识动画原理'后，我知道了动画是由于人眼的视觉暂留造成的一种现象，一张张图片以很快的速度闪过，由于人眼的视觉暂留，人眼在看到这张图片时，上一张图片还会停留 0.1~0.4 s，所以形成了动画。动画很有趣，很神奇，我希望利用所学的知识制作一个动画，以后想更深入地了解动画，制作动画。"

——案例撰写人　周莉芳(首都师范大学附属丽泽中学)

（五）案例点评

动画制作是初中信息技术课的重要内容，主要要求学生学习 Flash 动画的制作方法。对于以上教学设计，有教师可能会有疑问：动画原理通过简单的小活动就可以让学生体会到，有必要在信息技术课上让学生制作手工动画吗？这是不是在浪费时间呢？笔者在第 1 课时教学结束后访谈了部分学生，他们说"对做手翻动画非常感兴趣，因为可以自己手工画自己喜欢的内容。以前信息技术课都是单纯在计算机上操作，但现在自己画画、制作，特别有意思"；有一个女生说，"我对计算机不是特别感兴趣，但对手工感兴趣，希望可以自己制作手工动画。这次自己做的小鸟进笼动画不理想，但翻书动画效果很好"。很多同学都表示通过这个活动他们认识到制作动画是非常辛苦的，要设计和绘制大量的图片，还要想办法将图片连续播放出来。

从学生的访谈中能发现制作手工动画这一教学活动的价值。该活动让学生认识了动画原理以及动画制作的基本原理。通过教师带领学生做的两个小实验，的确能够体会视觉暂留，但利用视觉暂留就可以制作动画吗？如何制作动画？这些问题还需要让学生通过活动来认识。通过做小鸟进笼和翻书动画，学生提升了设计和创作能力。学生调动自己的想象力，设计各种创意的动画，如运动的少年、送爱心等；有同学反思了绘制笼子和小鸟时如何配色才能效果更好；也有同学有想法但画不出来，急得不行，这使得学生知道了美术课的价值。

学生在"播放"他们的动画作品时发现如果橡皮筋转速慢，看不到小鸟进笼效果，而橡皮筋转速过快，画面联成模糊的一片，这些为后面的动画播放速度学习做了铺垫，进一步让学生理解了动画原理以及动画制作需要关注的技术要素。

学生发觉用皮筋控制转速很难、用手翻动书也很辛苦，这也为接下来的 Flash 动画制作方法的学习打下了基础——计算机技术可以帮助人们更方便地创造动画，这样就调动了学生学习 Flash 动画制作的兴趣。

从本案例中可以看到，一个精心设计的教学活动可以对学生产生多方面的影响，不仅激发学生对本学科的学习动力、促进学生深入思考与探究，还会带动其他学科知识的学习。作为教师要通过活动激发学生的学习热情、学习需求，激励学生思考，否则即使多讲了 30 min 或让学生多练了 30 min，效果也未必理想。

——案例点评人　周玉芝

十一、种子发芽

(一)教学背景

1. 教学内容分析

本课教学基于 STEM 教学理念，将生物、数学、化学和社会等内容进行整合，有目的地锻炼学生探究、实验设计、小组合作能力和问题解决能力，提升学生的基本科学素养。

本课内容以生物为主，与人教版七年级《生物》上册教材中的第三单元相关联。本课旨在让学生认识种子的基本结构，在此基础上探究种子萌发所需要的条件，一方面帮助学生建立生物的结构与功能相统一的生命观念，另一方面发展学生做假设、控制变量、设计对照实验和分析实验结论的能力。本课探究内容是生物学探究实验的基础，为后面的探究奠定基础。

课程知识还包括碘遇淀粉能够变蓝、计算种子出芽率等与化学和数学相关的知识，学生需利用多学科知识解决问题。

2. 学情分析

本课的学习对象是七年级的学生，他们在日常生活中对植物结构的了解很少，关于植物种植的经验也很少，可能有些相关知识又都是模模糊糊的，但他们对事物有强烈的求知欲和好奇心。本课探究内容涉及三个变量，如何确定变量、设计对照实验，这些对学生来说是难点。

(二)教学计划

教学计划见表 4-30。

表 4-30　教学计划

种子发芽			
教学内容	认识种子的结构	探究种子萌发的条件	科技阅读
课时	1	1	课后自主学习

（三）教学设计与实施

第 1 课时　认识种子的结构

1. 教学目标

认识种子的主要结构，描述玉米种子和菜豆种子的相同点和不同点。

解剖观察种子的内部结构，提高实验能力，学会简单的观察方法，培养观察能力。

通过学习种子的结构，初步树立结构和功能相统一的生命观点，培养团结与互助的精神，体验在交流合作中共同成长的快乐。

2. 材料和工具

浸泡过的玉米和菜豆、碘液、解剖针、解剖刀、放大镜、硬纸板、多种植物的种子和果实。

3. 重要概念

生命体具有不同的结构和功能，这些结构和功能有助于他们生命的进程、发展和繁殖。

种子的主要结构有种皮、胚及贮存营养物质的胚乳或肥大子叶。

4. 教学过程

教学过程见表 4-31。

表 4-31　教学过程

环节	教师活动	学生活动	设计意图
导入	多媒体展示种子萌发和生长的视频，提出一粒小小的种子竟能长成或粗大或细小的植株，它有如此神奇的本领的秘密在哪里呢？	猜想、表述。	调动学生探究知识的欲望。
观察不同种子的颜色、形状、大小及外部结构	展示不同果实和种子的图片，引导学生观察各种种子的颜色、形状、大小等外部特征。	观察比较不同种子的颜色、形状、大小等。观察种皮、种脐和种孔。	初步尝试对种子进行分类。

302

环节	教师活动	学生活动	设计意图
观察菜豆种子和玉米种子的内部结构	引导学生对菜豆种子和玉米种子进行解剖，借助工具和方法，仔细观察其内部结构。 对各组展示进行评价，使学生了解观察生物体的基本步骤（由表及里、先形态后结构、先宏观后微观等）。 课件演示大豆种子的结构和玉米籽粒的结构。	以小组为单位，利用提供的器具，自选观察方式（可以掰开、横切开、纵切开），将各类种子进行对比，找出结构相同的种子。 展示小组观察的方式方法，并积极思考回答。	初步学会简单的解剖方法，学会按顺序和步骤观察、总结。
有胚乳种子和无胚乳种子结构的对比	引导学生归纳出单、双子叶植物的概念。 自然界中有各种各样的种子，有的还带有一些附属结构，榆钱有翅、蒲公英带毛等，请仔细收集一些种子，进一步了解这些附属结构与种子发芽有关系。	理解单子叶植物和双子叶植物的不同，理解无胚乳种子的营养储存在子叶中。 观察、收集并探究学习。	培养学生观察、对比能力和归纳、总结能力及语言表达能力。 吸引学生进一步探究。

5. 教学实施

（1）导入

首先利用多媒体向学生展示一个丰富多彩的生物世界，引导学生思考，在这个美丽的世界中绿色植物以生产者的身份扮演着举足轻重的角色，自然界中千姿百态甚至高大健壮的绿色植物大多是由一粒小小的种子开始生命之旅的，然后欣赏一组动画《种子萌发》。这样的引入一方面能创设一个活泼、新奇的情境，另一方面直入主题，带领学生快速进入探究思考模式。

（2）观察不同种子的颜色、形状、大小及外部结构

师：小小的种子可真是神奇，具有蓬勃的生命力，能够长成幼苗，进而长成或粗大或细小的植株。大家认为不同植株的种子相同吗？

生：不同，有大有小，形状也不一样，有球形的，像豌豆；有椭球型的，像花生；还有肾脏形的，像大豆；也有盾形的，像玉米等。

师：还真是这样，我们可以看看图片（打开多媒体，向学生展示不同种子的图片），看蒲公英像一把小伞，荞麦的种子是一个小型三角锥，还有一个更奇特的海椰子的种子，大家看看它像什么？

生：哈哈，像屁股。

师：是的，自然界的种子千奇百态，但只要具有活性，再给它们合适的条件它们就都能发芽、长大，那它们是同一部位发芽的吗？它们的结构是不是一样呢？

（3）观察菜豆种子和玉秋种子的内部结构

教师向学生简介所准备的实验材料和观察注意事项。

学生各小组一起观察菜豆种子，认识种皮、种脐、种孔，然后去掉种皮，观察内部结构，明确哪里是胚芽、胚轴、胚根和子叶，讨论哪部分是未来的生物体、哪部分为种子萌发提供营养。（图4-70）

图4-70 学生观察菜豆种子内部结构

学生各小组先观察玉米种子的外形，认识玉米种子的种脐和种孔，然后尝试剥开果皮和种皮，了解玉米种皮和果皮紧密贴合的特点。教师解释种皮和果皮合在一起，分不开，所以一粒玉米既是一粒种子，又是一个果实。

师：我们应该从哪个方位解剖玉米种子，纵剖？横剖？不妨用多个玉米种子来试一试，看哪种剖法最适于看清内部结构。种子解剖方法的选择与种

303

子的结构是否有关？请同学们在剖面上滴加碘液，仔细观察其内部结构，你发现了什么？（提示：碘遇淀粉变蓝）这说明了什么问题？

这部分是本节课的核心，要给学生充足的时间去解剖、观察和对比，主要意图是引导学生主动参与、勤于动手、积极思考、相互合作，通过主动参与、亲自动手解剖及亲自观察、思考，提高观察、对比能力，树立生物体结构与功能相统一的意识。（图4-71）

图 4-71　学生解剖玉米种子

（4）有胚乳种子和无胚乳种子结构的对比

通过刚才的实验、观察，引导学生对菜豆种子和玉米种子的结构进行对比，找出异同，进而推广到生活中的其他种子也有的有胚乳，如小麦、水稻、高粱等的种子；有的无胚乳，如花生、蚕豆、豌豆，甚至苹果、桃子的种子等，而且大多数无胚乳种子有两片子叶，这类植物被称为双子叶植物；大多数有胚乳种子只有一片子叶，这类植物被称为单子叶植物。再引导学生列表比较有胚乳种子和无胚乳种子结构，让学生学会利用不同方法进行科学对比，提高学生科学观察和对比能力。学生总结见表4-32。

表 4-32　学生总结记录表

	种皮	胚乳	胚
有胚乳种子	有种皮	有胚乳，营养存储在胚乳中	胚芽、胚轴、胚根和子叶，子叶多数一片且较小
无胚乳种子	有种皮	无胚乳，营养存储在子叶中	胚芽、胚轴、胚根和子叶，子叶多数两片且较肥大

师：自然界中有各种各样的种子，有的还带有一些附属结构，榆钱有翅、蒲公英带毛等，今天课后请同学们仔细收集一些带有附属结构的种子，进一步了解这些附属结构与种子发芽是否有关。

设计意图：引导学生列表比较有胚乳种子和无胚乳种子的结构，让学生学会利用不同方法进行科学对比，提高学生归纳和总结的能力。

第 2 课时　探究种子萌发的条件

1. 教学目标

说出种子萌发的环境条件和自身条件；说出抽样检测的基本方法；解释生活中一些相关现象。

通过探究种子萌发的环境条件实验，提高实验设计能力及分析能力。

通过学习种子萌发过程，培养爱护粮食、爱护植物的情感。

2. 材料和工具

广口瓶 4 个、大小相似的新小麦种子 40 粒、温度计 1 个、水适量、卫生纸适量。

3. 重要概念

种子萌发需要一定的自身和外界条件。

抽样检测是计算种子发芽率的基本方法。

4. 教学过程

教学过程见表 4-33。

表 4-33　教学过程

教学环节	教师活动	学生活动	设计意图
导入	复习种子结构，引出绿色开花植物的一生，从种子萌发探究开始。	观看视频。	导入新课。
种子萌发所需的外界条件	引导学生说出自己认为种子萌发所需的外界条件：阳光、水、空气、营养、温度、土壤等。和学生一起分析、推测种子萌发所需的外界条件。	结合预实验，提出种子萌发所需的外界条件。分析种子萌发的外界条件。分析哪些瓶子间可以作为对照实验。分析实验，得出相关结论。	通过分析明确种子萌发所需的外界条件。提高学生实验设计能力。

续表

教学环节	教师活动	学生活动	设计意图
种子萌发所需的自身条件	出示不同的图片，引导学生分析图片，找出种子萌发所需的自身条件。简介休眠期的概念和意义，帮助学生理解相关概念。	分析图片，寻找满足种子萌发所需的自身条件。	提高学生的资料分析能力。
测定种子发芽率	根据实验小瓶中同等条件下有的种子能够萌发，有的种子不能萌发，提出发芽率的问题，引导学生找出计算种子发芽率的方法。重点引导学生思考抽样调查的方法和意义。	回顾原有数学知识，寻找方法，计算种子发芽率，了解抽样调查的相关概念和方法。	复习原有知识，解决生活问题。
种子的萌发过程	图片展示种子萌发过程，初步了解绿色植物的一生。	了解种子的萌发过程，初步了解绿色开花植物的一生，体验植物种子及果实的来之不易，要珍惜粮食，爱护植物。	情感提升。

5. 教学实施

（1）导入

师：同学们好，大家都知道种子属于植物的生殖器官。绿色开花植物一般都是由种子发育来的。那么，你们观察过种子的萌发过程吗？知道种子的萌发需要什么条件吗？

设计意图：联系上节课内容，用较为直观的提问方式导入新课，快速将学生引向探究思考模式。

（2）种子萌发所需的外界条件

生：阳光、水、空气、营养、温度、土壤。

师：大家想到的条件很多，现在我们一起分析一下，哪些条件是必须的，哪些条件与种子的萌发关系并不大，我们先看第一个条件，阳光。

生：我们家生豆芽，豆芽长出过程也是种子萌发过程，但生豆芽时，是不需要阳光的。

师：对，并不是所有种子萌发都需要阳光，农民伯伯种庄稼也多是先将种子埋在土里，那我们就先划掉阳光这个条件，水呢？

生：老师，水是必须的，没有水种子是不能萌发的。

师：是的，老师课前做了一组对比实验。

教师拿出标着 1 和 2 的两个广口瓶。1 号广口瓶没加水，只在瓶里放了一叠纱布，上面放了 20 粒种子，2 号瓶里放了些水，使纱布保持湿润，上面也放了 20 粒种子，让学生观察，哪个萌发了？（图 4-72）

图 4-72　种子萌发的对比实验 1

生：2 号瓶内种子萌发了，说明种子萌发必须有水。

师：我这里还有一个 3 号瓶，里面放了足够的水，也放了一叠纱布和 20 粒种子，我们看种子萌发了吗？（图 4-73）

图 4-73　种子萌发的对比实验 2

生：水太多了，只是把种子泡涨皮了，不是真的萌发了。

师：水太多了为什么也不能让种子萌发呢？是什么原因呢？

生：淹死了。

师：人要是闷在水里会淹死，但死的原因是水多吗？

307

生：不是，是缺少空气。

师：对，种子萌发需要空气，需要能量，种子利用空气中的氧气分解有机物，产生能量。那营养呢？种子萌发过程是从外界汲取营养还是自带营养？想想我们上节课学过的种子的结构。

生：自带营养，有胚乳种子中的胚乳和无胚乳种子中的子叶都是有营养的。

师：那我们就再划掉一项。温度呢？我这里还有一个 4 号瓶，虽然也放了一叠纱布和 20 粒种子，并且给了它们适量的水分，但我把它放在冰箱里了，你们看它们萌发了吗？（图 4-74）

图 4-74　种子萌发的对比实验 3

生：完全没有萌发，温度太低影响种子萌发。

师：土壤呢？看看我们的广口瓶内也没土壤呀！

生：土壤也不是必需的。

师：那好，我们总结一下种子萌发的条件，种子萌发需要水、空气和温度。可是这么说还是不太准确，水多了、少了也不行，温度高了、低了也不可，种子萌发需要什么条件呢？

生：水适量，温度适宜，空气多点也没关系。

师：好，那就是说需要适量的水、适宜的温度和充足的空气，这些是我们的演示实验验证出来的，我们在这个实验中哪个是实验组，哪个是对照组呢？（图 4-75）

生：2 号是对照组，其他组都来和 2 号对照，1 号、3 号、4 号都是实验组。

图 4-75　对组照和实验组

各小组总结实验结果，得出种子萌发条件。（表 4-34）

表 4-34　实验结果总结表

	1 号	2 号	3 号	4 号
条件	无水、室温、充足的空气	适量的水、室温、充足的空气	过量的水、室温、充足的空气	适量的水、冰箱内、充足的空气
推测结果	不萌发	萌发	不萌发	不萌发

结论：种子萌发需要适量的水、适宜的温度和充足的空气。

（3）种子萌发所需的自身条件

师：我这里有一些不同状况的种子，现在把它们放在有适量的水、适宜的温度和充足的空气的环境中，它们能萌发吗？（图 4-76）

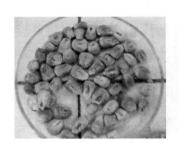

图 4-76　不同状况的种子

生：有的能，有的不能，这里面有些种子放坏了，不完整了，那就不能萌发了。

师：一定是这样吗？如果种子只是破了点皮或胚乳，但胚是完好的呢？未来的植物体是由哪部分发育来的呢？

生：理论上应该可以，胚才是未来的植物体。

师：确实是这样的，我这里还有一组种子，这是昨天刚收上来的小麦，也给它们适量的水、适宜的温度和充足的空气，它们能正常萌发吗？

生：不能吧？如果这样，小麦没来得及晒干就都发芽了

师：是的，确实还不能。这是因为种子内部的一些结构还没有完全发育成熟，需要再过一段时间，等种子完全发育成熟了，才能萌发，我们把这段时间称为种子的休眠期，种子过了休眠期才能正常萌发，而且如果种子放的时间过长，比如放了 5 年甚至 10 年，部分种子的胚失去了活性，也不能萌发。我们再归纳一下种子萌发的条件：一是种子自身条件——已过休眠期的、胚是活的种子；二是外界条件——适量的水、适宜的温度和充足的空气。

(4)测定种子发芽率

据上述实验小瓶中同等条件下有的种子能够萌发，有的种子不能萌发的事实，提出发芽率的问题，引导学生找出计算种子发芽率的方法。

回顾原有数学知识，引导学生写出计算种子发芽率的公式。

$$种子发芽率 = \frac{发芽的种子数}{供检测的种子数} \times 100\%。$$

在这里提醒学生思考供检测的种子数应该如何确定，到底试多少种子呢？1 粒？10 粒？30 粒？50 粒？还是 100 粒？这个要与总种子数有关，要学会抽样调查，如何抽样？选好的、饱满的、粒大的？还是不好的、瘪的、粒小的？都不是，应是随机抽查。

学生热烈讨论种子发芽率的计算公式，部分学生积极计算自己课前小实验过程中的种子发芽率，迫不及待地说出自己实验的种子发芽率，还有一组同学的种子发芽率为 100%，同学们非常兴奋，情绪高昂。

(5)种子的萌发过程

在学生了解了种子萌发需要的外界及自身条件后，教师用视频展示种子的萌发过程，引导学生分析和总结种子的萌发过程，增加学生爱护植物、爱护环境的情感。

菜豆种子的萌发过程如下。（图 4-77）

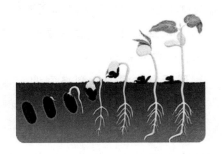

图 4-77　菜豆种子的萌发过程

①种子吸水后，体积胀大，种皮胀破。

②胚根首先伸长，突破种皮，发育成幼根。

③子叶以下的胚轴伸长，带着两片子叶伸出土面。

④子叶分开，黄白色的胚芽在光下逐渐变绿，发育成茎和叶。

引导学生观察并说出种子中的各部分结构分别发育成幼苗的哪些结构：胚根→根；胚芽→茎和叶；胚轴→茎和叶的交接处。引导学生重点观察子叶变化。

生1：先是吸水膨大，在种子萌发过程中，子叶逐渐萎缩、干瘪变小。

生2：子叶在种子萌发过程中将储存的营养物质奉献出来，转变成能量，供种子萌发、植株生长使用，好伟大。

引导学生观察描述玉米种子的萌发过程。（图 4-78）

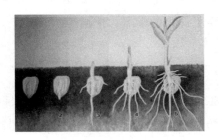

图 4-78　玉米种子的萌发过程

①种子吸水后，胚根先从种子里伸出，发育成幼根。

②胚芽由胚芽鞘保护伸出土面，子叶留在种子里。

③胚芽鞘里的胚芽长出新叶。

311

师：玉米种子的子叶只有一片，又薄又小，能为种子萌发提供充足的能量吗？如果不能，种子的哪部分结构来完成提供能量的使命呢？

生：玉米种子的营养多在胚乳里，是胚乳在种子萌发过程中奉献营养、转变成能量，供种子萌发、幼苗的初期生长。

课后自主学习　科技阅读

（略）

（四）教学反思

本课主要介绍了绿色植物种子的外部形态和内部结构及种子萌发需要的外界条件和自身条件。这部分学习内容是绿色植物一生开始时的生命活动，这些知识和活动与后期设计探究实验相联系，也为后面植物的生长、开花等知识的学习做好了铺垫。本课让学生做了较多的动手实验和探究设计，联系数学的计算、化学的简单实验等共同解决了种子发芽所需要的各种条件问题，所以学生非常感兴趣，课程学习过程顺利而有收获。其他教师评价本课：精心设计、自然流畅、扎实有效、亲切有爱，既有静态的内容——种子的结构，更有动态的内容——种子的萌发，这样使教学在有限的时间内达到"动""静"的有效结合，并能收到既掌握知识又培养能力以及情商的良好教学效果。课程设计有目标但不功利，有热情但不热闹，摒弃华丽，远离煽情，融知识、能力与情感于一体，效果显著。当然，课程也还存在诸多待优化的地方，比如，如果时间再充裕些，可以让学生更多的表达自己的观点；关于结构和功能的统一也还需要学生更深入的学习、挖掘等。

——案例撰写人　朱清霞（北京市上庄中学）

（五）案例点评

本教学能够让学生在活动中学习科学概念、掌握科学探究方法，把科学概念教学与探究能力培养结合起来。例如，教师让学生利用工具剖开玉米种子，提醒学生思考解剖玉米种子的方法；让学生利用滴加碘液借助颜色变化观察其内部结构，从而引导学生在科学探究中要学会利用工具进行观察和获取证据。再如，在种子萌发所需条件的探究中让学生关注对照组和实验组的设计。

教学中设计了比较多的学生参与的学习活动，让学生在活动中发现、思考与学习。教学中教师能够有意识地引导学生运用数学知识，如随机取样、计算种子出芽率，加强科学与数学的联系。

教学中还可增加更多的实践活动。例如，种子萌发过程可以设置为学生的实践活动，由学生观察和记录种子萌发的过程，教师鼓励学生利用现代技术手段（如手机的视频拍摄功能）记录实验结果，鼓励学生运用美术知识绘制种子萌发的过程，鼓励学生撰写实践报告等，促进学生科学实践能力的发展。

——案例点评人　周玉芝